上海大學(1922—1927)
师生诗文书信选

胡申生 编注

上海大学出版社
·上海·

图书在版编目(CIP)数据

上海大学（1922—1927）师生诗文书信选 / 胡申生编注 . —上海：上海大学出版社，2021.3
（"红色学府　百年传承"丛书）
ISBN 978-7-5671-4167-4

Ⅰ. ①上… Ⅱ. ①胡… Ⅲ. ①上海大学－校史－史料－1922—1927 ②中国文学－近代文学－作品综合集－1922—1927　Ⅳ. ①G649.285.1 ②I215.1

中国版本图书馆 CIP 数据核字（2021）第 032466 号

责任编辑　傅玉芳
封面设计　柯国富
技术编辑　金　鑫　钱宇坤

上海大学（1922—1927）师生诗文书信选
胡申生　编注
上海大学出版社出版发行
（上海市上大路99号　邮政编码200444）
（http://www.shupress.cn　发行热线 021-66135112）
出版人　戴骏豪

*

南京展望文化发展有限公司排版
上海颛辉印刷厂有限公司印刷　各地新华书店经销
开本 710 mm × 1000 mm　1/16　印张 28　字数 417 千
2021年3月第1版　2021年3月第1次印刷
ISBN 978-7-5671-4167-4/G·3270　定价　68.00元

版权所有　侵权必究
如发现本书有印装质量问题请与印刷厂质量科联系
联系电话：021-57602918

"红色学府 百年传承"丛书编委会

主　　　任　　成旦红　刘昌胜
常务副主任　　段　勇
副　主　任　　龚思怡　欧阳华　吴明红　聂　清
　　　　　　　汪小帆　苟燕楠　罗宏杰　忻　平
委　　　员　　（按姓氏笔画为序）
　　　　　　　王远弟　刘长林　刘绍学　许华虎
　　　　　　　孙伟平　李　坚　李明斌　吴仲钢
　　　　　　　何小青　沈　艺　张元隆　张文宏
　　　　　　　张　洁　张勇安　陈志宏　竺　剑
　　　　　　　金　波　胡大伟　胡申生　秦凯丰
　　　　　　　徐有威　徐国明　陶飞亚　曹为民
　　　　　　　曾文彪　褚贵忠　潘守永　戴骏豪

总序：传承红色基因，办好一流大学

成旦红　刘昌胜

1922年10月23日，在风雨如晦的年代，一所由中国共产党与国民党合作创办的高等学府"上海大学"横空出世。而就在前一年，中国共产党宣告成立，揭开了中国历史的新篇章。如今我们回顾历史，上海大学留下的史迹与中国共产党的发展紧密相连。

《诗经·小雅》有诗云："鹤鸣于九皋，声闻于野。"20世纪20年代的上海大学，发轫于闸北弄堂，迁播于租界僻巷，校舍简陋湫隘，办学经费拮据，又屡遭反动势力迫害，但在中国共产党和国民党左派以及进步人士的共同努力下，屡仆屡起，不屈不挠，使上海大学声誉日隆，红色学府名声不胫而走，吸引四方热血青年奔赴求学。在艰难办学的五年时间里，为中国革命和建设培养出一大批杰出人才，在当时就赢得"文有上大、武有黄埔"之美誉。在波澜壮阔的五年时间里，老上海大学取得的成就值得我们永远记取，老上海大学的办学传统和办学精神值得我们永远继承和发扬光大。

1994年11月，学校党委常委会决定"上海大学成立日期确定为1922年5月27日"。1997年5月，钱伟长老校长在为上大学生作关于"自强不息"校训的报告时指出，"我们学校的历史上，1922年到1927年期间里有过一个上海大学，这是我们党最早建立的一个大学。"他又以李硕勋、何挺颖两位烈士为例讲道："没有他们的牺牲，没有那么多革命志士的奉献，我们上海大学提不出那么响亮的名字，这是我们上海大学的光荣。"

1983年合并组建原上海大学和1994年合并组建新上海大学之时，得到了老上海大学校友及其后代的热烈支持和响应，他们纷纷题词、致信，

祝贺母校"复建""重光";党中央、国务院及上海市委、市政府也殷切希望新上海大学继承和发扬老上海大学的光荣革命传统,时任中共中央总书记的江泽民同志为新上海大学题写了校名,老上海大学校友、后任国家主席的杨尚昆同志题词"继承和发扬上海大学的光荣传统,为祖国的建设培养人才"。

新上海大学自合并组建以来,一直将这所红色学府的"红色基因"视作我们的办学优势之一,将收集、研究老上海大学的历史资料,学习、传承老上海大学的光荣传统作为自己的使命和责任。2014年,学校组织专家编撰出版了《20世纪20年代的上海大学》,这是迄今为止搜集老上海大学资料最为丰富、翔实的一部文献;同年在校园里建立的纪念老上海大学历史的"溯园",如今已成为上海市爱国主义教育基地。

为了更全面地收集老上海大学的档案资料,更深入地研究老上海大学的历史,更有效地继承和发扬老上海大学的光荣传统,我们推出了这套"红色学府 百年传承"丛书,既是为2021年中国共产党100周年光辉诞辰献上一份贺礼,也是对2022年老上海大学诞生100周年的最好纪念,并希望以此揭开新上海大学"双一流"建设的新篇章。

是为简序。

前 言

胡申生

本书是上海大学（1922—1927）（以下称上海大学）的教师、学生在上海大学任教和学习期间，所写的论文、散文、诗歌和往来书信的汇编。除此以外，也有少数篇目，其作者虽非上海大学的教师或学生，但由于在其作品或书信中谈及上海大学的人和事，对了解和研究上海大学不无参考价值，故一并入选。

本书所选编的论文、散文、诗歌和往来书信，主要包括以下诸多内容：

一是关于上海大学办学与新校舍建设方面的文献。如于右任的《〈上海大学一览〉弁言》，邓中夏的《上海大学发展之将来》《上大的使命》，瞿秋白的《现代中国所当有的"上海大学"》，陈德徵的《发展中的上海大学中学部》，侯绍裘的《整顿上海大学计划书》等。这些内容也体现在为了上海大学江湾新校舍的建设资金，于右任和上海大学以及上海大学募捐团、上海大学行政委员会与广州国民党中央执行委员会、国民党第二次全国大表大会的多次往来书信等。

二是上海大学的学生发表在学校学习的感想。如施蛰存的《上海大学的精神》，崔小立的《上大三周纪念的意义与我们今后应负的责任》，马凌山的《本校同学三年来的奋斗工作》，蒋抱一的《三周纪念中我底新希望》，林泽荣的《我为什么要入上大》，淮得的《我为什么入上大附中——告老同学》，唐棣华的《女子教育与上大附中的使命》等。

三是关于马克思主义传播方面的文献。如李季的《马克思通俗资本论序言》，施存统的《介绍秋白著〈社会科学概论〉》等。秦邦宪（即博古）于1926年7月1日在上海大学读书期间发表的《世界中国与无锡》，

用辩证唯物主义的观点去认识和探讨社会问题，也应视作是对马克思主义理论的传播。

四是关于对当时出现的各类反动与错误思潮的论战与批判。如光亮（即施存统）的《醒狮派底"排外主义"——"国家主义底反动性"》，马凌山的《孙文主义学会的反动性》，仕祥的《"学术救国"原来如此》，吴熙的《"条约神圣"原来如此》，吴稚天的《中国人赤化就该死吗？》，姚天羽的《国家主义者之谬误》，苍珍的《帝国主义的走狗——胡适之》等。

五是关于纪念和悼念的文章、诗作。在上海大学办学期间，先后发生了"黄仁事件"、孙中山逝世和五卅惨案等重大事件。这些重大事件的发生也集中体现了中国共产党和国民党右派之间的矛盾和斗争，体现了国民党内部对孙中山先生提出的"联俄、联共、扶助农工"三大政策的分歧与斗争，体现了中国共产党领导的反帝爱国斗争。其中包括中国共产党早期领导人写的重要文献，如针对"黄仁事件"，陈独秀的《这是右派的行动吗，还是反革命？》，邓中夏的《黄仁同志之死》，施存统的《林钧被打之报告》等；瞿秋白在致鲍罗廷的信中也详谈了"黄仁事件"与中国共产党与国民党右派之间的分歧与斗争。上海大学学生郭伯和、何秉彝、孟超分别写了悼念黄仁的诗文。上海大学第一任教务长叶楚伧也发表了《悼黄仁同志》等文章。孙中山逝世以后，上海大学师生发表了大量的悼念文章和诗作，如教师施存统的《悼孙中山先生》；学生关中哲的《追悼孙中山先生》，何尚志的《中山先生不死》，何秉彝的《孙中山先生不死》《我们怎样追悼孙中山》，李硕勋的《纪念孙中山》，孟超的《悼国民革命导师孙中山先生》等。五卅惨案发生以后，上海大学师生发表文章，严厉批判和谴责帝国主义在南京路上制造的血案，如李硕勋的《"九七"纪念与"五卅"运动》，马凌山的《五卅惨史第三页》《"五卅"运动与废除一切不平等条约》，崔小立的《五卅运动的各方面》，仕祥的《"五卅"事件与国际反帝国主义运动的意义》等。1925年12月，上海大学学生、上海工人领袖刘华被军阀孙传芳秘密杀害，上海大学教授、作家、诗人蒋光慈写下了长诗《在黑夜里——致刘华同志之灵》。这首诗也是中国现代文学史上著名的一首革命悼诗。

六是书信往来。本书选录的关于上海大学的书信分成四类：第一类是有关上海大学工作的书信往来，如邓中夏为上海大学平民学校开学之事致信毛泽东、孙镜；于右任为上海大学江湾校舍建设资金的事致信国民党中央执行委员会；于右任为上海大学校舍被英国海军陆战队包围、搜查和封闭致函北洋政府外交部驻江苏特派员许沅等。其中引人注目的是关于陈独秀给陈望道的一张条子，虽然寥寥数言，却弥足珍贵。第二类是因办学过程中引起的诉讼事件而出现的信函，如上海大学代理校长邵力子为本人的一场官司案而致函《申报》、致信淞沪警厅厅长。第三类是在朋友和同事的往来信札中谈到关于上海大学之事，如瞿秋白致信胡适，瞿秋白致信鲍罗廷，邓恩铭致信邓中夏等。第四类是在私人往来信件中谈到上海大学的人和事，如瞿秋白致妻子王剑虹，恽代英致弟媳葛季膺，蒋光慈致宋若瑜，王稼祥致表弟柳华，关向应致叔父，季步高致父母，刘华致叔叔刘选皋，李硕勋致二哥李仲耘，何秉彝致父母，龙大道致父亲，沙文求致弟媳陈修良等。这些信札虽都是家信、私信，但都不同程度地谈到了上海大学，这为上海大学的研究提供了第一手的史料。

七是文学作品，包括诗作和散文。在上海大学的老师和学生中，有一批诗人和作家，在中国文学史上都有一定的地位。在本书中，选了他们的一些纯文学作品，其中有的是写作动因与上海大学的人和事有关联，如教师刘大白的《双红豆》、蒋光慈的《我要回到上海去》；有的是选自在上海大学读书期间出版的诗歌戏曲集，如王环心的《幻游曲》；有的则是发表在上海大学刊物上的，如王秋心的《自己跑上十字架》等。上海大学教师周水平的散文《下风的死》，则被上海大学中学部主任侯绍裘和训导主任高尔松等编入上海大学中学部教材《国语文选》。

八是有个别篇目，其作者和上海大学并没有关系，但还是编选了他们的书信，如柳无忌1924年致父亲柳亚子，1926年柳亚子致柳无忌，其中都谈到了上海大学，尤其是柳无忌在信中谈到之所以要报考上海大学，是因为想到上海大学读俄语，可见上海大学当时在社会上所具有的影响力。

当然，从选入本书100多篇文章、书信和诗歌作品来看，并不能全部为以上分类所涵盖，但这些文章却不失其重要性，如薛卓汉的《皖北寿县的农民生活》、王文明的《〈新琼崖评论〉一周纪念感言》、许侠夫的《告琼崖诸同胞》等文章，可以让我们了解那些安徽早期党组织的创始人、琼崖

革命根据地的创建者在上海大学学习生活之一斑。

细读写于90多年前的这些文章、诗歌和书信，有几个方面的特点应该在这里作些介绍：

第一，其中相当数量的文章选自上海大学师生自办的期刊杂志，其中既有《上海大学周刊》《上大附中》《上海大学三周年纪念特刊》等类似今天的校报校刊的读物，也有面向校外发行的正式出版物，如《孤星》《新群》《南语》《湘锋》《上大五卅特刊》《台州评论》等，还有作为《民国日报》文艺副刊随报发行的《文学》周刊。除这些期刊杂志以外，还出版发行小册子，如文学性的诗歌戏曲集《海上棠棣》、反对帝国主义文化侵略的《圣诞节的敬礼》等。从这些刊物的出版、发行以及登载的文章，可以看到上海大学办学对学生社团、学生自主办刊物的重视，也可一窥在这方面的成就。

第二，从选编的大量文章来看，上海大学学生的目光一直紧盯着当时国民革命形势的发展。文章具有强烈的革命色彩，对当时国民党内部出现的右派势力、社会上的反动思潮、帝国主义利用宗教进行文化侵略等都及时提出批判，对当时的所谓权威康有为、胡适、丁文江等敢于不假辞色地进行质疑和批判，显示了上海大学学生所具有的战斗精神。

第三，从选编的学生撰写的大量政论文来看，这些文章不惟观点鲜明、言辞尖锐、论辩犀利，而且具有一定的马克思主义修养和较高的理论水平，能用马克思主义理论和历史唯物主义观点来分析问题、评价人物、批判各类反动思潮，涌现出像秦邦宪（即博古）、贺昌、李硕勋、何秉彝、马凌山、崔小立、薛卓汉等一批青年理论家。这也体现出以瞿秋白、邓中夏等为代表的中国共产党早期领导人、马克思主义的理论家在上海大学的讲坛上传播马克思主义理论取得的成果，上海大学在教学上取得的成果。

第四，诗言志。在本书所选的诗作中，既有像蒋光慈那样在当时的文学界已经成名的作家教师，也有像孟超、王环心、王秋心等在读书时就已经享有诗人声誉的学生。同时，还有一些学生用诗作来表达自己心声。如何挺颖作为学生，本书选录了他的《寄谢左民》《再寄谢左民》《赠陆阿毛》三首诗。前两首表达了他放弃原来追求博士头衔的理想，从大同大学转学到上海大学社会学系学习的愿望，后一首则抒发了通过深入到工人群众中去,向工人传授文化知识,启发工人觉悟以后,自己从工人身上学到的东西。诗作不追求格律的严整,直抒胸臆,感情是真实的。另一名学生俞昌准,在党组织批准他到苏联学习之际,经过深思熟虑,毅然放弃这次难得的学习机会,要求到家乡从事点燃革命火种的既艰苦又危险的工作,从而写下了《到天堂去》这首披露自己心路历程的诗作。

第五,真实反映了上海大学这所高校在当时的地位和社会影响。上海大学的学生留下的家书、私人往来信函有很多,编入本书的都与上海大学有关,在这些信件中,有的是向父母介绍上海大学的情况,如季步高致父母的信;有的是向父母解释为什么要执意报考上海大学,如何秉彝致父母的信;有的则是介绍上海大学所具有的革命性,如王稼祥致堂弟柳华的信。柳无忌写给父亲柳亚子的信,则让我们了解当时上海大学俄语教学在社会上的影响。至于后来成为新中国著名学者的施蛰存,在上海大学读书期间就在《民国日报》副刊《觉悟》上发表了他那篇著名的《上海大学的精神》,第一次以学生的视角向社会介绍了上海大学的教授和学生,提出了"上海大学是有特殊的精神"。上海大学在当时的地位和社会影响,大抵可以从这些不加任何修饰的家信、文章中看出一些端倪。

第六,上海大学的许多教授,如邓中夏、施存统、恽代英、萧楚女等,都从事过青年工作,在《向导》周报、《中国青年》等党、团刊物上都发表了许多文章,给了当时追求进步和革命的青年以教育和启发。本书选录的上海大学教授安体诚于1924年6月30日给张崇文的回信,对于日后张崇文报考上海大学和人生道路选择都起到了重要作用。作为新中国的开国少将,张崇文直到晚年还保存着安体诚当年写给他的这封亲笔信。

编选上海大学留下的文章、诗歌、散文和书信,是一件极有意义的事。它像一面镜子,真实地反映了上海大学办学的一个侧面,给我们了解和研究上海大学提供了重要的文献资料。由于年代久远,资料搜集的困难,目前编在本书中的文献与作品远不是其全部。关于注释,由于编者的能力和水平所限,也当有疏漏和错误之处,望读者能不吝指教,以便在今后修订中予以补充和纠正。

2021年1月30日

凡 例

一、本书为20世纪20年代上海大学（1922—1927）师生诗文书信选集，共收录各种文章、诗歌、散文、书信153篇。

二、为便于读者查阅，本书所收诗文书信等按作者姓氏的音序顺序编排。同一作者的作品，以文论、诗歌、散文、书信顺序，并以写作或发表时间编排。

三、对于编入本书的诗文书信等，均在每篇篇首简要介绍该文作者、该文写作或发表的时间及该文原载刊物、报纸或图书名称，并对原载刊物、报纸或图书在本书第一次出现时作简要介绍。同一作者收录多篇诗文书信时，只在首篇简要介绍该作者。

四、对于编入本书的诗文书信等的原文注释作统一处理，即采用脚注的形式并注明"原注"；由本书编者增加的注释，一律以脚注的形式注明。

五、对于编入本书的文章，除必要的文字订讹（以[ ]标注）以外，其余一仍其旧。

目　录

安剑平　中华民族与大侠魂精神　/ 1

安剑平　读书运动号开篇——读书运动与经济革命　/ 4

安体诚　给张崇文的信　/ 7

苍　珍　帝国主义的走狗——胡适之　/ 9

陈独秀　这是右派的行动吗，还是反革命？　/ 12

陈独秀　致陈望道的便条　/ 15

陈德徵　发展中的上海大学中学部　/ 16

崔小立　五卅运动的各方面　/ 23

崔小立　上大三周纪念的意义与我们今后应负的责任　/ 27

邓中夏　上海大学发展之将来　/ 30

邓中夏　上大的使命　/ 32

邓中夏　悼歌　/ 35

邓中夏　光明在山顶上　/ 38

邓中夏　黄仁同志之死　/ 39

邓中夏　致毛泽东、孙镜的信　/ 42

邓恩铭　致邓中夏的信　/ 43

喋血余痕　闻黄仁死耗告同志们　/ 45

董亦湘	寂寞的旅途 / 46
冯 骥	五四运动的成功与失败 / 49
高尔柏	辛亥革命纪念 / 52
高语罕	致蒋光慈的信 / 56
关中哲	追悼中山先生 / 59
关向应	给叔父的信 / 63
郭伯和	黄仁烈士传 / 65
淮 得	我为什么入上大附中？——告老同学 / 67
淮 得	我们底微意 / 70
何尚志	致邵力子的信 / 72
何尚志	中山先生之死 / 74
何秉彝	帝国主义蹂躏上海大学的追记 / 78
何秉彝	被压迫的劳动者起来啊！——为二七和列宁周年纪念而作 / 81
何秉彝	官厅与罢工工人 / 83
何秉彝	孙先生不死 / 85
何秉彝	我们怎样追悼中山先生 / 87
何秉彝	答三元君"希望于反川战大同盟诸君者" / 89
何秉彝	哭黄仁烈士诗四首 / 91
何秉彝	给父母亲的信 / 93
何秉彝	给父母亲的信 / 95
何秉彝	给父母亲的信 / 99
何秉彝	给父亲的信 / 103
何秉彝	给父亲的信 / 105

何秉彝	给父亲的信	/ 107
何秉彝	给父亲的信	/ 111
何秉彝	给父亲的信	/ 113
何秉彝	给父亲的信	/ 115
何秉彝	给父亲的信	/ 116
何秉彝	给父亲的信	/ 119
何秉彝	给父亲的信	/ 121
何秉彝	给父亲的信	/ 123
何挺颖	寄谢左明	/ 125
何挺颖	赠陆阿毛	/ 126
何挺颖	再寄谢左明	/ 127
贺　昌	内外交杀中的民众	/ 128
侯绍裘	整顿上海大学计划书	/ 132
侯绍裘	致柳亚子的信	/ 135
蒋抱一	三周年纪念声中我底新希望	/ 137
季步高	致父亲的信	/ 139
季步高	致季望高的信	/ 141
季步高	致父母亲的信	/ 143
季步高	致季步升的信	/ 144
季步高	致父亲的信	/ 146
季步高	致父亲的信	/ 147
江仕祥	"五卅"事件与国际反帝国主义运动的意义	/ 148
江仕祥	"学术救国"原来如此	/ 151
蒋光慈	我要回到上海去	/ 153

蒋光慈	在黑夜里——致刘华同志之灵	/ 156
蒋光慈	致宋若瑜的信	/ 162
蒋光慈	致宋若瑜的信	/ 165
蒋光慈	致宋若瑜的信	/ 167
李　季	马克思通俗资本论序言	/ 169
李硕勋	"九七"纪念与"五卅"运动	/ 178
李硕勋	民族解放运动中之中国学生	/ 182
李硕勋	上海总工会职员被惨杀	/ 186
李硕勋	帝国主义也反对学生干政	/ 188
李硕勋	纪念孙先生	/ 190
李硕勋	致李仲耘的信	/ 192
林泽荣	我为什么要入上大	/ 194
刘　华	致叔叔刘选皋的信	/ 197
刘大白	双红豆	/ 199
柳无忌	致柳亚子的信	/ 205
柳无忌	致柳亚子的信	/ 207
柳无忌	致柳亚子的信	/ 209
柳亚子	致柳无忌的信	/ 211
龙大道	致父亲的信	/ 214
吕全真	为什么要反对基督教	/ 216
马凌山	"作战的步骤"究竟应该怎样？——驳斥丁文江，并质胡适之	/ 218
马凌山	五卅惨史第三页	/ 222
马凌山	"五卅"运动与废除一切不平等条约	/ 224

| 马凌山 | 国人须注意口蜜腹剑的帝国主义 / 229

| 马凌山 | "赤化"与"软化" / 233

| 马凌山 | 国民应注意帝国主义的走狗——买办阶级 / 237

| 马凌山 | 我们的纪念 / 239

| 马凌山 | 本校同学三年来的奋斗工作 / 241

| 马凌山 | 孙文主义学会的反动性 / 252

| 孟　超 | 悼黄仁同志 / 256

| 孟　超 | 悼国民革命导师孙中山先生 / 258

| 彭素民 | 致国民党上海执行部函 / 260

| 皮言智　谢嗣蘐　王同荣 | 致孙中山的信 / 262

| 秦邦宪 | 世界中国与无锡 / 264

| 瞿秋白 | 现代中国所当有的"上海大学" / 269

| 瞿秋白 | 自民族主义至国际主义：五七—五四—五一 / 280

| 瞿秋白 | 致胡适的信 / 282

| 瞿秋白 | 致王剑虹的信 / 284

| 瞿秋白 | 致鲍罗廷的信 / 286

| 瞿秋白 | 致鲍罗廷的信 / 288

| 瞿秋白 | 致鲍罗廷的信 / 291

| 瞿秋白 | 致鲍罗廷的信 / 294

| 沙文求 | 致陈修良的信 / 297

| 上海大学学生会 | 致胡汉民函 / 300

| 上大附中 | 非基同盟宣言 / 302

| 上海大学 | 致五卅牺牲学生何秉彝家属的信 / 305

| 上海大学 | 致林伯渠、毛泽东、恽代英函 / 307

汪精卫等	上海大学募捐团致国民党第二次全国代表大会书	/ 309
	上海大学行政委员会致国民党中央执行委员会函	/ 311
邵力子	邵力子启事 / 313	
邵力子	致淞沪警厅长书 / 315	
沈观澜	谈谈教育 / 317	
施存统	林钧被打之报告 / 321	
施存统	新年的第一件工作　努力促成国民会议 / 323	
施存统	介绍秋白著《社会科学概论》 / 325	
施存统	悼孙中山先生 / 327	
施存统	中国学生在民族革命中的地位与任务 / 329	
施存统	我们底战斗方略 / 335	
施存统	醒狮派底"排外主义"——"国家主义"底反动性 / 341	
施蛰存	复光复亮 / 344	
施蛰存	上海大学的精神 / 345	
唐棣华	女子教育与上大附中的使命 / 349	
王稼祥	致王柳华的信 / 354	
王稼祥	致王柳华的信 / 357	
王环心	幻游曲 / 359	
王秋心	自己跑上十字架 / 363	
王文明	《新琼崖评论》一周纪念感言 / 367	
吴霆等	致国民党上海本部函 / 369	
吴　熙	"条约神圣"？——斥张东荪君 / 371	
吴　熙	"纪念"之心理的起源 / 373	
吴　云　吴　霆	为求解放伟业中 / 375	

| 吴稚天 | 中国人赤化就该死吗？ / 377
| 许侠夫 | 告琼崖诸同胞 / 379
| 薛卓汉 | 皖北寿县的农民生活 / 382
| 姚天羽 | 国家主义者之谬妄 / 384
| 叶楚伧 | 悼黄仁同志 / 386
| 于右任 | 《上海大学一览》弁言 / 388
| 于右任 | 致国民党中央常委会执行委员会函 / 391
| 于右任 | 致北洋政府外交部驻江苏交涉员函 / 396
| 于右任 | 呈国民党中央执行委员会文 / 398
| 于右任 | 致张静江函 / 400
| 于右任 | 致国民党中央执行委员会函 / 401
| 恽代英 | 致葛季膺的信 / 403
| 俞昌准 | 到天堂去 / 406
| 张永和 | 致叶楚伧的信 / 408
| 周颂西 | 致彭素民、张秋白函 / 410
| 张崇德 | 为最近北方政变告台州民众 / 412
| 中　预 | 非基大同盟万岁！中国人与基督教 / 416
| 周水平 | 下风底死 / 419
| 周水平 | 我们的责任 / 422

安剑平
中华民族与大侠魂精神

> 原载《孤星》第九期（1924年6月5日出版），署名"天侠"。现选自《20世纪20年代的上海大学（下卷）》，上海大学出版社2014年版，第533—534页。
>
> 《孤星》是上海大学学生社团"中国孤星社"主办的旬刊。"中国孤星社"成立于1923年11月，校内外人士均可参加，其宗旨为"研究学术，讨论问题，彻底了解人生，根本改造社会"。
>
> 安剑平（1900—1978），又名安若定，号天侠，江苏无锡人。1923年9月进入上海大学社会学系学习，11月与糜文浩等成立"孤星社"，任社长。新中国成立后，曾任政务院参事、全国政协委员等。

"风萧萧兮易水寒，
壮士一去兮不复返！"

寥寥十五个字一首短歌，又慷慨、又激昂、又苍凉、又淋漓，这也可以表示：我们中华民族有历史遗传性的大侠魂精神吧！我们今日诵他底歌儿，试闭目凝神，想到荆轲刺秦皇，当他渡易水底时候，那种慷慨悲歌的情景，还使得我们意象中跃跃如生！

荆轲虽是失败的英雄，然而已引起后来张良博浪底一椎造成张良事

业底先驱,终究达到他推翻强秦底愿望。

唉!

今日帝国资本主义的也太多了,不止西秦一国!

今日土匪式的军阀也太多了,不止秦皇一人!

今日国际底黑暗,也不止六国时了吧?

今日社会底腐败,也不止六国时了吧?

今日人民底疾苦,也不止六国时了吧?

帝国资本主义盛行,土匪式的军阀专横,国际黑暗、社会腐败、人民疾苦,如此的世界、国家、社会,我们还能一日安吗?我们还能安之若素,丝毫无感觉吗?我们还能袖手旁观,置之不理吗?

谁能够效荆轲底榜样?

谁能够依荆轲底义愤?

谁能够作荆轲底奋斗?

谁能够如荆轲底牺牲?

荆轲事业,争光日月,不朽天地,确是中华好男儿底代表,今日青年底模范!读者你千弗误会:我并不是鼓励大家都去做一椎一枪底勾当!我以为我们华族子孙,不幸处在此暮气沉沉、黯然无光的中国,应该不坠祖业,保持发扬先民历史上遗传下来的大侠魂精神!使得人人都做一个认定真理,实践的好汉,使得人人都做一个"不畏强御"、打抱不平的英雄!使得人人都有立下"大决心",抱有"大牺牲"的精神,干一番倾倒当时后世可泣可歌的事业!

切莫效:

腐败的官僚,闭着眼想升官,伸着手要拿钱,贪生怕死!

土匪的军阀,闭着眼想升官,伸着手要拿钱,贪生怕死!

变幻的政客,闭着眼想升官,伸着手要拿钱,贪生怕死!

无聊的文人学士,开口一个卿卿,闭口一个我我;纸醉金迷,贪生怕死!

苛酷狠毒的资本家、土绅士,皱了眉头想盘剥,横了心肠要敲诈,穷凶极恶、卑鄙龌龊,贪生怕死!

青年啊!前途有为的青年啊!人们啊!热血是光明的代价,勇气是成功的原子！我敢恭恭敬敬、诚诚恳恳,请大家一同站起来,向前大踏步走着,热烈地慷慨地高唱一曲歌儿——

"风萧萧兮易水寒,
壮士一去兮不复返!"

安剑平
读书运动号开篇
——读书运动与经济革命

> 原载《孤星》第十期（读书运动号，1924年6月15日出版），署名"剑平"。现选自《20世纪20年代的上海大学（下卷）》，上海大学出版社2014年版，第534—535页。

有人说，今日教育发达，学校林立，小学、中学、大学、专门，年复一年，人才蜂起，处在今日二十世纪中国底我们，正是何等幸运的一回事？我们有何等读书的机会，还要什么运动呢？我说：不对！今日中国号称四万万人口底弟子，是否都进了小学、中学、大学、专门读了书？今日中国教育发达，学校林立，是否为中国四万万人底幸运？倘说是的，通都大邑成千成万的苦力游民、乞丐、娼妓、土匪……为什么还没有改善他们底环境——独立了人格，优裕了生活？今日小学、中学、大学、专门，是否为中国四万万人民设立的？倘说是的，各大学、专门、中学以至小学的章程上，为什么"学校大门朝南开，有才无钱莫进来"！？年复一年，人才蜂起，果真是人才底造就，还是金钱底背景？

退一步说："今日学校里的教育方针是什么？"敢不是造成一般为虎作伥的奴隶，压榨平民的魔王？什么为虎作伥，就是："今日学校里的学生，即预备将来做帝国主义、资本主义压榨平民底雇佣！"今日学校里的教育方针，就是为将来做为虎作伥的奴隶，压榨平民的魔王底预备！更简单地说："今日的教育是什么，不过是造成'奴隶'、'魔王'底机械！"

那末照此说来，教育发达，学校林立，年复一年，人才蜂起，到底和中国四万万人民有什么相干？中国底"魔王"（特权阶级、资本阶级）确乎受了"教育发达，学校林立，年复一年，人才蜂起"底一些利益；但是中国四万万人民何尝受了"……学校林立……"什么一些利益？中国底奴隶（特权阶级与资本阶级底雇佣），也许受了"……学校林立……"一些利益，但是中国底四万万人民又何尝受了什么一些利益？中国底"魔王"、"奴隶"，决决代表不了中国底四万万人民；中国底四万万人民，也决决不是中国底魔王奴隶所能代表；那末中国底魔王奴隶底利益，又何以能说是中国四万万人民底利益？

处在今日二十世纪中国底我们，纵不是做那压榨平民的魔王，也是做了为虎作伥的奴隶；所以我们纵然有读书底机会，也决不是我们有何等幸运的一回事。……

有人说：今日学校教育底"商品化"，因经济问题不能解决，固然是难免的事；但是官私立的学校，经过政府底备案，视学底调查，教育家底主持，"教育振兴"、"人才造就"，究竟是一件不可掩的事实。我说：不错！你把政府当了天神，视学认了豪杰，教育家看了圣贤，崇拜了杀人吮血的帝国主义、资本主义，难怪你要把今日底"教育"、"人才"以为满足了！并且既然因了经济问题不能解决而致学校教育底"商品化"，那末我们又何妨来先解决经济问题！

有人说：中国政府和办学者固然难能满意，但是外人来中国办的教会学校，功课是十分吃紧的，女生更不准请假，书信要受检查，如此认真，难道你还以为不好吗？并且学生贫的还有贷金制，考试优等的还能保送出洋留学。我听了哈哈大笑地说："先生！你真是傻子！我们既认教会学校是好，何不率性鼓吹四万万的中国人民，人都入了外国籍，政府或教育部让了外国人来办理，岂不直截倒好？先生，你想：开口谈利益均沾，闭口说共管中国，惯灭人家国的洋先生、洋大人，他真能肯年年花费了几多款，来为他们鄙弃的，世界四等国的中国人民谋利益吗？天那有这种许多好人？"（参阅《读书运动下底教会学校》，此处恕［不］赘述）动机未正，遑问教育的好不好呢？

有人说：平民教育是无可疑一定好的了！这种"识字运动"至少使

人民与国家直接间接受了多少利益。我说：利益在那里！依近来各地实验报告，真正的平民，为了种种关系——尤其是穷人的"气力工夫（即时间）也是钱"底关系，那里有什么幸福来消受这读书的滋味呢？就是比较的有吃有闲的少数平民多来读了书，也不过识得书本上一千个死字，对于他个人在社会的地位、责任，与本国于世界潮流底影响及趋势，恐怕还茫然无知！就是有许多热心的先生们，详加讲授，恐怕也还是抬出孔孟的圣经贤传在那里说话，于新社会新生活还是没有什么相干。这种一点一滴地不彻底的改良社会，我们正恐怕有此欺人感世的平民教育，懈怠或蒙蔽了人们国民革命——彻底改造的决心！并且一千字四个月毕业的叫做平民教育，那末其他小学、中学、大学、专门都是贵族教育？我并不是不赞成平民教育，我是希望热心平民教育运动的先生们，不要以一千字四个月的平民教育算做平民教育。

但是我么也未尝不可把他认做在今日国民革命宣传时期内采取的一种手段，而与以因势利导。这全视各地青年自身的觉悟与努力。……

读者呵！青年呵！近年来妇女问题、劳工问题，……种种都有人提出讨论了。而我们青年切身的读书问题则何如？读者的子弟呵！可爱的青年呵！我们都有书读吗？都有读书的"机会相等"吗？读的书都不会像吴稚晖先生说的洋八股教育吗？或者为虎作伥的奴隶的教育吗？

可怜啊！十岁内外的男女小孩子，一样的活泼玲珑而可爱；但是一到了廿岁左右，路途上平添了无数龌龊褴褛的苦力，车轿中平添了无数漂亮时髦的少年！

我们向读书运动走去，我们从经济革命下手！

安体诚
给张崇文的信

> 这是安体诚于1924年6月30日写给张崇文的信。选自《浙江革命烈士书信选》,浙江人民出版社1986年版,第5—6页。
>
> 安体诚,字存斋,1896年生,直隶丰润(今属河北唐山)人。1922年加入中国共产党。1923年任浙江法政专门学校政治经济系教员,1924年春任上海大学教授。1926年春末奉命到黄埔军校任政治教官。1927年5月在上海龙华英勇就义。
>
> 张崇文,1906年生,浙江临海人。1926年1月进入上海大学学习,同年加入中国共产党。新中国成立后,先后任中国人民解放军国防科学委员会副秘书长,铁道兵政治部副主任、政治部顾问。1955年被授予少将军衔。中国人民政治协商会议第五届全国委员会委员。
>
> 张崇文是安体诚在浙江法政学校任教时的学生。1924年6月25日,张崇文给已在上海大学任教的安体诚写了一封信,想了解上海大学的情况。这封信就是安体诚给正在家乡度假的张崇文的回信,张崇文直到晚年还保留着此信。

崇文仁友:

廿五日来函,已悉。不错,那次我到上大上课去,本说星期五返杭,不料到申得津信(舍弟在津),促我北归探亲。此时顾不了什么,就北去了。

幸而到津已知系一时急症曾窒息一次,所以舍弟慌了,据医生(津医院)说已不妨事,我就又返杭了。近得舍弟信,知更好了,已无可念。

不错,我返杭时本该给你信,但闻你自己已经到上大去探问一切了,因此我既已经代问,又值考忙,所以就未给你信。祈原之!

你的活泼精神,我很佩服,但我对于活泼的人总愿请其加以"深沉"、"坚忍",以使尽美而且尽善!对你也愿如此。

安体诚烈士给张崇文的书信手迹

我七月五日后要离杭,八月中旬可返沪。再谈吧!祝

夏好!

体诚复
13·6·30·① 午杭州

---

① 原文注:指民国十三年6月30日,即1924年6月30日。

苍 珍
帝国主义的走狗
——胡适之

> 原载《圣诞节的敬礼》，署名"苍珍"。现选自《20世纪20年代的上海大学(下卷)》，上海大学出版社2014年版，第715—716页。
> 《圣诞节的敬礼》是上海大学附中非基督教同盟会编辑的宣传反对基督教言论的小册子，1925年12月25日出版。
> 苍珍，简历不详。

被称为有才有学的胡适之，有一天在一只教会学校中西女塾演讲。无聊的我，被几位闲空的朋友拉去听讲。我们去坐了一歇，就有一位很得意的徽州的主席给胡适之向群众介绍了一下，跟着胡适之也就上了台，于是就开始演讲。他讲的大意如下：

有一般老老头子们提倡什么东方文化，其实东方文化是守旧的、精神的、知足的文化；还不如西方文化，西方文化是物质的、不知足的文化。所以他们的物质文明的进步到现在这样地步，他们有一句话叫"地未五狄四康泰□"，这个就证明西方的物质文明是不知足的。在现在的中国应当竭力的提倡西方文化；但是现在中国有一般少老头子，借了个什么非基督教的名义，来反对文化侵略；……中国如果没有文化侵略，中国的文化就不能进步，……我敢大胆的欢迎文化侵略。……

我听过了以后，才真正认识了这位胡先生的确有点聪明、有点本色。他反对我们反对他的主人！帝国主义者的文化侵略，先把我们所反对的

文化侵略误解了,他弄得一般盲目的、脑筋简单的青年,听了他的片面的宣传!受他的蒙蔽。这么宣传的法子大概是从牧师那里学来的吧!

不过我们现在要问:是不是反对文化侵略就是不欢迎物质文明和到底文化侵略是个什么?

帝国主义者在中国兴学校、设教会、办青年会、医院和各种所谓慈善机关向中国传教,其实就是麻醉中国人,消磨中国人的爱国心,制造帝国主义者的顺民。不信,我们拿事实出来:"五卅"时,上海老牌帝国主义者的制造顺民所——圣约翰,禁止学生组织学生会,禁止学生参加爱国运动,并且侮辱中国的"五色"国旗,因而现在就产生了一个光华大学。清心中学学生在上海市民举行倒段大会的那一天,要求参加,校长外国人禁止说:"你们的爱国运动难道比上帝还重要吗?"还有"五卅"时,上海的中国基督教徒说:"南京路巡捕开枪是维持秩序的。"以上不是文化侵略的结果吗?不信,再举事实:前年广州圣三一学校学生组织学生会,校长英人说:"未得我同意,擅敢发起学生会!……本校是英国人的学校,有英领事在广州,断不能徇你们的情,容你们中国人自由。"广州圣心中学因要纪念国耻请求放假,校长法人说:"中国的命运,已在华会决定,无须你们学生去救!"海上三育大学校长美国人对学生说:"教会学校是没有国家!"国家主义者听了这句话不知对帝国主义者当作何感想?!——在教会学校里的学生是不许爱国的。李春蕃先生底《传教与帝国主义》一篇上说的帝国主义者的自供:"上帝的荣耀是主要的目的,公司一定要其所在地雇用许多牧师,许在其地宣传。并且公司要极力排斥传布假道的外国教师。""殖民者应负使野人——殖民地和半殖民地的人民——归附基督教这个责任。"中国基督教教育调查会在中国基督教事业报告书上说:"传教者既不能即得成人之信仰,乃开设学校,俾得集孩童于基督教义之影响之下;殆教徒团体日益发达,教堂渐已设立,于是乃更不得不推广学校为养成教师、牧师之基础。至于灌输基督教义与非基督教徒之团体,则学校之设立,虽非为仅有之途径,实为最有效力之方法云,……""今日之急务,在巩固基督教学校,使将来化中国人为基督教国民之士女,……"以上所举约事实供状,谁能否认呢?这不是文化侵略是什么!

我们明明是反对帝国主义在中国借传基督教的名义,实行他们的麻醉中国人心、缓和中国民族解放的毒辣手段的文化侵略,何尝是不欢迎西洋的物质文明呢!？胡适之拿这些话来蒙蔽社会上的人们吗!老实说,社会上的人们已不像胡适之的头脑那样简单的!帝国主义者的工具基督教办的学校才真正不欢迎二十世纪物质文明哩!教会学校天天在那里干那二十世纪不能立足的宗教把戏？中国的佛教、道教及一般知识阶级还要说他是迷信,难道这个浅薄卑鄙的基督教就能逃出这一个迷信吗??就说教会学校的课程,社会上人公认教会学校不注重自然科学,不注重中国文字!像日本对待韩国、英国对待印度一样的,他们注重的是帝国主义者的文字,社会上人公认教会学校外国语是好的。这一次八大学运动会——帝国主义者包办的运动会,不是为了帝国主义者的走狗外国语说得太好了,更使中国人相信八大运动会是帝国主义者包办的吗!？不是使几个觉悟的大学退出的心念益坚决吗？

读者呀!帝国主义者文化侵略的事实,胡适之要抹杀他。这要进一步,加罪于我们反对文化侵略的人们,说我们不欢迎物质文明;还要更进一层,他要"大胆地欢迎文化侵略"!这不显然是一个帝国主义者的忠实而伶俐的走狗!社会上像他这样的走狗恐怕不少罢!

陈独秀
这是右派的行动吗,还是反革命?

> 这是陈独秀于1924年10月10日"黄仁事件"发生后在中国共产党机关报《向导》周报1924年第87期上发表的一篇文章,署名"独秀"。现选自《20世纪20年代的上海大学(上卷)》,上海大学出版社2014年版,第386—387页。
>
> 陈独秀(1879—1942),字仲甫,安徽怀宁人。中国共产党的主要创始人之一和早期主要领导人。
>
> 1924年10月10日,上海各界在北河南路(今河南北路)天后宫举行纪念辛亥革命13周年国民大会。国民党右派在会上指使流氓冲上主席台围攻殴打上海大学学生黄仁、林钧、何秉彝、郭伯和等,黄仁被推下主席台后不治身亡。这就是发生在第一次国共合作时期的"黄仁事件"。陈独秀针对国民党右派的倒行逆施的反革命行为,写下了这篇文章,对国民党右派进行了严厉的谴责。

一个党的左右派分化,不但是应有的现象,而且或者是进步的现象。不过近来国民党中所谓右派的反动行动,说他是右派实在还是大恭维了,实在只是反革命的帝国主义及军阀之走狗;因为如果是国民党的右派,不过是左派和平些,大体上仍是要抱定国民党主义,更不能违背国民党的三民主义,更万万不能做帝国主义及军阀的走狗。依照国民党大会的宣言,对于一切帝国主义及军阀的走狗,不使享有民权,何况认为党员!

陈独秀 这是右派的行动吗,还是反革命?

现在这班所谓右派的反革命的行为是怎样?在此次上海国民大会暴行上,更是充分的暴露出来了。

据上海大学学生通电说:当我们同学洪野鹤、何秉彝、王秋心、王环心、刘一清、黄仁,在会场之下为赞成反帝国主义及军阀之演说而鼓掌之时,台上主席喻育之(国民党党员)便喝令禁止,加以"扰乱会场"之罪名,台下大队流氓,闻声响应,一呼百诺,蜂拥而前,向洪、何、王、刘、王、黄诸同学施以惨酷之打击。同时,并以"这是齐燮元的奸细"之口号诬陷我洪、何、王诸同学。……当时恰有全国学生联合会总代表郭君寿华登台演

《向导》周报第87期

说:"我们应当推翻一切军阀一切帝国主义……"话犹未了,该会会计童理璋(国民党党员)即上前将郭君拦阻,扯下演台,……不意童理章、喻育之辈,狠毒豺狼,猛将黄仁、郭伯和、郭寿华三君一推,竟自高逾七尺之台,跌至台下硬石上面,一时怆痛之声,惨不忍闻。黄仁君跌伤腰部,呕吐交作,一时昏迷不省人事(次日已死于医院);郭伯和跌伤头胸足三部,血流不止,多时不能行动;郭君寿华挨打之后,又复加以跌伤肩背等处。时台下流氓,又加以殴打。

安福部雇流氓包围国会,吴景濂雇流氓打学生的方法,现在挂名革命党籍的人,也居然效法起来,而且被打死打伤的都是些同党的党员,这情形是何等严重!

他们在卢何势力之下,诬爱国学生为齐燮元的奸细;同样,在吴佩孚、齐燮元等势力之下的走狗又何尝不可以,卢永祥、何丰林的奸细诬爱国学生而加以残杀;这种为一派军阀捧场作怅的卑劣手段,不意挂名革命党籍的人也公然行之,这情形又何等严重!

前此上海执行部坐视右派数十暴徒殴打邵力子而不予以惩罚,纪律废弛,识者早已忧之。我们固然不应该因几个党中下流分子的行动,归罪全党;我们现在只十分注意党中负责任的最高党部,对于此次杀伤十几个青年学生的巨案如何处置,并同时注意各级党部的公正党员,对于党中几个反动分子取如何态度;然后才可以判断党的价值。

陈独秀
致陈望道的便条

> 这是陈独秀在1923年写给陈望道的便条,署名"知名"。据陈望道回忆,陈独秀的这张条子是在自己是否应聘进上海大学任教而"踌躇不决"之际写给他的。原见于陈望道1961年7月22日的回忆《关于上海大学》。现摘自邓明以《陈望道传》,复旦大学出版社2005年版,第100—101页。
>
> 陈望道(1891—1977),浙江义乌人。教育家、语言学家。1923年夏到上海大学任教,担任中文系主任。五卅运动后兼任代理校务主任,主持行政和教务工作,直到1927年5月辞去上海大学教职,是在上海大学任职最长的重要领导人。

上大请你组织,你要什么同志请开出来,请你负责。

陈德徵
发展中的上海大学中学部

> 原载1923年8月7日《民国日报》副刊《觉悟》。现选自《20世纪20年代的上海大学（上卷）》，上海大学出版社2014年版，第131—135页。
>
> 陈德徵（1899—1951），浙江浦江人，1923年5月至1924年1月任上海大学中学部主任。1951年病逝于上海。

偌大一个中国，有几处适合民治精神的中学校，这不仅是中国教育者底羞辱，而且是全中国国民的羞辱。

看一看全中国底中等学校（我着眼在中等学校，所以暂置大学和小学于一边，俟后再论），真令人失望。我查了许多中等学校底教师，其中可以为我师的，固然□有，但大多数，简直叫人不敢恭维者。大多数不知教育为什么的教师，教出许多高明的高足来了，真不禁叫我替教育二字抱屈！

固然，要造成人才，不是一个中等学校所能奏功的；可是，中国底需要，必是在预做民治社会的中坚分子的中等学生，一必是在肩得起学术思想的重大使命的大学生徒。但，依目下中国国民经济力讲，前者底重要，要比后者大得多！所以，中国现在既应产生适应社会需要的大学，尤其该多注意社会要求里急不可缓的一种中学。

上海大学，便是建筑在"适应社会需要"的一个原则上的；而上海大学中学部，更是建筑在"适意［应］社会迫切的要求"这个原则上的。因为要想培养出多数能供社会需要的人才,并且要想培养出多数有基本工夫的能作社会中坚的人才,所以有了上海大学,更不能不有个上海大学中学部。

为了要依民治精神的目标,以适应社会底需要,所以上海大学中学部,该有下面那么一个计划:

中学部分为高级中学班和初级中学班。

高级中学班,定三学年课程;初级中学班,定三学年课程。

初级中学,侧重在一般的知识。高级中学,注意在专攻的一方面,所以暂分为四科:一、文学;二、社会科学;三、数理化;四、艺术。

高级中学的学生,不仅预备他继续入大学研究,也预备他到社会干事业去。

高级中学按学分制。每学期至少修十四学分,以每周上课二小时历一学期为一学分。

高级中学必修的科目,是:

一、公民学及伦理学(每学期一学分)

二、国文(第一至第四学期,每学期三学分。第五、六学期,每学期二学分)

三、第一种外国语(每学期二学分半)

四、算学(第一、第二学期行之,每学期三学分)

五、社会科学(共十学分)

六、历史(共四学分。第一学期至第四学期行之)

七、地理(共四学分。第一学期至第四学期行之)

八、自然科学(共四学分。第一学期至第四学期行之)

共计:第一学期、第二学期各十三学分半;第三学期、第四学期各十学分半;第五学期、第六学期各七学分。

第一种外国语所有的学分,骤看似乎太少,其实已经多了。大概要专在第一种外国语上用力的人,他便会在选修上着眼;要仅靠着第一种外国语看书,他既有了初级中学三年的预备,便无需这许多钟点用在这一门功课上。所以,要是高级中学预备要第二种外国语当作必修科的话,还可以从第一种外国语的钟点上,每学期抽出一学分来。

高级中学选修的科目,是:

(A)公共选修科目:中国文学史大纲、西洋文学史大纲、中国哲学史大纲、西洋哲学史大纲、美学、艺术史及近代艺术思潮、心理学、社会学、社会问题概要、社会进化史、人文地理、三角术、解析几何、近代物理学概观、近世化学、生物学、科学方法论、世界文化史、中国文化史、世界语。

(B)选修课目

一,第一部(文学科)

甲、中国文学组

一、文字学

二、文学概论

三、历代诗文选

四、近代文学作品底批评

五、中国文学史

乙、英文组

一、英美文学名著选

二、修辞学

三、近代英文学

四、欧洲文化史(用中文授)

五、英美文化史

六、英美文学史

丙、俄文组

一、俄文(读本、文法、会话都概括在内)(注)

二、近代俄文学

三、俄经济研究(用中文授)

四、欧洲文化史(用中文授)

五、俄国文化史

六、俄国文学史

(注)俄文自高中一年起,才作为必修科,俄文程度之浅,可想而知。此项俄文选修,可说仅是扩大读物而已。

二,第二部(社会科学科)

丁、社会学组

一、社会学

二、社会政策

三、社会运动史

四、社会思想史

五、经济学

戊、法学组

一、法学概论

二、万国公法

三、中国现行法

四、政治学大意

五、经济学大意

三，第三部（数理化科）

己、数理组

一、数学

二、声学

三、光学

四、力学

五、磁电学

六、微积分及数理哲学大意

七、应用物理学

八、物理学史

庚、化学组

一、理论化学

二、无机化学

三、有机化学

四、分析化学

五、物理化学

六、应用化学

七、化学史

四,第四部(艺术科)

辛、绘画组

一、铅画

二、木炭画

三、水彩画

四、油画

五、绘画通论

六、色彩学

七、绘画史大纲

壬、音乐组

一、声乐

二、器乐

三、音乐通论

四、和声学

五、制曲

六、音乐史大纲

依上海大学目下的经济状况,第三部能否举办,这是一个问题。不过,我觉得这一部也非常重要,因为:(一)中国科学教育,实在太幼稚;(二)中国现有的科学家目的大都错误;(三)民治运动中的科学人才,也非常紧要。

本来,照个性教育底理论讲,如果一班学生中,欢喜选读数理组、化学组、绘画组、音乐组或法学组,哪怕只有一个人,也应当为他特设一班。但,在经济力不能充裕的上大,这一层,似乎还不能办到,所以暂定了一个选修科开班的□□□□□□数目,便开班。

有人□高中必修科的学分数太多,我也如此想。不过在中国现状之下,大家都不必客气,实在学生底程度太差,没有办法的。

同是一样课目,因教授底目的和方法不同,可以结出绝不一样的果子,所以上列几组几科和必选课,和一般高校中学所规定的,大体上没有两样。但是我们要是以民众运动的精神,贯彻到民治教育上去。将来学生成绩,固不敢预谋如何如何,不过我们自信,错路或可不走。而且,我们也敢希望,一般时髦学风中的教士气象,绅士众象,……绝可免去!我们敢这样期望着:多产生几个常识充足,能有生活技能的,到民间去的便者;更产生几个肩得起学术思想上重大使命的或实际运动底指导者。

这上海大学中学部,不仅含有预备入上海大学的目的,也有预备到社会去的目的。所以课程方面,一壁固然与大学衔接,一壁也仅有不完全与大学相连续的,譬如:在大学要必备的,高级中学已将它大概学过了;在大学里不必修的,高级中学却需很注意地去学习。

高级中学里,如果要添设第二种外国语为必修科目的话,以现状论,俄文与德文,是不可少的。我以为:俄罗斯的社会制度,在现世界中是寻不出第二国了,学社会科学的人,当然应该学习俄文;而俄国文艺,又有他特殊的价值,学文艺的人,当然也应研究;至于德文,自然是为研究科学者所必备的了!

初级中学底教育,可说完全是常识的教育。现在各中学对于常识的缺乏,是不能讳言的事。我主张用严格的和爱的训练,来陶冶中学生底人格和能力。所以我主张初级中学,不用学分制,而且初级中学底课程应照下面那么分配:

公民常识——第一、二学年每周二小时,第三学年每周四小时。

国文——第一、二学年每周七小时,第三学年每周八小时。

英文——每周七小时,各学年同。

算学——第一学年,每周六小时,第二、三学年每周五小时。

历史——每周二小时,各学年同。

地理——每周二小时,各学年同。

自然科学——第一学期,授植物学,第二学期,授动物学,每周各二小时。第二学年,授□物学及生理卫生学,每周二小时。第三学年,授理化大意,每周三小时。

音乐——每周一小时。

绘画——第一学年每周一小时,第二、三学年,每周二小时。

手工——每周一小时,第二学年不授。

体操——每周二小时,第三学年以运动代,不限时数。

体育是必不可少的,所以高级中学,很该注意于此,初级中学,当然也

不能以每周一小时的体操了事的。我主张,每日清晨,有十五分钟的柔软运动,每日午后,五时到六时,该有一种适合于身体的运动。

中学底教员,确是很难找的:普通的,不适合;适合的,又怕他们不肯俯就,而且经济上也是极不容易办到。上海大学中学部,却有一种幸运:大学教授多肯兼为高中和初中的教员,他们底才力和思想,自然是很可观的了。

本来,高中和初中,都该采这两□制,不过图书馆里的藏书,实在太少,而简陋的校舍,又不够分配。所以只好在课余,多帮助学生在自动学习方面用力,或者使他们能够组织研究的团体,当教员的自己预备着去做"导师"了。

说到教育民众化这一层,我们实在也抱愧之至!我们底主张,开学校不取学费;但,事实上竟不能办到。我们现在每学期还要收高中学生三十二元,初中学生二十二元的学费,虽比较上海一般中学,并不算多,但我们总觉得不好。其实,这事是没法的。社会上经济组织,一日不改变,免费这一层便一日办不到。我们只好在痛楚之余,慢慢把教育民众化这一种运动底种子,撒布开去,以期将来经济组织底彻底的改变!我们也可以自慰说:

"我们只要把教育民众化这一层,牢牢记着;我们千万不要总却以民众运动的精神贯彻我们教育底主张,那么,现在的收费,并没与教育民众化这一层相违背!"

发展中的上海大学中学部底计划,据我一时所想及的,略如上述,还有许多错误应当纠正的地方,要请中国教育家指正!

一九二三・七・三十

崔小立
五卅运动的各方面

> 原载《上大五卅特刊》第二期（1925年6月23日出版），署名"小立"。现选自《20世纪20年代的上海大学（下卷）》，上海大学出版社2014年版，第659—661页。
>
> 《上大五卅特刊》是上海大学学生会在五卅运动爆发后创办的刊物。1925年6月15日创刊，共出版了八期。该刊宗旨：一要以同学研究与活动之所为，说明五卅运动正确之意义，并纠正部分国人之谬误观念；二要以五卅运动中同学之努力与贡献报告给社会；三要以同学此次参加五卅运动之史实留为母校永久的纪念并以勉励将来。
>
> 崔小立，原名崔绍立，又名晓立、尚辛，生于1901年，浙江鄞县（今属宁波）人。1924年春进入上海大学社会学系学习。1925年5月加入中国共产党。1941年8月被国民党反动派杀害。

在资本主义发展到最后阶段的帝国主义时代，无论某国一隅的或局部的政治活动和经济变化，都能够直接间接的或有形无形的影响于国际上。这次五卅流血事件，是与国际帝国主义者发生直接关系的事，决不是只［办］惩凶、道歉等关于个人交涉的事，更不是像大律师家所说一二人办事之暴行，少数警员之卖［渎］职的事。所以我们应当把五卅运动的各方面得约略考察一下：

(一) 帝国主义者方面

我们首先要明白这次帝国主义者在中国开火屠杀,并不是一回偶然的事。帝国主义者要在殖民地或次殖民地尽量的侵略,当然非用屠杀政策做后盾不可。其次,我们要知道资本主义的发展是整个的,各帝国主义者的侵略弱小民族是一致的,不过有时方式上有显明和隐密的不同。在这次五卅运动中,使我们更可注意:

英国是这次五卅事件的正凶,因为它要在上海保存此固有的权威,特殊的利益,而且从前受了南方国民运动(沙面罢工事件)的打击,所以对于这种反帝国主义运动,不惜首当其冲的施其屠杀政策。现在,它国内的各政党的冲突,革命势力的扩涨[张],使当局者手慌脚乱。所以在上海的英领,虽然威气逼人,一面对于五卅风潮,却暗地里要求速了,已变成了外强中干的态度。

日本是五卅事件的首犯,这个新兴的东方帝国主义国家,对于中国人民,到现在还留存着二十一条的恶感;这次事变,当然使日本在中国的侵略,受了一绝大的打击。而一方面它国内劳动阶级的勃兴,不得不使横暴之帝国主义者翻然改计,利用其在华的特殊势力(亲日派的段执政),欲以五卅的罪恶,单独嫁祸于英,而于上海日纱厂的风潮,更愿单独办理,以延长其在华经济侵略的寿命。

美国在这次五卅事件始终施其挑拨、引诱、诬蔑、敲诈的手段,初则帮同英日帝国主义者行凶,继则以空言买好我中国一般浅见的市民(美领事释放被捕市民),一面要引起中国人民对英日之恶感,一面欲利用此机会,以平均在华劫夺之权利。现在更在其机关报《大陆报》上,大发其恐吓的言论:谓汉口、九江等案,与义和团运动相同,想在贫弱无能的段执政手里,再敲一笔大竹杠。

法国在两月前得到了金佛朗案的绝大□□,当然在一时可以和软手段欺骗中国民众,而且在国际的形势上,没有优越的地位,所以也不能与英日同其行动。

（二）军阀及官僚方面

段祺瑞自执政以来，与民更始的通电，善后会议的成绩，在一般民众的心理上，早已失其威信。这次五卅事件发生以后，遂得乘机，一面借他的主人嫁祸于英的便利，所以严乎其然敢提出抗议特派大员，算是能尽其执政之能事。现在呢？受了公使团威吓、日本的软化，他已转换口气，对汉口杀人的交涉竟谓须慎重考虑。仰人鼻息的国内军阀，其行动自显然可见。萧耀南在长江英美帝国主义者势力之下，当然非做忠实的走狗不可，对于汉口惨案，代做刽子手自是意中事。所谓特派大员的蔡廷干、曾宗鉴，一到上海，就住在租界上的沧州旅馆，受英兵的保护，当然是代帝国主义者说话。张学良专车来沪，名为保护华界，实则与租界当局协同对付民众的反帝国主义运动。观于奉兵来沪，万国商团即行一部分撤退，奉兵可经入租界等消息，便可约知。而一般盲目的群众，还请他以武装收回租界，那是何等可笑。

（三）社会方面

学生在五卅运动中，本来是站在重要的地位，但是以［从］万国商团布防，机关枪在新世界轰击以后，反帝国主义的声浪，渐渐低落。一部分反被反动派所利用，以破坏学生会，即一般思想稍清楚的，也只闹了些什么法律问题。我们在五卅运动中可以知道学生在革命的行程上，多半只有浪［散］漫的行动，而且在各人的地位上，不能一致对外。

小商人及小资产阶级的一般市民，在这次运动中，完全表现了有革命的倾向，上海各马路商界联合会，于五卅之次一日不待总商会之会议，已表示坚决的态度，命令罢市。现在罢市已将二十日，而反对帝国主义的决心，仍未自馁。

总商会在六一被市民包围，答应罢市，已属勉强，近更修改工商联会之条件，拍卖国人之绝大牺牲，以讨好帝国主义者，一面采取固有的统治阶级的论调，以罔蔽软弱的手段，笼络民众。

工人方面在此五卅运动中充分地表现了反对帝国主义的奋勇的精神，罢工一月多的小沙渡工人，到现在还能态度坚决，有不达目的不上工之宣誓。一般度日为难的小工，到现在还精神奋发，依旧与凶恶之帝国主义相搏战，他若工会组织的严密，内部团结的坚固，真是使帝国主义者发抖。

（四）结论

我们根据了事实上的观察，可以得到几点明白的教训：

帝国主义者有三个致命伤：

一、各帝国主义者有自身利害的冲突。

二、帝国主义者的国内有自己的劲敌（无产阶级的勃兴）。

三、殖民地与帝国主义者已成了死敌。

在次殖民地的中国是：

一、小商［只有］人类最下层阶级的无产阶级是最革命的、最不妥协的反对帝国主义的主力军。

二、只有［小商］人及小资产阶级，也是不可少的革命后备军。

三、知识阶级在经济地位上是摇动的，有革命也可有反革命的倾向。

四、大商人、买办阶级，不但与帝国主义者妥协，而且是反革命！

五、军阀、官僚始终是帝国主义者的走狗，不打倒帝国主义，终打不倒而且打不完它的走狗——军阀、官僚。

崔小立
上大三周纪念的意义与我们今后应负的责任

> 原载《上海大学三周年纪念特刊》，署名"小立"。现选自《20世纪20年代的上海大学（下卷）》，上海大学出版社2014年版，第702—703页。
>
> 《上海大学三周年纪念特刊》是上海大学学生会宣传部为纪念学校成立三周年，于1925年12月23日出版的刊物。

在此国内军阀相互并吞、全国人民奔走哀号于枪声炮火之下的时候，我们似乎也不必强颜欢笑，举行什么纪念会。然而我们从另一方面看：我们的上海大学自成立以来迭受帝国主义者之压迫蹂躏、反革命派之阴谋破坏，而此为帝国主义者及其走狗所日也嫉视咒诅之上海大学，居然有了三年的生命，这也未始不可纪念的事吧。而且我们的三周年纪念，并不是无聊的庆祝，我们是估计我们上海大学过去的和帝国主义者及其走狗的血斗的力量，我们现在再重新检阅我们的队伍，所以我们上大的三周①纪念，实含有重大的意义。

因为反对帝国主义与打倒反革命的力量愈大，所以遭帝国主义与反革命者之压迫愈甚，这是当然的事。帝国主义者之工部局之所以搜查我们的校舍，拘审我们的代理校长，逮捕我们的同学，以至于占据我们的学

---

① 三周，即三周年，当时的通行用语。下同。

校,我们都认为这并不是意外的事。十三年的国庆日我们数十同学在天后宫遭一般法西斯蒂派的毒打,黄仁同学之被殴毙命;今年五月卅日我们数百同学之被拘禁在老闸捕房,何秉彝同学之被枪击身死。在半殖民地的中国,在充满革命空气的上海大学,发现了上述种种的现象,我们也都认为这并不是意外的事。

但是过去的上海大学,有光荣的历史告诉我们,那末将来的上大,应当怎样?我们在此三周纪念中,我们不得不加以严重的注意,来确定我们的使命,认清我们的责任。我以为我们现在最重要的工作有下列两点:

一、扩清反动思想

A 从五卅事件以来,国内学界又大唱"只求学问不问政治"的论调,这固然是智识阶级革命力量的软弱、畏难心理的表现。然而我们革命的青年应当注意,这并不是什么重大的问题,是过去的事实告诉我们:我们国家受帝国主义者政治经济剥削之后,教育部经费无着,我们可以安心求学吗?在国内战争之时,军阀索饷拉夫,我们还可以安心读书吗?但是我们也并不是说要专事活动、不求学问,我们是说我们为革命而求学,我们的求学就是为革命。俄国革命导师列宁告诉我们说:没有革命的理论,也没有革命的运动。所以我们现在要在革命的运动中研究革命的理论,应用革命的理论产生更伟大的更有意义的革命运动。

B 我们革命的思想出发点,是完全根据事实的要求,我们固然拥护最革命的工农阶级的利益,同时我们也是为着自身利益而奋斗;我们要反对以救世主自命的、以慈悲为怀的革命家,这种完全凭一时感情的冲动,失却了理智的驱使,还有什么革命精神。而且我们知道道德与宗教完全建筑在社会经济条件上,什么东方的文化,固有的国粹等名词,我们要尽量扫清这些愚弄民众的工具,我们要做自己打铁的铁匠,把世界重新造起。

C 我们中国半殖民地的革命,是和世界革命有密切的关系。我们要打倒帝国主义,我们要先把全世界的被压迫阶级与被压迫民族联合起来,这是毫无疑义的事。然而我们国内一般思想落伍的青年和未脱难对封建制度的遗老,居然以黄帝子孙自命,放弃了最有革命力量的革命群众,以士大夫救国自任,非难联络反对帝国主义的苏俄及其他弱小民族,分散我们革命的实力。这种反动的思想,我们应当尽力排斥。

二、领导国民运动

A　在上海每次国民运动中,我们的上海大学占了重要的地位,在反帝国主义时期中,我们的同学是站在第一道的火线上。现在我们这种热烈的运动,英勇的奋斗,还当继续不辍。我们更应当深入群众中,作广大的宣传,使有严密的组织,无论农人、工人、兵士,都使他们彻底明了自身的痛苦、迫切的要求,使我们的革命更切实,更有力量。

B　自从五卅事件以来,国内军阀之摧残爱国运动者,无所不至,其甘心为帝国主义之工具及走狗,令人无疑。我们受痛苦被压迫的人民,若再不起来武装自卫,那只有呻吟于铁蹄之下死而后已。所以我们不但要组织群众,更要武装工农,起来打倒帝国主义及军阀一切反革命派。

亲爱的同学们!帝国主义的毒焰,还未殄灭,一切反动势力还在加紧压迫我们,我们在此三周纪念中,更应当奋身作气。我们要挂起这两面大旗——"扩清反动思想"、"领导国民运动"向前进行。

邓中夏
上海大学发展之将来

> 原载1923年11月17日《民国日报》。现选自《20世纪20年代的上海大学（上卷）》，上海大学出版社2014年版，第71页。
>
> 邓中夏（1894—1933），湖南宜章人。又名"邓安石"，无产阶级革命家、中国早期工人运动领导人。1923年4月，任上海大学总务长。

上海大学已为一般社会认为新文化指导者，至其近来内部组织及其发展中之计划，尚有为社会所未明了者，记者爰据见闻所得略述一二。当彼处一周纪念时，记者亦虚□座间，听汪精卫、张溥泉演讲及校长于右任致词，俱以造就新中国先养成士气为指归，其平日训练之课目，大可想见。闻其中社会系及其他文艺系俱有各种团体研究之组织，颇有成绩可观。近日定期讲演如马君武之"一元哲学"、李守常之"史学概论"、胡适之"科学与人生观"，各种讲稿不日可以汇成专集。惟校舍建筑与图书馆设备尚属目前重要问题。据记者考察所得，教务处揭示一则云：校舍为学校之基础，辟雍无存，讲诵奚托？昔东汉大学以学问气节风率一时，明季顾君讲学而天下清议皆归东林，使当时无百堵之宫以位皋比，无广厦以聚国士，弦歌声辍，乾坤惨黯矣。我校创办伊始，校舍犹虚，兹拟积极以谋建筑，期早观成。安石承乏建筑校舍委员长，以智虑之疏庸，惧椽题之莫举。现当着手计划之始，诸同学如有精思卓见，凡可以匡助进行者,尚望条举见告,以便提交委员会议决施行。邪许交呼,曷胜欣盼云云。即此可见将来美轮美奂,观不难早睹厥成,而弦歌讲学之风定可奋起士气。建筑基址闻在宋园,建筑经费闻从事募集,建筑时期明年暑期当可藏工云。

邓中夏
上大的使命

> 原载《上海大学周刊》第一期(1924年5月4日出版),署名"A·S"。"A·S"是"安石"的英文缩写,即邓中夏。现选自黄美真、石源华、张云编《上海大学史料》,复旦大学出版社1984年版,第181—184页。
>
> 《上海大学周刊》是上海大学校刊。1924年2月25日,校行政委员会第三次会议作出决定,出版校刊,定名为《上海大学周刊》,目的为传播校内消息,供教员和学生共同发表研究成果。

如有人问我们的教职员:"你们为什么要办上大?"我敢断定至少十分之九的教职员会这样回答:"为建国。"如有人问我们的学生:"你们为什么要进上大?"我也敢断定至少十分之九的学生会这样回答:"要建国。"

何以见得?上大的经济状况,在国中各大学中比较起来,我们不自讳亦不必[避]讳承认上大是一个穷而又穷的学校。所以教职员的薪水,有的是完全尽义务,一文也不拿;有的为维持生活,亦只拿到很少的数量,还比不上一个高等机器工匠的工资;有的原在别校拿到很多的薪水,却情愿抛弃了来上大吃苦;有的原有别项职务,收入已丰,并且没有余暇,却情愿多吃辛苦来上大兼课。据此看来,这三四十个教职员如果不为建国的目的而来,试问是为的什么?上大的声望、地位,在国中各大学中比较起来,我们不自讳亦不必[避]讳承认上大是一个微乎其微的学校,他既不像国立大学毕业了可以图一个出身之阶,也不像教会大学毕业了可以谋一条出洋之路,有何好处可招徕。然而在这一年当中,有的学生是从偏僻省份赶来的,有的是从海外归来的,有的脱离有名大学(如北大)来的,有的情愿不考别的有名大学而来考上大的;学生人数现已超过原有人数三分之二以上。据此看来,这几百个学生如果不为建国的目的而来,试问是为什么?

我们在这国际紧迫和国内扰乱的时代和环境之场合中,使我们大家都觉得建国是中国今日唯一的出路。我们教职员和学生,没有一种事前的会商和协定,却是不谋而合地凝成了一种共同的意志和希望。所以上大的宗旨,便不客气地把"养成建国人才"六个大字规定下来。再有一项是"促进文化事业",这是建国方略中应有的而且必要的一种手段。故宗旨条文虽为两项,实际却只一端。

据中华教育改进社本年年会的报告,民国十一年七月至十二年六月,全国中等以上学校总数达一千三百七十五所,大学专门总数达一百〇六所。在数量上看,中国的教育似乎比辛亥革命以前要进步得多;在实质上看,可敢说还远不及辛亥革命以前。何以呢?虽说近数年来所谓新教育家在报纸上、会场上做了不少的宣传工夫,说是如何如何的进步;同时花不少的洋钱,请了一些外国阿猫阿狗来,做了一点教育调查,做了一点教育测验和心理测验,说是如何如何的进步:其实何尝比得上辛亥革命以前的教育有目的、有精神。辛亥革命以前,中国受了"鸦片战争"以至"八国联军"种种的蹂躏、残杀,受了"割地"、"赔款"种种的飞灾横祸,受了"瓜分"、"势力范围"种种威吓力胁,于是中国人(不论大老爷也好,不论小百姓也好),都酿成一种"独立自强,以御外侮"的共同意识和口端,办教育的亦以此为他们最大的目的和责任,所以那时的教育比现在有精神得多,因此之故,终成功了"辛亥革命"。现在呢?教会教育不用说是帝国主义的文化侵略,其目的在培植一班洋奴,为他们作忠顺而猛勇的前驱,就是所谓国立、省立或公立的学校,他们的教育的目的在哪里?他们只是吃的教育饭罢了。有的贩卖了一些零零碎碎的科学知识,有的搬弄了一些空空漠漠的哲学思想,其实并没有指示学生一条应走的道路和一种应受的训练。更可恶的是,他们把教育事业当作外交事业,认贼作

父、为虎作伥,简直把中国的学校替外国人造奴隶,于是博得外国人种种名誉的赠遗,以为莫大的荣幸,这真是亡国的现象呵!谁说中国的教育比从前进步了呢?

像现在的教育,不特国民文化受危险,而且国家命运也要动摇,我们不自量力,不免"目击心伤"起来,敢以建国自任。我们与辛亥革命以前办教育的人相同的一点,是着眼在"国家独立"和"民族自由",不同的一点,我们不只是消极的救国,而且要进一步积极的建国。

有人疑心上大不是超然派,因为他内中有政党的组织。诚然不错,上大内中确有政党的组织,上大确然不曾像有些无头脑的或反革命派的学校禁止学生加入政党和开会。但是上大同人为了要建国,自然不能不相信需要一个以建国为职志的政党,所以实在有不少的人加入了政党。不过政党自政党,学校是学校,不可并为一说罢了。

又有人疑心上大不是和平派,因为他内中有急进的倾向。这也不错。吴稚晖先生说:"人家用机关枪来打,我也用机关枪对打,等把中国站住了,再整理什么国故。"上大同人如看见什么为建国进行的大障碍物,便毫不犹豫的无情的施以抨击和打翻。

上大学系虽杂,而各欲以所学从各方面企图建国的目的的完成则一,只此一片耿耿孤忠,是我们大多数教职员和学生所不能一日忘的、所努力从事的。这便是和别的大学不同的地方,也便是上大的使命。

邓中夏
悼歌

> 原载1924年3月29日《民国日报》副刊《平民周报》第3号，署名"中夏"。
>
> 1924年1月21日，列宁逝世，3月15日，邓中夏在《青年工人》第3期"列宁特号"上发表《列宁传》《悼歌》《我们为什么追悼列宁》三篇文章，署名"中夏"。3月29日，《悼歌》又在《民国日报》副刊《平民周报》上重新发表。全诗采用民歌五叠的形式，表达了对列宁逝世的哀悼之情。

第一叠

情切切！

惨悽悽！

尼古拉列宁其死矣！

晴天打下一霹雳。

从前听了还狐疑，

此次谁知成事实。

事功未竟，

何以死为？

第二叠
情切切!
惨悽悽!
社会分成两阶级,
资主惯把劳工欺。
列宁告我结团体,
捶破强权如捶泥。
杀将上去!
何以惕为?

第三叠
情切切!
惨悽悽!
帝国主义日横恣,
弱小民族被压欺。
列宁告我联合战,
西方起了土耳其。
及时努力!
何以迟为?

第四叠
情切切!
惨悽悽!
列宁是我太老师,
列宁死后我何依?
想到前途悲复悲,
教我怎不泪如丝。
大盗不除,
何以生为?

第五叠
情切切!
惨悽悽!
列宁死的是身躯,
精神不灭万古垂。
我们只须奋斗去,
胜利终是我们的。
前途无限!
何以悲为?

邓中夏
光明在山顶上

> 选自《20世纪20年代的上海大学（下卷）》"钟复光的回忆"，上海大学出版社2014年版，第1146—1147页。题目为编者所加。
>
> 1924年9月，邓中夏接重庆女二师钟复光从北京寄来的信，在回信时称"上海大学在社会科学方面是独树一帜的"，嘱钟复光即到上海，到上海大学读书。钟复光接到信后即来到上海进上海大学社会学系就读。这首诗是邓中夏附在信中，勉励钟复光克服困难来上海大学读书的。
>
> 钟复光，女，四川江津人。1924年秋天进上海大学社会学系学习。

光明在山顶上，
可是山前山后，
荆棘丛丛，
山左山右，
豺狼阻路，
青年朋友们，
去呢？不去？

邓中夏
黄仁同志之死

> 原载《中国青年》1924年第50期。署名"中夏"。现选自《20世纪20年代的上海大学（上卷）》，上海大学出版社2014年版，第388—389页。
>
> 1924年10月10日，上海各界在北河南路（今河南北路）天后宫举行纪念辛亥革命13周年国民大会。国民党右派在会上指使流氓冲上主席台围攻殴打上海大学学生黄仁、林钧、何秉彝、郭伯和等，黄仁被推下主席台后不治身亡。这就是发生在第一次国共合作时期的"黄仁事件"。邓中夏针对黄仁之死和国民党右派种种倒行逆施的反革命行为，写下了这篇文章。文章严厉谴责批判了国民党右派，呼吁为黄仁这位模范青年申冤复仇，号召继续黄仁的未竟之事业。

黄仁同志死了！他为何而死？他死于何人之手！

本年双十节，由国民党右派党员童理璋（著名租界巡捕房侦探）、喻育之（国民党上海执行部调查部干事）等在上海天后宫召集国民大会，他们受了安福派军阀的指使，作反直的宣传。他们亦知道这种片面的主张和严重的黑幕，必大招觉悟群众的反对于揭穿的，遂勾结了大批流氓打手以对付反对者。大会开后，主席喻育之随时都禁止反对者出声，流氓打手更是寻声殴打。全国学生总会代表郭寿华演说："我们党反对一切军阀，

反对一切帝国主义",话犹未了,童理章即上前拦阻;黄仁帮同上前理论,台后便拥出流氓打手数十人,向黄仁、郭寿华等拳足交加,并将黄仁从数尺之台上推下,均受重伤,黄仁当即人事不省。童理章、喻育之又勾通警察将黄仁等受伤者十余人(均系青年学生)拘闭一小屋之内,诬为"齐燮元的侦探"。旁观者不平,始行救出,因行凶之流氓打手均已从容散去。黄仁于翌日因伤毙命。

所以黄仁之死,是死于拥护他对于时局的政治主张,是死于国民党反革命的右派党员童理章、喻育之之手。

解决时局的政治主张,最显明的有两派:一派主张拥护反直派军阀、打倒直派军阀,对于帝国主义不加过问,甚至于与之勾结联合;一派主张国民革命,打倒一切军阀(不论直与反直)及一切帝国主义(不论英、美、法、日)。这两派主张究竟是那一个可以彻底解决中国时局呢? 直派军阀诚然祸国殃民,罪大恶极,是非打倒不可的。不过不用国民自己的革命力量,而依赖或利用别一派军阀,其结果"换汤不换药",国民依然是践踏于另一军阀铁拳马蹄之下,前几年"皖直之战"、"奉直之战",当时国人对吴佩孚的迷信是怎样? 吴佩孚后来如何了,这不是很显明的教训么? 再则事实告诉我们:军阀不能一日离帝国主义而存在,军阀无帝国主义不能有作战之可能。这次的战争,在直派方面:英美赞助曹、吴解决德发债票;英福公司与吴佩孚订定道济借款一百五十万磅,美公使替该国商人与吴佩孚做成军火买卖步枪一万支,子弹二千万头,机关枪二百五十架,美国人替吴佩孚训练飞机队,美国与齐燮元进行道淮借款。最近英国管理中国财政经手人安格联保证曹、吴发行库券四百万元。在反直派方面:法商购与张作霖快枪三千支,子弹六百万发,及其他军用品若干,法国人替奉浙训练飞机队,张作霖与日本订约任其在满洲取得三十年租借权,以谋取得军火与财政之援助。最近法国又运大批飞机售与张作霖,而遭曹、吴最严之反对。这都可以证明中国军阀的内战,无不由于帝国主义之援助与操纵。所以打倒一切,尤其先打倒一切帝国主义不可。

此次上海国民大会,黄仁等一般有觉悟的青年,拥护他们"实行国民革命,打倒一切军阀和帝国主义"的主张,国民党右派党员童理章、喻育之等要拍皖系军阀的马屁,做个人升官发财的买卖,竟敢打死破坏他们买卖的青年,可谓凶横极了!

孙中山先生早就说:"跟我革命的党员,并非来革命,是来升官发财罢了!"这是何等沉痛的话。本年一月该当改组,发表新宣言,建立新政纲,引"打倒军阀"、"打倒帝国主义"为己国任,当时全□望,以为领袖国民革命的责任非该党莫属。于是凡热心革命的新分子(特别是青年)纷纷加入该党。谁知该党有些党员每每仍是倾向于妥协的反革命的。他们看见新党员勇猛激进,力谋振兴党务,扫除党内以前积习,从事革命的实际行动,生怕对于他们结党营私的目的相妨碍,于是他们说新党员阴谋破坏国民党,同时到处活动,结成反革命的右派,专谋对付他们。这种右派,一方勾结军阀,一方依附帝国主义,厉行种种违反宣言政纲的行动:在广州援助商团压迫工人罢工,援助地主破坏农民组织农会,仰承帝国主义的鼻息抑压"圣三一"教会学校爱国学生的罢课,中伤沙面爱国工人的罢工;在上海纵容坏党员攻击新党员,殴打执行部职员和《民国日报》编辑邵力子,对丝厂女工罢工坐视不理,对南洋烟草工人罢工,不特不援助罢工党员,而且暗为资本家的臂助。对江浙战争,党保护卢的宣传,比较卢永祥机关报《新申报》等更为出力。此次上海国民大会,童、喻等是该党党员,黄仁等一般觉悟青年亦是该党党员,童、喻等竟敢不拥护该党的宣传主张的同志,而且阻止他们,甚至指使凶殴打他们,这是怎样的一回事情呢?国民党的明达领袖,如不及早觉悟,不立即彻底肃清所有的反革命的分子,不切实拥护新宣言新政纲,开始实行国民革命的真实工作,贯彻打倒一切军阀和一切帝国主义的主张,国民党将怎样能担负国民革命的使命呢?

全国青年们!我们的勇敢同志黄仁死了!他是死于拥护他的对于时局的政治主张,死于国民党反革命的右派党员童理章、喻育之之手。我们要怎样替这位模范青年申冤复仇,我们要怎样勇往迈进的继续这位模范青年的未竟之事业呢?

邓中夏
致毛泽东、孙镜的信

> 这封信写于1924年4月16日（同函附吴淞学校及杨树浦平民学校预算两纸）。选自杨天石《毛泽东和国民党上海执行部》，《百年潮》2003年第6期。
>
> 1924年3月6日，国民党上海执行部召开会议，决定组织上海执行部平民教育委员会，推定邓中夏、孙镜、毛泽东三人为常务委员。原定16日召开常委会，由于上海大学平民学校要召开教务会议，故邓中夏写了这封请假信。
>
> 孙镜（1883—1858），湖北金山人。1906年加入同盟会。反袁斗争时任职于中华革命党本部。国民党改组期间曾任党务部代理部长。上海执行部成立后任调查部秘书。

孙[①]、毛先生：

　　弟因要参与上大平民学校教务会议，故不能到今日之常务会，特请刘伯伦[②]兄为代表。

弟中夏

[①] 孙，指孙镜。
[②] 刘伯伦，原为社会主义青年团南昌支部负责人，时为跨党党员，在上海执行部工作。

邓恩铭
致邓中夏的信

> 这是邓恩铭于1924年1月11日在青岛写给邓中夏的一封信。在信中，邓恩铭向邓中夏介绍了青岛书店筹备开业的有关情况，并请邓中夏邮寄上海大学经济与社会学的讲义。选自《20世纪20年代的上海大学（下卷）》，上海大学出版社2014年版，第1174页。
>
> 邓恩铭（1901—1931），又名恩明，贵州荔波人。无产阶级革命家，中国共产党创始人之一。中国共产党第一次全国代表大会代表。曾任中共青岛市委书记、山东省委书记，为山东党组织早期组织者和领导者。

中夏兄：

给你的信想已收到？据兄来信，你们仅能代办书籍，不能筹款。（请仁静①兄办？）但必先有书而后能开市，所以请你向民智、泰东——书局交涉寄书来。上海书店杂志已寄到，现暂假报社发售。书店决阴②正月中开市。我们与此地学界大都均有联络，预料必能发展。简章不日印出，随即寄去。

---

① 仁静，指刘仁静（1902—1987），湖北应城人。中国共产党第一次全国代表大会代表。新中国成立后，曾任人民出版社特约翻译、国务院参事。
② 阴，指阴历。

  上大经济与社会学讲义即出否,请别忘了各寄一份来!此间各事仍继续进行如常,勿念!吴事想已知道,可恨。此祝你好!

                恩明

                十一日①

---

① 十一日,据柏文熙、黄长和在《邓恩铭遗作选》(贵州人民出版社1990年版)中注明此信写于1924年1月11日。

喋血余痕
闻黄仁死耗告同志们

> 原载《民国日报》副刊《觉悟》1924年第11卷第3期。现选自《20世纪20年代的上海大学(上卷)》,上海大学出版社2014年版,第386页。署名"喋血余痕",作者不详。

死,人人所不能免的,只要死的有意义,有价值。
革命者早献身于主义的了,为主义而死,更是心安意得。
黄仁!你为主义而死,我们除了格外的努力,还有何话可说!
同志们!
革命花本是用血花培养出来的!
我们都是未来的黄仁,更何用替他呼冤,向他哭泣!
同志们!
我们尚有未完的事业!
努力!努力!
我们快为我们的主义增些成绩!

十月十七日闻耗后,写于新胜①。

---

① 新胜,四川地名,今属重庆。

董亦湘
寂寞的旅途

> 原载1924年11月7日《民国时报》。现选自《中共早期革命活动家董亦湘》,常州市武进区政协学习与文史委员会、常州市武进区炎黄文化研究会合编,2006年内部出版,第404—406页。
>
> 董亦湘(1896—1939),字精寿,江苏阳湖(今属常州)人,中国共产党早期党员。1924年7月至1925年7月任上海大学教授。本诗写于作者任教上海大学期间。

一

险巇的世路,
教我如何行走得?
冷酷的人情,
教我如何接触得。
经历几场幻梦,
只赢得一腔的凄凉悲伤罢了。

二

尝了些辛酸苦辣的滋味,

懂得些凉薄的人情，
这也便是人生的历验了吧？

三

遇人心险恶的时候，
却觉得蛇蝎不是毒物呵！
遇人情反复的时候，
倒也觉得波涛平静得多了呵！

四

森冷的深秋时节野，
独自在沉静无声的旷野，
渴望着皎洁无比，空悬江上的明月，驶行着破浪而前
的扁舟。
这是何等寂寞呀！

五

对月默坐，
　悠然有怀：
怀忆多年不见的朋友，
怀忆远地的朋友，
怀忆新别的朋友。
　忽又渊然地想：
想到生命的因缘，
想到生命的情爱和悲哀，
想到宇宙间一切的矛盾与调和，
　更又黯然神伤：

伤感人生的多知，
伤感人生的善忧，
伤感人生的贪得和好事。
　一时间，心潮杂然起落，
　　同船外的江涛一样地荡漾。

冯　骥
五四运动的成功与失败

> 原载《南语》(1925年5月20日出版)。现选自《20世纪20年代的上海大学(下卷)》，上海大学出版社2014年版，第640—642页。
>
> 《南语》是上海大学出版的刊物。上海图书馆藏有1册，标有日期，但期数不明。
>
> 冯骥，上海大学社会学系学生，1924年2月入学。1924年4月出版的《上海大学一览》注明籍贯为广东。

自从五四运动以来，今天又是第六个五月四日了。在时间的轨道上，算是整整的走了六年。可是，在学生的革命精神上，究竟也跟着时间随跑了没有。每年的五月四日大家都要去纪念它；但它纪念过去历史山的陈迹又有什么用呢？于往者无补，于来者无益。岂不是空费一番心肠吗？所以一方面纪念着五四，一方面还要想想：我们为什么纪念五四？五四和中国的关系是怎样？五四运动究竟是成功呢，还是失败呢？成功的什么？失败的什么？这样才有多重意义。

原来我们纪念五四，是因为五四这一天在中国民族运动史上值得使我们——数千来昏聩的民众，从这一天起觉醒过来了，知道和卖国殃民的军阀奋斗，知道和帝国主义(日本)抵抗，若没有这一天，恐怕中国的民众现在做梦也说不定。所以这一天的运动，和中国的存亡很有关系。

五四运动怎样会发生呢？简单的说来，是因为列强在欧洲忙着打仗，

对于中国经济侵略的放松,因之中国的工业渐得到相当的发展。中国工业既然欲得到充分的发展,第一感到障碍的便是外国帝国主义在中国的经济活动对他不利,在这工业向上发展和外货输入(犹其是日本的工业品,在中国的市场上最能与中国的新兴产业相竞争)的双管齐下的场合中,首先受影响而破产的是中等小资产阶级和学生,而学生同时又受到欧战后世界革命的潮流的激荡,结果五四运动就发生了。

五四运动重要的事实是:北京之千余学生,反对巴黎和约签字,为外交的运动示威,火烧曹汝霖住宅,痛殴章宗祥膀子,接着组织演讲团四出演讲,六月三日因演讲被捕一千余人。上海学生罢课、商人罢市、工人罢工,要求罢免曹、章、陆三人,并释放被捕学生,同时各地若南京、杭州、武汉、广州、厦门……的学生工人,也先后继起,一致声讨卖国贼及排斥日货;到了北京政府罢免曹、章、陆令下,上海才开课、开市、开工,各地反对政府的声浪才得渐渐地平静下来。

这次运动所得到的胜利是:(一)引起全国民众反抗外国帝国主义的压迫及打走曹、章、陆等卖国贼——以直接行动的手段惩罚帝国主义之走狗。(二)随之而起的思想革命——学生运动、妇女运动、非法宗教运动、社会主义运动,以及社交上、婚姻上、社会制度上的革新要求,加旧思想以重大的打击。

这次运动的失败是:(一)运动的对象完全是排斥日本帝国主义,而不是反对一般的帝国主义,所以反被英美帝国主义察到我们的弱点,加倍的向我们进攻。(二)没有强大的坚固的组织继续运动扩大深入到社会各阶级中的被压迫的群众中去,利用这欧战后世界革命的大潮流,来做解放中国民族的大运动的机会。

由上面看来,我们便可以知道五四运动的成功与失败,成功的是什么,失败的是什么。可是我们还要进一步去研究,五四运动为什么会有如是的失败呢?最重要的原因有三:第一,当时运动的主要分子多不明了国际的帝国主义对中国侵略的全部情形(不懂得当时有一部分人要求助于比日本更凶险的美国帝国主义)。第二,五四运动的主要分子是没有经济独立的学生,所以很容易受人利诱,做人家的走狗,牺牲自己的主义。第三,没有强有力的坚固的组织——得不到有主义的政党去领袖他们。

因此,所以不能扩大深入到社会各阶级中的被压迫的群众中去,不久就烟消云散了。

我们看,中国现在的情形是怎么?在政治方面,自段祺瑞执政以来,所造出来的罪恶,已是数不尽数了(比民国八年五四以前时候,有过无不及)。单就最近者而言,承认金佛朗案,禁止学生自由集会结合,禁止言论自由。在经济方面,执政府管辖内的军阀无一个不尽力搜括,剥削人民以肥私囊。加以国际的帝国主义的经济侵略,人民的痛苦便日加一日。中国现在所处国际间的地位,是次殖民地的地位。我们若欲免去上面诸般的痛苦和使中国成为一个真正独立的国家,只有实行国民革命——打倒国内的封建军阀,打倒外国的帝国主义,取消一切不平等条约,收回关税管理权。

今日是五四运动的六周,我们青年学生应注意下列工作:

组织起来!

到乡间去!

反抗傀儡的北京政府!

打倒外国帝国主义!

十四年①五月四日,于上大。

---

① 十四年,民国十四年,即1925年。

高尔柏
辛亥革命纪念

> 原载《上大附中》第四期(1925年10月25日出版),作者高尔柏。现选自《20世纪20年代的上海大学(下卷)》,上海大学出版社2014年版,第603—604页。
>
> 《上大附中》是上海大学附中学生会主办的半月刊,1925年五卅运动之前出版了三期,后因五卅运动中学校被封,一度停刊。1925年10月复刊。
>
> 高尔柏(1901—1985),江苏青浦(今属上海)人。1924年秋进入上海大学社会学系学习。兼任上大附中教员和训育主任。担任过中国共产党上海大学支部书记。新中国成立后,任高等教育部第二处副处长。

十月十日是辛亥革命的纪念日,是无数被压迫者中间的勇士很坚决勇敢的颠覆了软弱无能、横征苛敛的清朝的统治而建设了主民共和的中华民国的纪念日,是中华民国的国庆日!可是辛亥革命究竟给了我们多少好处?现在的政府是否对外不软弱无能,对内不横征苛敛?现在的中华民国是否已共和,已民主了?今天——第十四个国庆日——是否有可庆可贺的地方?

老实说:辛亥革命不过是使英、法、美、日帝国主义者在中国成了统治的势力,是使军阀成了割据的领主;这种现象是可庆吗?辛亥革命不过是使人民对外加多了外债赔款的重大担负,对内加紧了军阀官僚的严重压迫。这又是可庆的吗？国际条约的加重束缚,国内战争的更为纷扰,国家政治的加倍混乱,国民生计的奇特窘迫。这些现象又是值得我们庆贺的吗？尤其是今年的国庆日,一方我们国民革命的领袖为中国民族求独立、自由、平等而奋斗四十余年的孙中山先生,竟于三月十二日抛弃了未完的事业和全国被压迫的民众而长眠不起了；一方我们全中国的民族独立运动被帝国主义者任意惨杀至今还没有相当解决。我们在这时期内怎能不更悲伤而反庆祝呢！这样,辛亥革命纪念日——国庆日——是可庆呢？可吊呢？

辛亥革命的结果,有任何一件事可以庆贺的？辛亥革命替我们做得这样糟,累我们受尽了今日的种种痛苦！那么,辛亥革命是革命错了吗？不是！

辛亥革命是一个次殖民地的国民革命,外国资本主义势力猛烈侵略中国,压迫而且破坏了中国封建制度的经济组织,引起了许多人生活的困难,甚或离开他们的工具而流为失业者的必然结果；它不仅仅是由于清朝政府昏庸暴虐和贪官污吏的横征苛敛及汉人的仇恨满族而发生的。当那整千整万人民受到国际帝国主义的经济压迫时,虽是没有国民党大声疾呼地唤醒人民,奔走运动努力革命,革命之火终于也要燃烧的。

可是辛亥革命终究错了的。——他们不能在这必然的过程中善用适当的革命方略。他们不宣传民众,不组织民众,不训练民众而只是武装暴动,以致这偶然成功的革命运动,不久便被反革命势力扑灭。十四年来军阀、官僚所以能勾结帝国主义扰乱中国,都为了民众没有力量,而民众的所以没有力量,都为了革命者对于民众没有加以宣传、组织和训练！因此,我们要继续辛亥革命未成的事业,我们要觉悟到宣传、组织和训练民众的重要。辛亥革命的口号单是"推翻清朝",这又是错误的。辛亥革命很显明是帝国主义经济侵略的必然结果,但是辛亥革命者只把一个不重要的"清朝"做革命对象。因此一般民众不过希望推翻"清朝",皇帝也好,总统也好,只要我们汉人来做,于是辛亥革命成功了,民众便放任军阀、官僚去勾结帝国主义者来压迫我全体国民；而在政治上有权力的革命志士竟也忘了一般群众,自己去作乐享福了。同时,还有主张联合某一

个帝国主义者向别一个帝国主义者争回利权,或希望他们自己交还我们的利权,所以不愿"打倒帝国主义"。这完全是梦想!帝国主义的所以侵入中国完全是经济发展的必然结果;就是帝国主义者自己要不侵略弱小民族,但原料何从出,市场何处找,资本何法投?它自己也没有方法的。

至联合某一个帝国主义者向另一个帝国主义者争回利权的观念也是错误的。试问帝国主义者谁能真心帮助我们?老实说,表面上要帮助我们的帝国主义者,它不过要在中国占独霸的势力吧了。我们的所以要革命,推翻"清朝",不过要得到一个好的政府以打倒帝国主义在华的努力吧了,然而辛亥革命的民众都忽略这一点,以致"清朝"虽倒,帝国主义的势力仍盘据于中国!因此,我们要继续辛亥革命,我们必须直捷爽快地提出"打倒帝国主义"的口号,很毅决的不妥协的打倒帝国主义!

但我们要继续辛亥革命,要打倒帝国主义,我们应当联合各阶级,使他们为自身的利益来参加反帝国主义的革命工作。工业资本家受到外国工业资本主义的压迫,致不能发展自己的产业,自然希望打倒帝国主义的。小商人、小工人、各种职员、兵士、学生以及一切要改善自己的经济地位,求免于日趋贫困而不安定的生活地位,也是要打倒帝国主义的。尤其是农民与产业工人,在现在帝国主义剥削下更为穷苦无告。他们没有甚么挂虑留恋,他们革命了,所得的是一切利益,所失的只是铁锁吧了。因此,我们要打倒帝国主义,我们非将有此种要求的各阶级分子都联合起来不可。惟有联合各阶级一致起来,才能和帝国主义相抗!

我们更其要联合全世界反帝国主义的势力。中国为求自己的解放,要打倒帝国主义;各殖民地国家、各帝国主义国家的无产阶级,为求自己的解放,也要打倒帝国主义;就是无产阶级国家——苏俄,要想不被帝国主义所覆灭,帮助被压迫民族的反帝国主义运动,当然也要打倒帝国主义的。我们——中国,各殖民地国家和苏俄——都要打倒帝国主义,我们为甚么不把这种共同志愿的人联合起来向我们的共同仇敌——帝国主义者作战呢?而且帝国主义者都已联合一战线向弱小民族进攻了,我们要冲破他们坚强的联合战线,我们怎能不也联合起来呢?要是我们真的有联合,有可坚固的战线,帝国主义是十分恐怖,是马上要归于倒灭的。全世界十二万五千万的被压迫民众联合起来进攻二万五千万的帝国主义者人民,那是一件必胜的事呵！全世界的帝国主义者都要倒了,自然中华民族在世界上也得到了自由、平等的地位,辛亥革命未完的事业于此也告成了。

因此,纪念今年的国庆日,我们应有下列口号：

联合全中国各阶级！

联合全世界被压迫民众！

打倒帝国主义！

高语罕
致蒋光慈的信

> 原件藏中共"一大"会址纪念馆。现选自《20世纪20年代的上海大学(下卷)》,上海大学出版社2014年版,第1174—1176页。
>
> 为高语罕1925年5月4日在德国柏林写给上海大学教授蒋光慈的信。
>
> 高语罕(1888—1948),安徽寿县人。1925年9月任上海大学教授。

侠僧①吾弟同志:

函悉。前次寄你和存统②同志信各一封,你们收到了么?现在有几件事请你转告独秀、秋白、述之、存统③诸同志注意:

一、驻德、驻法民党④总支部及支部的反革命派和我们冲突非常之烈,我们联合左派先后把他们反革命派(在法则为习文德、张星舟、王去病、曹德三等,在德则为黄英——这个东西是个大坏蛋;——言显哲、林森、康士品、万灿等)开除党籍,但是他们近经勾结青年党和法国的中国S.Y.所开除的叛徒僭称总支部及支部,他们一定要写信到民党中央委员

---

① 侠僧,即蒋光慈。
② 存统,即施存统。
③ 独秀、秋白、述之、存统,即陈独秀、瞿秋白、彭述之、施存统。
④ 民党,即国民党。

会去控控我们。我们的同志在民党中央的委员遇到这个案子,应当主张将他们的控案取消,并且承认总支部及支部取消他们的党员资格为正当,并主张由民党中央委员会名义正式督促并勉励驻法总支部(王京岐主席)及驻德支部(执行委员为朱德、阚为民、熊锐——以上三人是我们的同志——吴宗保——此人没有什么,他只要做常务委员——连瑞琦——此人已回国,他口口声声同情于□□但是……)务须遵守总理遗训,继续努力革命,排斥反革命分子。现在我们把反革命派已淘汰掉十分之八九了,再有两三个月,便可完全成了左派的国民党。

二、民党中央海外部昏头昏脑,来三个电报教旅欧各党部征集党员并定有奖励办法,他们简直把国民党要变成青年会、寰球学生会和职业教育社一样的东西,你想糟不糟,我们应当一面在《向导》上严重地批评他,

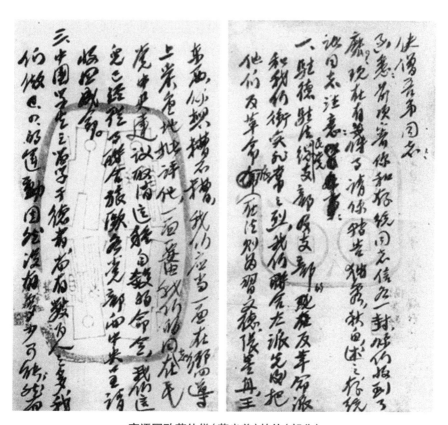

高语罕致蒋侠僧(蒋光慈)的信(部分)

一面要由我们的同志在民党中央建议取消这种自杀的命令,我们这儿已经从事联合旅欧各党部向中央呈请收回成命。

三、中国学生之留学于德者,尚有数万人之多,我们做□□的运动固然没有多少可能,然而照着布尔雪维克的意义看来,绝不能忽视此间的党的组织。我们现在已议决除民党的报(《明星》半月刊)在我们手里(我当编辑主任)外又办一不定期出版物,名叫《真理》(由熊锐同志主持),是用□□的名义出版的。因为反革命派现在已彰明显著地攻击吾党,不能不有作战的工具。望你们多多供给我们国内的材料。

四、我们已用□□的名义与俄国、德国的共产党学生同志发生亲密的关系,现正决定由三国学生同志组织一会,专门做联络各国的革命派的学生,尤其是东方弱小民族的。然后留三国学生作主干,把各国革命派的学生联成一个团体,将来收效一定不小。

现在说到我个人的事了。我已将驻法□□支部允许此次赴俄同志队里,有我一个,大约不久(至迟两月以后)即须动身。

你的诗集出来,至少请你寄三本给我。匆上,即颂须

革命精神!

语罕

五月四日①

---

① 五月四日,即1925年5月4日。

关中哲
追悼中山先生

> 原载《新群》第七期(纪念孙中山先生专号,1925年4月6日出版),作者关中哲。现选自《20世纪20年代的上海大学(下卷)》,上海大学出版社2014年版,第543—545页。
>
> 《新群》是上海大学陕西同乡会主办的半月刊,约于1925年1月创办出版。
>
> 关中哲(1903—1995),陕西华县人。1924年2月进入上海大学社会学系学习。新中国成立后,任西北民族学院教授、图书馆馆长。

钢志铁肩担当革命四十年之久的孙先生死了;导我四万万同胞走向光明之路的领袖死了;反抗暴狼帝国主义与万恶军阀的健将死了;为国民革命,谋民族独立与人民自由平等权利的、坚决的、勇敢的、始终以革命为己任的伟人死了;牺牲有所不顾,艰险莫能为阻,不屈不挠,尝尽痛苦不稍改志,且愈进愈敏而志益坚的国父死了。这样骇人断肠的事实,令人闻知,除非我们不曾具着非人的心肝而有人形的人类,都不能不悲痛哀惋。何况那如狼似犬的帝国主义,仇恨孙先生的人们一闻噩耗也都诚恳的表示无限的哀忱;叛党陈逆炯明也要痛哭失声呢。固然仇恨孙先生者不无其人,但我们认清那些仇恨与诅咒的都是些什么东西就愈见先生之伟大了。这样一个内外咸钦,异已皆仰,三民主义、民族革命自先生倡,建国方略自先生创,颠覆帝国与军阀自先生开。不幸志未遂而身死,祸犹存

而物化,弃我们垂死之民众不顾了。死固非先生之愿,亦非先生所甘心,乃残年病魔所迫。但我们怎能不悲伤,怎忍得住痛流涕!

恨不能吞咽我们经其肠胃的帝国主义(英、法、日、美)无时不在垂涎中国,又无时不在镇压、蹂躏、掠夺我们。国内的几次战争,谁能否认不是帝国主义与帝国主义间之利益冲突的结果,谁能否认不是他们故意造成中国乱源,以伸延长其在中国利益的表现?买办陈廉伯之所以竟敢公然引动商□来反抗革命政府者,谁又能说不是英帝国主义的主使?曹吴祸国那样的利害,又那样的长久,谁又能否认不是帝国主义的助长与保护?其他国内一切不堪、扰乱、贫困,那样又不是帝国主义直接或间接制造成的。我们处在这样的帝国主义与军阀狼狈为奸的高压之下,真是饱尝其苦而不堪苦了,真是生路已临穷途了。所幸有反抗这两种势力最力的孙先生,所幸有唤醒民众来消灭此势力的孙先生做领导。我们民众正在振奋精神,预备随孙先生前进,来冲破此恶势力,血□此乌烟瘴气,改造此黑天暗地。然而孙先生在此万急不应死时死去了。我们失了导师,我们的不幸呵,更是中国前途的不幸!今后谁能像先生来领导我们呢?又怎能不叫我们悲痛流涕!

国父死了,导师死了,我们来追悼是不期然而然的,我们来追悼是必然的表现。所以自先生死了以后,举国无不悲痛,各处莫不追悼。可是在这狂热的哀悼悲痛中,我们应拿什么态度来追悼,怎样追悼才是真的追悼,才是有意义的追悼。在一般人的追悼,孙先生不外乎(一)孙先生之人格,(二)孙先生过去之功绩。固然,孙先生人格和精神之伟大,是我们皆所赞同而莫不崇拜的,当然要来追悼。至孙先生过去之功绩,自然就最大的一件说,他推翻了专制政体,改建民主共和,使我们脱了枷锁。他这样伟大的工作确很值得我们来追悼。不过在此普遍的以外还有几点更值得我们的追悼和注意:

一、孙先生的主义。他的主义——三民主义——民族、民权、民生——这是孙先生一生精神的结晶。就是他一生奋斗的[目]标的,就是他一生奋斗就为的要实现他的三民主义。三民主义最简单的意义是:1. 民族主义——要使中国的民族解放得与世界各民族立于相同平等地位。即不受某一民族的压迫与蹂躏,如同现在这种现象。2. 民权主义——要使一般人民得到他们应得的权利。不能使少数强有力者的霸占或操纵，就如中国现在这种局面，见直人民无民权之可言一样。3.民生主义——须使各阶级的人民均得到生活上的安适。

二、孙先生的革命方略。孙先生革命始终拿不妥协的精神，他不怕什么反对，他又不管什么顾忌，若是他认为非这样或那样做不可的，他就这样或那样勇往直前的做去。共产党之加入国民党，在一般人还有不少的国民党党员，他们就大惊小怪的非议或反对起来。而孙先生则不然，他只认定前边的目标是要革命，要革命又不是少数人能所能够做到，必须要有大的势力、大的团结。共产党目前的惟一工作与呼声也是要打倒帝国主义与军阀，与国民党的工作是相同的，既相同，就不惜与之联合以达此目的。别的到都不是他要顾忌的。孙先生更明白革命决非赖武力可以成功，也不是少数的知识阶级所能为力，所以他对一般民众，尤其是工人、农民，特加注意，宣传他们、组织他们、领导他们。孙先生在他的遗嘱上更明白的说"……深知欲达此目的，必须唤醒民众，及联合世界上以平等待我之民族，共同奋斗……"，这些都是值得我们注意的。

三、孙先生所创造的国民党。中国国民党，是由同盟会的脱胎而经过几次改组才成为今日一个真正的革命团体。我们知道革命不是少数人所能为力，更不是像散沙一般而无组织团结的人所能成功。必须赖有组织的党，而且是有坚固团结的党。孙先生累次说"以党治国，以党造国"，就可见他对党之重视了。他又说以前革命之所以无大成功即因党内同志无团结，没有一个真正代表人民的政党。那么更可知现在的国民党之重要和地位了。

以上三点即确是我们追悼孙先生的中心，因为这三点是孙先生一生努力的焦点。而且现在国民党正在继续努力，领导民众为自由、平等奋斗，来按照孙先生的革命方略以来三民主义的实现。所以这三点是与现在及将来有最大关系的。这也是孙先生未竟的工作，我们要继续努力工作。这三点是我们最要追悼切记的。不特追悼切记而已，还要实际做去，使国民党内部坚固与扩张，采用孙先生的革命方略以达到三民主义的实现。能这样才算真的追悼孙先生死。

同志们、国人们，孙先生已是死去了。我们也不须再哭，不必多悲，徒只悲哭也没甚益,而也不是孙先生所愿意。他说"革命尚未成功,同志仍须努力",我们就该努力干将前去。而且孙先生的死也不过只是肉体,而他精神的聚结晶——国民党、革命方略及三民主义,还是存在着做我们的领导呢。他又遗嘱我们叫依他的《建国方略》《建国大纲》及第一次全国代表大会宣言,努力以求贯彻。孙先生何尝死呢?我们果真是追悼孙先生吗?就看能否这样做去。国人们!孙先生一生只是为了我们民众的利益,现在他死去了,我们已失了依赖,革命的责任已负在我们的肩上而不容推辞了,我们更应为着我们自己的利益奋斗。

关向应
给叔父的信

> 这是关向应于1924年秋冬之际给叔父的家信。当时,根据党组织的安排,关向应即将到莫斯科东方劳动者共产主义大学学习。临行之前,关向应给叔父关成羽、关成顺写了这封信。选自《革命烈士书信》,中国青年出版社1979年版,第177—179页。
>
> 关向应(1902—1946),原名致祥,满族,辽宁金县(今大连金州区)人。无产阶级革命家。1924年5月进入上海大学学习。1932年1月任中共湘鄂西中央分局委员、湘鄂西省革命军事委员会主席团成员、红三军政治委员、红二军团副政治委员。1934年10月与贺龙、任弼时统一指挥红二、六军团,创建了湘鄂川黔革命根据地。1937年全面抗日战争爆发以后,任八路军120师政委。1946年7月在延安病逝。

叔父尊前:

谕书敬读矣,寄家中的信之可疑耶?固不待言,在侄写信时已料及家中必为之疑异,怎奈以事所迫,不得不然呵,侄之入上海大学之事,乃系确实,至于经济问题,在未离连以前,已归定矣,焉能一再冒昧?当侄之抵沪为五月中旬,六月一日校中即放暑假,况且侄之至沪,虽系读书,还有一半的工作,暑假之不能住宿舍耶,可明了矣。至于暑假所住之处,乃系一机关,尤其是秘密机关,故不能恣意往还信件,所谓住址未定,乃不得已耳。

至侄之一切行迹，叔父可知一二，故不赘述。在此暑假中，除工作外，百方谋划，使得官费赴俄留学，此亦幸事耶。侄此次之去俄，意定六年返国，在俄纯读书四年，以涵养学识之不足，余二年，则作实际练习，入赤俄军队中，实际练习军事学识。至不能绕道归家一视，此亦憾事，乃为系团体，同行者四五人，故不能如一人之自由也。遂同乘船、车北上，及至奉天、哈尔滨等处，必继续与家中去信。抵俄后若通信便利，当必时时报告状况，以释家中之念。

侄此次之出也，族中邻里之冷言嘲词，十六世纪以前的人，所不能免的。家中之忧愤，亦意中事。"儿行千里母担忧"之措词，形容父母之念儿女之情，至矣尽矣，非侄之不能领晤（悟）斯意，以慰父母之暮年，而享天伦之乐；奈国将不国，民将不民何！"天下兴亡，匹夫有责。"爱本斯义，愿终身奔波，竭能力于万一，救人民于屠（涂）炭，牺牲家庭，拚死力与国际帝国主义者相反抗，此侄素日所抱负，亦侄唯一之人生观也。

以上的话并非精神病者之言，久处于被帝国主义者……这一段不能明写，领会吧！出外后之回想，真不堪言矣。周围的空气，俱是侵略色彩，黯淡而无光的。所见之一切事情，无异如坐井观天。最不堪言的事，叔父是知道的，就是：教育的黑暗，竟将我堂堂中华大好子弟，牺牲于无辜之下，言之痛心疾首！以上是根据侄所受之教育，来与内地人比较的观察，所发的慨语！叔父是久历教育界的，并深痛我乡教育之失败，也曾来内地视察过，当不至以侄言为过吧。

临了，还要敬告于

叔父之前者，即是：侄现在已彻底的觉悟了，然侄之所谓之觉悟，并不是消极的，是积极的，不是谈恋爱，讲浪漫主义的……，是有主义的，有革命精神的。肃此，并叩

金安

侄

向应禀

（改名向应）

郭伯和
黄仁烈士传

> 原载《上大四川同学会追悼黄烈士特刊》,《民国日报》1924年10月28日转载。现选自《选自20世纪20年代的上海大学(上卷)》,上海大学出版社2014年版,第392—393页。
>
> 郭伯和(1900—1927),四川南溪人。1923年进入上海大学中文系学习。1924年加入中国共产党。大革命失败后任中共江苏省委组织部长。1927年7月,就义于上海龙华刑场。

烈士姓黄,名仁,字人觉,蜀之富顺人也。父某,业木商,往来荆、蜀间,颇获赢焉。庚子之役,满庭既弛商禁,外资侵入,抚我国商业之背而扼其吭。美人挟其山林之富,续续运其材,售诸我国,川、滇之产不能东。烈士父既受外资剥蚀,亏折浸多,竟忧郁死。烈士时仅六龄,幸有贤母,纪纲家政,不致废读。烈士有一妹,门庭清茕。母子三人,相依为命,不忍朝夕离也。"五四"运动,烈士渐感受新思潮,请于母,入本邑高小。继入县中学,皆不当意,弃去。之成都,肄业叙州旅省中学。时烈士年十八,奉母命与舅父女毛淑芳女士结婚。新妇稍能安母意,遂决计远游。母不忍重拂爱子意,舍泪许之。而从此乌树庭前,春晖寸草;晚妆楼畔,弱柳千条。烈士家庭之清寂,更不堪问也。烈士内痛我国□业之不振,思锐革之。抵江宁,首入甲种工业;再转入上海中华职业学校。所习科目,皆出人头地。客居既久,每感生活之无聊,遇二三故旧,辄抵掌纵谈,忿疾,则拍案

大呼曰"男儿生也不成名，则当拼此大好头颅与民贼为孤注一掷耳，胡为戚戚终日，若待决之囚耶？"言时声泪俱下。闻者或讥其狂，而不知烈士之心苦也。

　　今年夏，沪上学人，有夏令讲学大会之组织，烈士以国民党党人资格与焉，由此益熟知中国现代政治及经济之真像［相］。豁悟曩之徒欲振兴工业之偏见为非是。毅然舍去所学，入上海大学社会学系。方思有所建树，而不幸之天后宫惨剧演也。先是烈士见各报载有所谓"国民大会"之广告，即欲一往，观其究竟，初不料其中有种种鬼域之黑幕也。是日予与烈士并肩立人丛中，昂首视台上讲者，须动吻张，手摇足摆，殆类儿戏；顾心薄其偎而未注听矣。继忽闻台上呼"打"声、场内碰击声、高呼"打倒帝国主义，打倒军阀"声，台下呼"打死"，观者鸟兽奔，不可遏止。

　　予与烈士方骇诧间，有友人告云："同学林钧被殴"，烈士愤甚，偕予登台，拟质问该会主席，因此亦被殴，予二人先后自高欲十尺之台跌下。既晕，被拖入一小室，则先有十有余人，黄烈士其一也。时予血流满面，跛一足，状至狼狈。

　　烈士横卧一敝榻上，呕不止。见予，悲咽不能声，予等幸为同学保护出险。归而困顿床褥。次日烈士之讣闻至也。吁痛哉。

　　伯和曰："烈士成仁太早，其所树立，似无大过人者。然有识者而幸察其微焉。必当有所警惕也。"

淮 得
我为什么入上大附中？
——告老同学

> 原载《上大附中》第五期（1925年11月10日出版），署名"淮得"。现选自《20世纪20年代的上海大学（下卷）》，上海大学出版社2014年版，第612—613页。
>
> 淮得，上海大学附中学生，余不详。

我的一般老同学都很诧异并怀疑我此次到上大附中来读书。他们有的以为我自己不中用、没学问，可以随随便便无须考试的就能进来做个正式生；有的就以为我是"赤化"了。可是，诧异并怀疑我的老同学们，都用错了心思，终于还是猜个不对！我自己虽不中用、没学问，但不至于考不取沪上的任何一个学校，这是我敢自信并已有事实证明了的；至于要指我是"赤化"，那简直是故意造谣，无中生有的话，与我实在没有一点关系！我老实告诉你们不必大惊小怪、鬼头鬼脑的，说我什么赤化，什么不中用，我进上大附中是有三个理由的，我是认清了它是什么样的一个学校才进来的。现在我把三个理由就写在下面：

（一）为研究社会科学而来的：我们在这人类生存竞争的过程上看起来，都很易知道社会科学是与自然科学一样并重的；而在目前，社会科学还比自然科学重要呢！我们为要适应于现社会，了解现社会，造福于现社会，我们就有研究社会科学的必要。可是那一个学校，能满足我们研究社会科学的欲望呢？我们看，沪上近来的学校，表面上为要满足青年的要

求,特地设立了社会科学这一科的,却很有几所。但是这些——除去上大及附中——除了他们能达到赚钱的目的外,能不能够满足我们的欲望,那实在又是一个问题。因为他们都是资产阶级化的社会科学,不是我们所需要的。我们所需要的是无产阶级化的社会科学。而且我们要站在无产阶级方面来研究社会科学,才能发现真理,能造福于现社会。施存统先生说:"历史的经验告诉我们,真理是在无产阶级方面,只有站在无产阶级的观点上才能真正认识社会的真相,得到正确的社会科学的知识。"这句话已说的很明白了。我要研究社会科学,我更要研究正确的站在无产阶级方面的社会科学,而只有上大及上大附中是研究正确的站在无产阶级方面的社会科学的场所;所以我就入了上大附中。

（二）为学得活动能力而来的:我们在上大附中的简章里面,不但知道它是我们研究社会科学的一个好的学校,还是使我们学得活动能力的唯一地点哩。诧异并怀疑我的人看起来,以为这又不对了!但你们曾听得蔡元培先生说的"求学毋忘救国,救国毋忘求学"的两句话没有,你们曾注意到中国的国势凌夷、经济困穷、政治混乱的状态吗?你们亦曾看见帝国主义者及其走狗——军阀、买办、富商……对中国的各种侵略和压迫工人、学生的爱国运动吗?你们亦曾晓得了外国的水兵和陆战队时常上岸无故残杀我们中国的同胞吗?……唉!像这些可痛的事实真是多的很啊!我们要免除这许多可痛可耻的事实,我们便不能不有充分的活动能力——领导民众起来革命,使中国政治改善,不再发生悲痛的事实,这样我来上大附中学习活动能力的一回事不是无意识的吧?即退一步讲,我们现在求学是要谋得将来饭碗的,可是我们对于一个半死半活不知世故人情,而单知道两句Yes、No或是X等于Y的公式的人出了校门有没有饭吃,也是发生很大的疑问的。倘使他觅到了一个啖饭的地方,而会不会马上就打破,那又不是两句Yes、No或X等于Y能做保障,能得维持的;还是要看他做事的手段高明与否和他学业程度如何为标准哩。所以我们现在就学得了活动的能力,那也是不违背求学的本意的。同时有了活动能力,在社会上活动,可以明了人间的习惯,洞悉社会的情状,学得做人的方法,得到了办事的经验。有了这番预备,虽不能担保我们将来一定有啖饭的场所,可是给了我们为解决生活问题的帮助也不少!这样我为什么不入上大附中去学习活动的能力呢?

（三）为反对基督教而来的：我一向在洋大人的基督教的学校里读书，并且是受了引诱入了教，做了个完全的基督教徒的一个人。在两年前，我好像才有点觉得我入教时的盲目和无意思，也曾痛悔自己的不该。但这时我不过是只痛悔自己当初的盲从，那会知道基督教的真实面具呢？直到我读了生理学、心理学、西洋史；课外又看了进化论、中国近百年史，我才晓得基督教的经典和教义完全是与科学相冲突的，以及它在中古的欧西和最近的中国做的种种惨无人道的罪恶了！到了这时，我一面切实的忏悔，一面就与基督教断绝关系，站在反对基督教的地位上来。唯其如此，我下了决心和老同学们一致的闹了风潮，脱离掉系着我五年多的毒练［链］。现在我入了上大附中，是要加入反基督教的大本营，继续我反基督教的工作。我相信这样，我们才可实地和基督教宣战，连根打倒它在中国的所有势力及其侵略我国文化的政策。诧异并怀疑我的老同学们，你们既有勇气发难于先，何不继续反对于后呢？要明白我们都是吃了亏上过当的同病相怜者，我们不来反对基督教，谁来反对基督教？反对基督教正是我们的责任呀！老同学们，我们拉起手来合作吧！

我的来上大附中的三个理由，就是如此。我的意思完了，我希望诧异并怀疑我的老同学们，从此可以释疑解奇；更希望你们真能觉悟到研究社会科学的重要，学得活动能力之关系，反对基督教之必须的三个切身大问题上来！

淮　得
我们底微意

> 原载《圣诞节的敬礼》，署名"淮得"。现选自《20世纪20年代的上海大学（下卷）》，上海大学出版社2014年版，第712—713页。

我们为什么出这小册子——《圣诞节的敬礼》？因为我们知道圣诞节是基督教会里所谓的最快乐不过而又极其赞扬的一大节期，这正和中国小孩子到了旧历新年时一样！他们上从至教们、牧师们、会吏们、教士们一直到了所有"吃教"的先生们、师母们、少爷们、小姊们……啊！他们好不快意！他们这天早晨见面时都要亲了嘴、握下手、折了腰，但这还不够表示他们的快乐、亲爱，他们还得放声洋屁什么"□利克悦斯未斯"哩。过一会，九点钟到的时候，铛铛的上帝钟声响了，他们于是一大群由主教或牧师领率——就像一个大老母猪在前走，后面跟着许多小猪一样——经礼拜堂去歌唱、读诗、祈祷、赞美上帝、耶稣！夜里呢？他们还有门道玩啊！什么游艺会、新剧、烟火、聚餐等等，这些原都是他们取开心和吊膀子的极好机会，确实是过的一种"天堂生活"啊！当然，这样的神仙生活，谁不愿意去尝尝味道？但是，除了他们洋大人和基督徒外，又谁愿意去尝尝呢？快哉！洋大人和基督徒也！实在不能不叫我们不羡慕；但，同时也实在不能不叫我们不伤心！他们这般狼心狗肺的洋大人和恭顺贴服的基督徒们所造下来的种种罪孽，我们该要计算一下子吧！他们借帝国主义和军阀来压迫摧残我们，对外订了不平等条约，对内丧失自由权，我们也要废除和恢复吧；为了他们，我们中国日渐危险，民不聊生；为了他们，我们中国人遍身鳞伤，而又缚着重重锁链不能动弹一下，这是他们所赐给我们的，我们也该记得清楚罢！他们口口声声说的平等、博爱，我们现在认识透了，看明白了！他们再也不能假冒伪善欺骗我们，正好像他们耶稣责骂法利赛人的一样了！历史和事实告许我们，基督教是帝国主义侵略弱小民族的工具，基督教会是统治阶级压迫被统治阶级的太上衙门！教会学校是帝国主义者文化侵略大本营，中国的基督教徒是什么：一切都卖给了洋大人而自甘为洋奴的刽子手。这样，我们还忍得住，看得惯他们洋大人和基督徒来花天酒地、歌舞颂祝他们的上帝耶稣吗？我们只看看他们的快乐，再想想自己的痛苦，我们的筋肉不由的紧张了；我们的血管也自然的膨涨了；我们知道时不我待，牧师们正在上帝耶稣前面作他的末日祭！我们也要趁这个——他们快乐、我们痛苦——时候，来号召全国的国民起来同做非基督教的工作、干民族解放的运动啊。正是为了这个原故，我们在一九二五年的圣诞节到了，就刊印这本小册子，作为我们恭贺圣诞节的一份礼物，想这也是不犯法的罢。

非基督教运动万岁！

非基大同盟万岁！

何尚志
致邵力子的信

> 原载1924年1月20日《民国日报》"通信"专栏。现选自傅学文编《邵力子文集（下卷）》，中华书局1985年版，第883—884页。
>
> 1923年11月，康有为应直系军阀、陕西督军刘镇华的邀请，到西安作为期两个月的讲学。在讲学过程中，康有为又大弹尊孔读经、尊君复古的老调。正在上海大学读书的学生何尚志见到这消息以后，立即给上海大学代理校长、《民国日报》副刊《觉悟》主编邵力子写信，对康有为进行了批评和抨击。邵力子于1月20日在《民国日报》"通信"专栏发表《康有为和陕西》一文，回应了何尚志的来信，并以"附"的形式全文刊登了何尚志的来信。
>
> 何尚志（1897—1931），陕西耀州（今属铜川）人。1923年秋进上海大学中文系学习。1924年加入中国共产党。1931年英勇就义。

力子：康有为"尊君主"、"畏大人"的奴隶主义不能实行，他的满腹肮脏，在中国民智稍开化的地方，不容排泄，所以他跑到黑暗极点并且在土匪压迫之下的陕西去大放狐臭，堕陕人于五里雾中，竟不知其臭之所以为臭。他讲圣道——尊君主，畏大人，不算出奇，竟然大言不惭地讲起天道回环——在易俗社戏台上讲的——来，在脑筋清楚具有二十世纪的普通知识的听了，固然若冰炭不相入，而在旧礼教、旧习惯的锁链未解除的陕西人听了,怕正是水乳交融呢!

康有为这次窃取卧龙寺藏经,除李宜之和最少数的几位反对起诉外,一般青年学子简直一言不发,不是中了"圣盗"的流毒么?还有郭芳伍、张扶万、万纯安、寇立如、郑子平、邓刚仲、李逸民诸老学究为康强辨,说"……康南海惊叹恻然,以为大不敬,此明版残经,康南海适有其半,欲合成完璧,……欲以此残经藏其中供国人观览。……共三部藏经,价值六千元,以易此明版"。拿这些自欺欺人的话来迷乱人的听闻,甘作奴隶圣子。再看一般青年学子那"信道尤笃"的样子,以后应运而出的奴隶圣孙,自然是源源而来,陕西恐怕从此长夜漫漫永无见天的日子了。

李宜之虽然敢"离经叛道",但是,他畏大人的徽号似乎还免不了。他在驳张、郭、万为康辨护的文章上说:"我们拿婉言对康求经,而不追究其他,——铜佛像、石佛像等——是为我督军全面子。"要知道刘振华是贼窝主,我们不一同起诉,就算与贼赐福,还要全他什么面子?

陕西被盗,在物质损失上似乎不关紧要,但是,他在盗物以前大燃迷魂香,迷倒一般青年,这却非同小可。力子,你有什么救药吗?何尚志。

附:康有为和陕西

我不相信到了现在还有能被康有为迷倒的青年;你看,那些代康有为强辨的不全是些老学究吗?如果老学究之外,还有什么新学究,像那位大捧康圣人、刘督军的"隐"君子,听说还是北京师大的什么教授,我相信他不久也要被青年所唾弃的。我觉得康有为这次抢劫陕西藏经很值得感谢,因为他这么一来,居然叫大家把圣人的狐狸尾巴看清楚了。其实他那条尾巴早已明白地拐着,不过一般人,没睁开眼睛来,竟没有看见。经了这一次群呼捕盗,当然可以惊醒;你倘仍为故乡青年代虑,也只有大喊捉强盗的一法。力子。

何尚志
中山先生之死

> 原载《新群》第七期（纪念孙中山先生专号，1925年4月6日出版），署名"尚志"。现选自《20世纪20年代的上海大学（下卷）》，上海大学出版社2014年版，第545—547页。

中山先生为求中国民族解放，过了四十多年革命生活，失败凡数十次，而先生并没有因失败而气馁而心灰。他那为国为民的伟大人格，在中国数千年来，可以说是绝无仅有了。然而革命所以还没有成功，非先生之过，是由以前一般民众——尤其是国民党员——无视先生的救国的三民主义，没有为实现三民主义而奋斗的缘故。这么大的事业教先生一人去做，不说四十年，即四百年也难望成功的。先生一面要宣传主义；一面还要到前敌上去督促革命军打仗，并且还要办其他很多的事情，以致劳悴成了不可治的肝癌，竟于三月十二日与世长辞了！我想有良心的中国人，现在怕都觉得对先生不起吧！

最近一二年来，中国民众多半觉悟过来，知道现在的中国不革命实不足以图存，知道孙先生一生是为他们的利益而奋斗的，所以把以前冷视先生的心理改变成敬爱先生的心理了。先生去年北上的时候，到处有十数万人民热情的欢迎，嗣后各省、各都市有国民会议促成会的设立，拥护先生开国民会议以取消一切不平等条约与消灭军阀的主张，反对段祺瑞的分赃式的善后会议，函电往来，颇有不达目的不止之势，于此，可知中国的前途大大的有了希望了。不料先生在此关紧要的时机里——他的毕生事业甫生效果之际,竟然怛化了!在先生没有亲眼看见革命成功,一定是死不瞑目的,在革命运动的行程上,可以说受了一绝大的不可补偿的损失;但是革命运动绝不会因先生之死而停止,或者还要格外加紧起来呢。

先生的噩耗,震动了全世界,以前无论是赞成他的或反对他的人,都表示一种惋惜与哀悼;但是,我们在这哀悼与称美的声息里要注意各方面对于先生之死各抱一种怎样的态度?

(一) 中山先生之死与帝国主义

帝国主义,是要中国永久作为他们的销售外货的余地,摧残中国的革命势力。中山先生是国民革命的导师,因此帝国主义者视先生为眼中钉,时时在那里千方百计的想陷害先生,什么"赤化"拉,"布尔塞维克"拉,凡是危险——其实并不危险——的名词都加在先生身上。先生之死,他们虽表面上哀悼、称扬,其实在那里兴高采烈的庆贺呢!以为他的障碍已殁,他们以后在中国就可以横行无阻了!殊不知国民革命,是你们——帝国主义——侵略的必然结果,中山先生死了!一般已经觉悟的中国国民却没有死,还有中山先生手创领导革命的国民党没有死,帝国主义者你们不要太高兴了!

(二) 中山先生之死与军阀

军阀是与帝国主义者相依为命的,他们专以帮助帝国主义剥削工农民众为能事,中山先生毫不客气的把他们的黑幕向民众揭破,自然是他们怨恨的。他看见国民起来拥护孙先生的主张,知道自己的寿命将终,于是大显其反动的神通:去年先生北上时,段祺瑞唆使陈炯明向革命政府反攻;到津后,张作霖阻止演讲,恐怕先生连[和]民众接近;入京时,段祺瑞限制各团体欢迎的人数,怕生出意外的变动;先生主张开人民代表的预备会议,而段祺瑞偏要开那分赃的善后会议,阻挠先生的主张实现。先生死了,在他们的言动中,都可以看出他们的幸灾乐祸的意味,在他们以

为而今日后,中国无人能如我何了,其实这是他们的妄想。

(三)中山先生之死与研究系

研究系——梁启超其魁首,张君劢、张东荪其战将——在表面上可以说是中国一个政党,其实不如教做狐群狗党,因为他们行动正连狗差不多。这话[怎]样讲呢?一看他们过去的事实就知道了。研究系,始终是反动的——只要谁给他们的钱,只要谁有势力,他们就去帮谁的忙——当中山先生在清末鼓吹民主革命的时候,梁启超等费尽九牛二虎的力量去拥护清室;满清倒后他们马上去帮袁世凯盗国;袁氏死了,他们立刻去帮段祺瑞卖国;嗣后徐世昌、曹锟等窃取政权,研究系无不乐于去助桀为虐;最近又与举国痛恨的叛国叛师的陈炯明秋波往来,试问其行与狗行有什么分别?中山先生死后各报纸都表示哀悼,独是其性与人殊若狗马之与我不同类的研究系的机关报——《时事新报》(也可以说是陈逆炯明的机关报)拿出市井小人的口吻来冷嘲热笑——说先生精神先躯壳而死,此种伤天害理的谬论,不是他们好玩的,其实是陈炯明的钱使的他们不得不如此。但是他们愈瞎说,愈见得先生的伟大,此即所谓小人之谋,无往不复君子也。

(四)中山先生之死与国民党

国民党自去年改组以后的,已成了一个很完密、狠坚固的革命党。中山先生死了,是党的一个莫大的损失,这话无论谁都不能否认。至于帝国主义军阀及他们的走狗——如研究系的先生们——都预言国民党,一定要随先生之死而分裂,这不过是他们反动心理的表现,与国民党绝不相干。或者有些坏的分子为段祺瑞收买与党脱离关系,去升官发财,这能说是国民党的分裂吗?譬如:吴景濂、孙洪伊,甚至于陈炯明的出党,可以说是国民党把些不良的分子淘汰了,绝不能说是国民党的分裂,这是狠显白的例子。中山先生死后,忠实的革命分子一定要恪守先生的遗嘱,奋斗到底。最近国民党的同志之中差不多都有这种——恪守遗嘱,奋斗到底——的表示，真是要气破造谣者的肚皮了！至于说章太炎、唐绍仪、冯自由等在上海组织辛亥俱乐部，在北京组织什么同志会，是国民党分裂的征兆，我以为这是章太炎等为国民党行甄别试验，经这次试验之后，国民党或者纯粹成了忠实的革命分子——真正的中山信徒，或者这断乎不能不是国党分裂。

（五）结论

孙先生死后国民皆以国父称之，追悼犹以为未足，还要作为长久的纪念，于是有的提议铸成铜像，有的提议以中山名花园……以示其永久不亡之意，固然这是国人敬爱国父的诚意，我想先生希望于我们的并不在这里，把中国造成一个自由独立的国家，使三民主义在中国实现，这怕是先生的希望吧！我们的纪念先生，当然也不止于造铜像……而已，假使这样纪念一过就算了事，他日反动势力密漫，把铜像毁了，其他城或公园以中山名者概行改换一过——这是狠可能的事情——我们岂不是徒劳无功吗？同胞们！我们要真正的敬爱与永久的纪念我们的国父，惟有赶快团结起来，谨守国父的遗嘱，完成国父未竟的工作——其实这是我们自己应当的责任——现在已经是国民党员的自然当刻不容缓的勇往直前；没有加入国民党的，应即速加入共同奋斗，不要站在外面徒徒的表同情，让一部分人去做，偌大的事业，恐怕不是少数人可以做成的呵！

何秉彝
帝国主义蹂躏上海大学的追记

> 原载《向导》周报1924年12月24日第96期,何秉彝1924年12月19日写于上海大学。现选自中共彭州市委党史研究室编著《那些年的青春与热血——何秉彝、何秉钧书信论文选》,中国文史出版社2015年版,第130—132页。
>
> 何秉彝(1902—1925),字念慈,四川彭县(今彭州)人。1923年初,何秉彝辞别父母和妻子及幼子,来到上海。1924年初考入上海大同大学数理专利班学习,7月转入上海大学社会学系学习。1925年加入中国共产党。在五卅运动中遭英国巡捕枪击不治身亡。

这件事的发生,已经过了两个礼拜了。因为处在如狂似怒的恶魔虎视下的租界里的上海大学,要为维持学校的生命计,所以虽是受了他——帝国主义——之压迫凌辱,还是敢怒而不敢言,宣言不敢发,报纸不敢登。现在我唯以悲愤之余,把这件事的经过详情,追记出来与大家看看:

本月九日午后三钟,忽有英人数名随带翻译闯入上海大学第二院中学部图书室,彼时适有同学在内阅览书报,该英人即向前夺去同学手中之书,并叱云:"何故看此危险之书籍——即社会科学概论——不去研究文学?"于是不问青红皂白,即将室内所有一切书报杂志捆在一起,携上汽车。同学不明究竟,向彼索取收条,殊彼不肯。第二院之图书室寝室等被其如强盗翻寻遍收后,复至大学第二院将图书馆、讲义室、书报流通处之书报杂志讲义如《社会进化史》《新建设》《新青年》《孙中山先生十讲》《民族主义》《上大周刊》等类百余种，全数收尽。同学等以上大乃我学校重地，彼英人来时，既未先同办事人交涉妥协，即擅自钻房进屋，有如强盗，已大失体；即上海虽属租界，我国人仍应享有种种特权，有言语、出版、看书、思想之自由，为保护国家主权计，自不能再容随便而去。因此必要彼等俟代理校长（原校长赴北京去了）来交涉清楚后再走。乃彼英人云："我等是奉命而来，并有公函在此，你们学校是犯了巡捕刑律……"复以极鄙视之态度向同学讥笑云："汝等皆怯懦小孩耳，懂得什么道理！我们实如汝等严父慈母，汝等看社会一类书报，协如拿利刀杀人（真是帝国主义的眼光！），我们来叫汝，不要行凶……"同学闻此荒谬绝伦的轻侮话，不胜悲愤已极，即用英语以相当之强硬语答复之。被英人复云："汝等皆危险人耳，勿多话，将来工部局再会。"（即谁多说即要拘捕谁意）并云："工部局之牢狱甚宽大。"同学答云："你们的牢狱虽大，但可能容纳我四万万中华人民否？"乃该英人复笑答云："汝等不见印度人之多乎？汝等虽多，实与印度人等耳……"卒将所有一切书报装载数车，逍遥而去。同学等虽向前阻拦，但若稍过形色，彼等所豢养的走狗——巡捕，马上会如风雨样来临，捉人拿敌，在租界内同西人作战之罪名就会加起，几年的监牢就要入去坐。所以终归无益，只有眼巴巴地望见他自由自在地去。同学等虽马上开全体大会，讨论对付办法数条，但以种种阻碍，均未见诸实行。

不料过后几天，宰割我华人生命的会审公厅，又拿传票来传代理校长邵力子先生走了。案由为："于十二月八日出售《向导》报，内含仇洋词句，犯刑律第一百二十七条；又不将主笔姓名刊明报纸，违反报律第八条。"到此时同学等始明白：前日之所以惹这样大的风波，受了这样大的侮辱，乃是因上海大学出售《向导》报的事。十九日公然将邵力子传去审问了。虽经律师辩证明白，将第一百二十七条案注销，并《向导》刊印发行，皆与当事人无涉，所称犯报律第八条亦不能成立。但捕房所控，尚有违反报律第十条，及藏有多数有害中华民国之书报，此案尚未了结；前所掠去价值数百元之书报，尚未归还，将来的事，还不知怎样呢！

写到此处，我不觉有个感想——自然，《向导》是我们中国唯一有价

值的报纸,它以水晶似的亮眼,锋锐的舌头,看透帝国主义的阴谋,揭穿帝国主义的危凶,高声呼唤全世界被压迫的民族,醒悟起来,联合战线,向他——资本主义——对抗!他们帝国主义者——当然是视为雠仇的,想方设法扑灭的。可是帝国主义者亦未免过愚了!上大并没有发行《向导》的事,你此次这一举动,不但未将我们的尖兵——《向导》——丝毫未得加以妨害,反转提醒了许多人,作为你的劲敌了。还有帝国主义者所谓有害中华民国之书报,何尝是有害于中华民国,只不利于压迫我们的帝国主义罢了!

据我看:帝国主义者所说的那些书,皆是有利于我们被压迫的中华民国及任何被压迫民族的,为被压迫民族谋解放必要看的。帝国主义者,请你不要枉自忧虑罢!你的马屁拍反了!不要以我华人怯懦,不要以我国当印度看,金刚石虽小,还能钻瓷器呢!

何秉彝
被压迫的劳动者起来啊！
——为二七和列宁周年纪念而作

> 原载1925年2月10日《民国日报》副刊《觉悟》。现选自中共彭州市委党史研究室编著《那些年的青春与热血——何秉彝、何秉钧书信论文选》，中国文史出版社2015年版，第133—134页。

我们同样是受环境所支配的人，处在现社会之中，不能将社会加以改造，引被压迫被剥削的人类到光明之路，入幸福之园，这才真觉实堪惭愧，隐恨呵！何况号称觉悟智识分子呢？人们既为有理性的感情动物，生在不能脱离的现实社会里，不能打破黑暗，解放群众，解放自己，实在是一场可恨而可奋的事呀！

自从原始共产社会崩坏私有财产成立，阶级发生，社会随此经济制度之变迁，政治即应其需要而顺流实现，产生国家。从此后，人类即尝过那阶级斗争之社会而运行。马克思说："一切过去的历史，都是阶级斗争史。"如果我们了解了上述的事实和规律性的条件，就可以知道社会随此经济制度之变更而进化，人类即因此进程而常在奴隶所有者的国家，封建领主的国家，以至于资产阶级的国家中，继续进行其不同的阶级斗争；奴隶、农奴和无产阶级也即常受这不同的压迫、榨取、剥削的极悲的痛苦了！可怜呵！如果我们以清明的眼光去仔细观察，就可以知道无论何种过去的社会里，不管他有怎样的表面上的太平，必定有无数的可怜人——受阶级压迫的人在其中呵。在这资本家主义社会下的大多数的劳动者，

他们所受的无形的痛苦，比什么都还要厉害些。现在所谓有阶级觉悟的人——被压迫者，他们为什么要起来革资产阶级的命？为什么发生一个国际的代表无产阶级的政党国际共产党？1917年11月7日俄罗斯的无产阶级，为什么要起来推翻资本家，而变为无产阶级专政，建设苏维埃共产主义共和国呢？不是因为他们得了癫狂病，亦不仅是他们心里想要如此做，实在是由于这资本主义之进攻，使他们不能不如是的呀！阶级性哪里有调和之可能，这乃是社会必然的进程。要想世界真正和平，全人类皆能享真正的幸福，实在是要同向这条路上走才可以咧！老实地说：现在的国家——除苏维埃外，尽都是他们资产阶级的国家，一切的政治组织，尽都是只拥护他们——资产阶级——的利益，而压迫，剥削劳动者的工具，哪里能够为穷苦的劳动者谋一些儿的幸福呢！眼前的事实，过去的历史——就拿民国十二年的二月七日，京汉铁路工人横被万恶的军阀——吴佩孚、肖耀南——惨杀事来看，不是个最明显的例么？如果我们不看清楚这层起来奋斗，解放自己，只是糊里糊涂地过去，要想太上政府，发财老爷，有朝一日，开个洪恩，行个大善，给点好处与我们，是千万不能够的。

我们半殖民地的中国，既受帝国主义之掠取又受军阀之压迫，自然我们为要求民族之解放，必要联合全国各阶级民众起来革命，打倒推翻他们的，但是，这还不算被压迫剥削的劳动界的工作完结。现在世界的资本主义，已经发展到了极盛的时期，快要普遍驾临到全世界的任何贫苦民家了，这"联合战线"，实行"无产阶级革命"的运动，才是劳动者更重要的切肤之事呢。

全国被压迫被剥削的劳动者，你们还记得么？首领列宁之死，不觉已经周年，而二七京汉工友之遭惨毙事，已经过去两年了，想你们回忆起来，必更要兴奋罢。

何秉彝
官厅与罢工工人

> 原载1925年2月17日《民国日报》副刊《觉悟》，署名"何冰夷"。现选自中共彭州市委党史研究室编著《那些年的青春与热血——何秉彝、何秉钧书信论文选》，中国文史出版社2015年版，第135—136页。

资本家和劳动者，本来就是两相对立的。资本家欲工人如牛马般的驯善，以便剥削和压迫工人，多得些剩余生产品；工人欲资本家放松压迫和剥削，少做些工作，多得些工钱。两方各走极端，以至于酿成同盟罢工的事，这是经济压迫的必然现象，工人应取的态度。政府如果是表面上代表全国人民的幸福的，就应当予以保护，对于资本家的过分压迫应予取缔，这是情理所应该，并且是欧美各资本主义国家所一致实行的。

此次日本内外棉纱厂工人之罢工，其导火线虽然——由于厂主无故开除第八厂甲班的四十余工人和拘捕六工人而起，但客观上的原因，亦无非是受资本家的经济的压迫而来。况其事发生在租界，所发出的口号为反对东洋人——资本家——又何况段执政所颁布的工会条例十四条已允许工人罢工，并且罢工事在刑律与违警律之外，如果官厅不是资本家之御用品，不是外国帝国主义的工具，现政府不专是资本家之保护者，则在上海之军警，对此事应该怎样？第一，应该帮助工人达到合理的要求；第二，应该保护工人，使不致受外人之拘捕和摧残。再不然，说是怕日本老

爷的强大，不好得罪他们，亦应该站在中立地位，以无偏无党的态度处理此事。

始终使我莫名其妙！十三号的下午，正当万余内外棉厂的罢工工人，在浜北大丰纱厂后侧旷场里集合，分队组织的时候，忽然一位巡官老爷带了四五十个武装警察来阻止工人开会（其实并不是开会，是组织），并且叫工人马上跑开，否则即要用武之势。还说什么："为什么要罢工？东洋人不好，跑在中国厂里去做工好了。""要开会须得我们——官厅——的批准。"哎呀！真要把我连哭带笑地哭死！笑死！老先生，请你清醒点罢！你一天究竟在做些什么？可怜的工人虽然不值你们的垂泣，而你们段老头子所说的话，总当要注意点啊！

这还不算事，更要令人痛心的，第二天下午，这位巡官老爷，更去约了个第一军的副官，带领了两排武装丘八来耀武扬威。这位有面子的副官老爷样子更装得厉害，并说："命你们不要开会，总不听；一个官厅连百姓也管不着，岂不丢中国人的面子吗……"哎呀！老先生，你这句话的意思，我已领会得了！唉！

何秉彝
孙先生不死

> 原载1925年3月6日《民国日报》副刊《觉悟》。现选自《20世纪20年代的上海大学（上卷）》，上海大学出版社2014年版，第412—413页。

正在那纷烦忙乱的时候，忽然"孙先生已经于上午死了"的噩耗传来，顿时使我的灵魂失却知觉，悲痛之情，非言可喻。当施先生以他那咽喉哽哽之悲态，在课堂里向同学们道此噩耗的时候，全课堂也觉得骤然阴沉静默起来，而呈一种惨淡凄凉之象；悲风愁惨，天号地哭，万物都好似在为之流泪了。从此后我就常在昏瞶悲痛之中。看见垂头的人，就觉得他在暗中流泪；望见路上的行人，都觉得他们尽都是在为此而奔走忙碌；有人在我身旁鼻息，也觉得他是在抽泣痛哭了；更好似万物都异了形，而阅书报也易了颜色了。

中山先生是中国历史上第一个伟大人物，中国有史以来的第一个代表民众利益而奋斗的伟大领袖；是始终为国民革命而奋斗的先进，中国民族解放运动的导师；他那四十年的革命历史，数十年如一日的革命奋斗精神，无不是为着民众的痛苦而兴奋，代表民众的利益而努力，乃革命尚未成功，即弃我们而长逝，从今后我们被压迫，人们失了这伟大的领袖，怎得不万分悲恸呵！

可是，孙先生的形骸虽死了，孙先生的精神还未死，孙先生的个人

虽死了,孙先生的群众还没有死,只要最亲爱的同志们,全国被压迫的群众,大家能够:(一)记得中山先生的数十年如一日的革命奋斗精神;(二)遵守中山先生的遗言继续中山先生的革命事业;(三)所有全中国的革命分子,快来加入国民党;(四)从今后,同志们切不要再书怀意见,弄成分裂,使敌人窃笑!(五)我们的首领没有了,同志们——尤其是中心分上子须极力团结起来,成为集中的中山先生,以党的集权主义代替中山先生执行其总理职权。只要能如此,则孙先生虽死犹生,革命的成功,还是计日可待的呵!

同志们!我们的责任格外重大了,我们从今后更要一致努力呵!

全国被压迫的同胞呵,你们更要了解:(一)孙中山先生自始即是反对帝国主义的人,如经过甲午之失败后,即决定组织兴中会,经过八国联军之役,即组织同盟会,他每次进行这等革命的组织,均是因受帝国主义之刺激而表现一种反抗的行为的。(二)孙先生自始即是根本反对封建制度,消灭满清政府,反对与封建阶级勾结的妥协派。(三)孙先生最近在广州对海关问题和商团事件所发表之宣言,及去年十一月过上海时与新闻记者之谈话,及最近根本主张废除一切不平等条约与军阀制度及主张国民会议之宣言,都是为被压迫民族的解放,代表民众的利益与一切反动势力相奋斗的明白的表现。就拿这几点来看,我们就应该由推崇而兴奋了!再读一九二四年一月国民党大会后的明显的宣言与党纲政纲,我们更能深切地了解孙先生的三民主义是什么,即:(一)民族主义是反对帝国主义取消一切不平等条约,要求中华民族独立为原则的。(二)民权主义是以根本打倒障碍民权之军阀,建设民主政府,要求人民集会结社出版言论等之绝对自由为原则的。(三)民生主义是以真正人民的国家力量发展实业厚利民生为原则的。综此以观,我们更能明了孙先生之一切行为与思想,皆是建立在被压迫民族之解放与利益上了。

全国被压迫的同胞们,赶快团结起来,继续孙先生未了之遗志而努力!

三月十四日

何秉彝
我们怎样追悼中山先生

> 原载1925年4月10日《民国日报》副刊《觉悟》,署名"秉彝"。现选自《20世纪20年代的上海大学(上卷)》,上海大学出版社2014年版,第419页。

简切了当的说:中山先生是民众的国父,是我们的导师,当此豺狼正是猖獗、革命尚未成功之际,一旦遽与世长离,和我们永别,这不但是东方被压迫民族之不幸,亦且是世界人类之不幸!只要不是心肝丧尽的人,闻此噩耗传来,其悲恸之情,自是匪言可喻。

现在"吊唁""追悼中山先生!"的声浪,已经震动了全中国,并且普通到全世界了。

今天,我们也来追悼中山先生,并且是十二万分地诚恳的追悼。

但是,我们要怎样的追悼中山先生呢?

我们追悼中山先生,更要比追悼父母的丧亡还要更进一层:不但以泪,更要以血;不但只在目前,还须坚持永久!

我们追悼中山先生,不应像那少妇亡夫样的泪洒悲怀,如孤儿失母般的哀号痛哭;我们此后,只有更一致的坚固团结起来,一肩担任了中山先生未了的工作;更要振作精神,格外加倍努力:向一切反动势力进攻,使革命早日成就。

同志,同学,及一切被压的民众呵!我们的导师虽然死了,我们的国

父虽亡了,然而"国父的精神还未亡,导师的事业还未了!"我们的仇敌正在那边欣幸他们自己了!嘲笑我们无力了!反动的暴力,必定要更利害残酷的加诸我们的头上来了!"革命尚未成功,同志还须努力!"这句悲惨而诚渴的话,我们记着!紧紧的永远记着!继续中山先生未了之遗志而努力!这本是我们底责任;这才是真正的追悼中山先生。

何秉彝
答三元君"希望于反川战大同盟诸君者"

> 原载1925年5月7日《民国日报》副刊《觉悟》。现选自中共彭州市委党史研究室编著《那些年的青春与热血——何秉彝、何秉钧书信论文选》,中国文史出版社2015年版,第139—140页。

我读了昨天《觉悟》上三元君的一篇《希望于反川战大同盟诸君者》的文章,实在十分高兴:一则知道川省的觉悟清醒分子还有如三元君者,再则反川战大同盟同人得了三元君这一番教训,更能往切实的路上做去,使不致此后落入歧途,但我看三元君对于反川战大同盟发起的主因还不免有些误认处,因我也算是该同盟发起者之一分子,所以来同三元君解释一下。

一、武断说一句:反川战大同盟的目的,是要从根本上反对一切军阀——不独四川——间接为图利私人的争权割地剥削摧残民众幸福的战争,我们的非战,纯全是非军阀的战;同时却要提倡被压迫民众武装起来革命,打倒军阀,为民族谋永久的幸福的战争,决不致效法去年江浙绅士派的和平运动,也不像三元君之所谓笼统的非战运动,因为若只是笼统的主张非战,而不同时把民众武装起来,作打倒军阀的革命战争,那么一切的军阀还是不能打倒,依旧保存其他原有的地位,他们各自原有的地位既是依然保存着,则彼此相互间的权利的冲突还是不能免,而民众的痛苦仍旧不能解除。所以我敢说我们或许比三元君更看得清楚,顾虑得更周到,

三元君想不到的我们已想到；说不出来的我们已说出来，既如是，则效法去年江浙绅士商贾式的请愿的非战运动；呼吁求怜于他们！军阀这种举动，敢请三元君高枕勿虑，绝对不至于了。

至于说把非战运动的旗帜插在民众中去实行领导民众有组织地起来反对川战这一层，正是我们本来的主意，我们早已看出四川的民众受军阀的剥削摧残已到了极顶，将由驯服而自由地起来暴动了。只要有人能深入他们那群众中间去领导之，组织之则真正的平民革命运动必会马上实现，而军阀的性命必会立刻死亡了。所以我们到民众中间去这件事，早已有我们的许多同志跑去作先锋了，不久或许必还有一大批人马前去做补充队呢。

可是还有一件事要对三元君说的，我们除作打倒军阀的运动外，同时还要作打倒帝国主义的运动。换言之，即是要联合世界上的弱小民族起来作民族的革命的运动，因为军阀是要时常勾结卖国主义以期维持巩固其生命，而帝国主义者也是要利用军阀以期满足其侵掠的目的，所以我们更知道：军阀不打倒，民众的痛苦固然不解除，而帝国主义不推翻，民族也必无解放之望的。三元君既留意江浙战争，想来也能知道江浙战争之起因，齐卢背后尚有英美和日法的帝国主义者在从中作祟，而更能知道作民族革命，打倒帝国主义的运动了。

我已认清三元君是很热烈地富于革命性者，希望来同我们合作，大家站一条线去干，不要独自站在那高山顶上观望。

何秉彝
哭黄仁烈士诗四首

> 原载1925年6月15日《上大五卅特刊》第一期，何秉彝作于1924年10月22日（署名"秉彝"）。现选自中共彭州市委党史研究室编著《那些年的青春与热血——何秉彝、何秉钧书信论文选》，中国文史出版社2015年版，第141—142页。

我的爱友——黄仁呀！
怎么连半句话也不向我道及，
便慨然长逝？
究竟是无话可说,还是不能说呢？
方你被一班民贼毒打的时候，
怎么你全无抵抗地、由他们尽量摧残？
——呀,你无力抵抗！
难怪你死也不肯瞑目！

你死了,做革命之先锋，
为青年的模范而死了！可是那，
军阀走狗的儿女们；
反丧尽心肝，
蒙蔽着狗腹，

讥笑你是无味的牺牲；
你知道否？
假若你的魂灵有知，
请你将他活捉去罢！

你死了——
做革命之先锋，
为青年的模范而死了！可是，
你的老母娇妻，弱女幼妹，
还在祝你成名，
盼你早日归来；
我委实不敢不通知他们，
说你死了！

我的爱友黄仁呀！
你死了；
我只有将泪珠儿尽洒，眼帘儿揉烂！
"不，尽我这残生，
继你的素志！为革命而战！"

一九二四年十月二十二日

何秉彝
给父母亲的信

> 这是何秉彝于1924年6月8日写给父母亲的信。选自中共彭州市委党史研究室编著《那些年的青春与热血——何秉彝、何秉钧书信论文选》,中国文史出版社2015年版,第51—52页。

父母亲:

四十二号谕收到了。

谕说:"他说同济又无川生,此事是像创始。"这两句话,男不能懂,外面的学校,不管它有名无名,办得好,办得不好,差不多可以说没有一个没有四川人的;想来是说的大同大学没有彭县人——总之天地间的事情,没有创,那里有"有",没有始,那里有终,他怎么说出这样不通的话来了,只要事实正当,管他创不创始,完全无关系的。

上海生活的高,像我们这等家务的确不可以住,男何尝不知道,实在是因为心理上——事实上,亦确如是——想着。如在此地读书,所获的利益,实可以超过因住此而多用的钱。况且,现在心向的改变又由醉心工业转而嗜好文学,既要研究文学——新文学——尤不能不住此文化荟萃的上海,所以现在更有心决定住上海的上海大学的"社会学系"了——格外实在没有法子可想。

上海大学,阳历七月十一号招考,比其他一切的学校均要早些,如考上了,即不格外考学校了,因为它是我的心愿。既如了心愿,自不他求,其

他的一切虽是名誉再好些,生活再低些,非我心愿,又何必去闯它,枉花些钱。

男非至愚,又非处世若梦者,对于家庭的经济,何尝不知道,将来熬煎,何尝未虑及;创业维难,守成不易,何尝不明白。

此地——恒乐里——这一个月住满一定要另迁地点,大致迁进上海大学去住,因为房子地点好,又相因,大致每月十二元——宿食费在内——并且外再出二、三元就可以长时听胡汉民、汪精卫及瞿秋白等名人的讲演,借此要得许多的益,不然就住环球中国学生会,地点也还勉强,也还相因,不写了,再禀吧。

跪请
金安!

男　秉彝禀
五月十九①

---

① 五月十九,系农历日期,即1924年6月20日。

何秉彝
给父母亲的信

> 这是何秉彝于1924年6月23日写给父母亲的信。选自中共彭州市委党史研究室编著《那些年的青春与热血——何秉彝、何秉钧书信论文选》,中国文史出版社2015年版,第53—56页。

父母亲:

四十三号谕,昨天下午由刘矩那面递过来了。上星期——十四日——彭县旅沪学会在沪南半淞自欢迎陈许[①]和二杨[②]。那天,除李民治因在试验不能与会而外,其余:章松如、二陈、刘矩及他们初来四个都到了的——只是随便吃点茶点,照了一张八寸相片,缴三元的定钱,不知如何,都用十二元多钱,自然是由我们先来的六人分担的,以最秘密的彭县,能一次同出来四人,先来几人,是非常之为彭县贺的,向他们特别地表示亲密,热情欢迎的。但是,恐防初见天日的痴梦者,没有情感,不知人事!因为:他们抵沪的第二天,男就把这件事情向他们说了,谁知,第三天,杨达并不告知我们,就与肖澄写封信,说他星期五——就是那个星期——要到杭州了,只看他这些动作像不像人,知不知人事!男听见说,才说了他

[①] 原注:陈许,指陈静轩和许宗全,彭县人。
[②] 原注:二杨,指杨石琴和杨达。编者按:杨达(1902—1928),原名杨先达,字闻非,四川彭县(今彭州)人。1919年就读于彭县中学,与何秉彝是同窗好友。1925年,由上海同济大学转入上海大学社会学系学习,同年加入中国共产党。1928年被敌人杀害于南昌。

几句,他才算了。现在他们通通都已经走了;杨达和杨硕彝开会的第二天就到了杭州,陈静轩和许伯均,十八日就坐海船到天津,转赴北京了,二杨借的小包已经退来了。

  至于上海市面的繁华,与桑梓不同之点,倒是很多。只拿风俗来说,一般人,尽重外观、衣冠、表面,不管他再是工人、庸人、下等阶级的人,出街都是有一件漂亮衣服的,如羽纱衫子等类,不管你再是有钱人,有学问的人,而衣冠腐旧,不是新式,那电车夫、黄包车夫都要凌辱你。假如穿起西服出街,嗨呀!万事得便宜,人人都要敬畏。即是犯了普通督律,至公直的巡捕——即警察,他们的权势大得很——也不加干涉了。当受罚的事,也可以随便敷衍过了——如乘自行车在马路上走,不管他是什么人,只要不会乘,只跌倒了或冲倒人,均是要罚银五元的(因汽车、电车多,以为警戒不甚会乘的,不要上马路,免致为其他压倒,自己丧命)。而穿西服的就不然了,普通人不得到的地方,只要穿起西服就可以去了——如法国公园,着华服者不得进去——这是风俗的一种。还有一种,所谓要钱不要脸,又妇女伙偷人——上海兴所谓"驾(译音)姘头"——是不以为耻的,即是自己妇人,或女子跟人走了,隔两三年寻着,弄在"巡捕房"里去随便理落一下,仍然引回去就是了,毫无事了的——去年寄回的《申报》上屡有所载,看看自明——又还有一种:在租界里养狗,是要纳税的,如走在街上没有带"嘴笼子",巡捕看见,一定要捕来枪毙的——不问是什么人都是一样——因为:恐防将劳动者——如"黄包车夫"、"工人",凡是每日靠着做活来养家的——咬倒,对于他们生活就有莫大的危险。至于市面和建筑,不能以什么来形容它,只以伟大而宏壮几个字去代表,就是很恰当的。凡是租界里的马路,大多尽是以"水门汀土"筑的——与建筑房屋者的修饰又不大同,表面全像四川的所谓"三合土",不过还要好些——十分的整洁,被千百的汽车的轮子——塑胶的——滚来滚去,都摩擦来发光了,顶好的,硬可以照出影子来。商场的大,第一:要算南京路——英大马路——的先施公司和永安公司两个——都是广东人开的,每家各有二千多万元的本钱——建筑宽而且大——约有二十几家铺面那么宽——七八层楼,无论社会上所需的什么都有——无论绸缎、瓷、铁、果食、书报、家庭用具、学校用具、玩具、洋广杂货、中西男女衣服、浴室、中西餐馆——上海说"西菜"为"大菜"——"屋顶花园"（房屋的顶上一层做花园），游艺场——即以屋顶花园的一部分为之——耍把戏的、唱大戏的、演新戏的、女子卖唱卖艺的——无论什么戏剧通通都是男女合演，但限于没戏场，唯学生演新剧，男女学生合演者的常有，那就是女子装真女子，男子装男子，更为表现得入情——演影戏的（上面那些娱事，都在屋顶花园上），真无所不具，应有尽有！

此外还有许多事，都是不可不知，太多了，一时写不完，容有暇时，一件一件地来详禀吧！

谕嘱："……故乡之习惯要守，淫欲，不可习染……应该警戒你的……"这倒是为父母的正当忧虑与叮咛，但亦未必太不认识人了，太把男看来不值价了。实在说，住在上海地方要想肆意好淫，硬是便利得很。无论在什么地方，只要包包里有钱，手一挥，嘴一动，就可以遂心。但是，恐怕你没有那么多钱。上等的娼，迎门的尽都是汽车家当，都是讲几十百万，不是资本家，怎敢和她来往？即是下流的，也非平常人花得起钱？况且男不是全没有人格的人，不说那些下流者，大同学校的女同学而且同班，有三个都是很美丽儒雅的，也是读的通学，天天至少也要同道一起坐两次电车来往，半年了，男还没有向她们任何一个点过一回头咧——人人都说男太不对了，不开通，太孤傲无理——因为自己想起，自己一点学问没有——亦不是有学问就该——资格没有，能力没有，即是家里讨了一个旧式的老婆，已觉不该，还敢妄想她们？还敢胡行妄想吗？虽是和她们讲下子朋友不要紧，但是，事实上总免不了借此惹些烦恼出来，所以，不如一概不染的要好些。

大同大学已经有一个星期没有去了。现在正在试验，因为下年既不去住它，又何必去被它网罗，不如自己看些书，预备另考学校还有益些。

下月，大致要搬上海大学去住，因为：它办得有个暑期讲学会，尽是现在的名人在那里分门别类地讲演，五角钱一门——八小时——任选四门出二元钱就可以住，它的宿舍不要钱，只出六元钱的伙食费，这件事，又经济又有益，所以大致一定要搬进去住。

上海的各大书报馆里，非常之好投稿的，只要合于时势的近于创造等类的新文字，而又能加之以有艺术的性质，是非常之受欢迎的。凡是有如

这样的人,是根本不至于饿饭的,男的文字虽是不好,自料也已有了投稿的资格。如下期更能住得倒上海大学并能研究社会的一切现象的问题,以之拿来作著作的材料,硬是好得很!定要限定一个星期投一篇稿,一个月至少恨定拿他十元钱。只要有时间,一方面把自己所研究的也拿来更进一步地讨论了,文字也练习了,一方面钱也得了,家庭的负担也可以略为减少了,岂不四面美满吗?想来是办得到的。

在几个月中,已经作得有三四篇社会现实的长篇小说——短的有千多字,长的有七千多字——但是,因为心头总不安闲,所以有些只作了一节即放下没有作了,有些作完了,不闲去修改它的,假如二天把学校考了,定要好好地将它收拾好。

像二姐的现实,真令人悲叹不忍闻,这都是由于中国的旧暗制度致她于如是的,怪不得谁,只望以此为戒,以此为鉴,渐进的改造才好!

好!不写了!再写,信封装不倒了!

跪请

金安!

男　秉彝禀
五月二十二[①]

[①] 五月二十二,农历日期,即1924年6月23日。

何秉彝
给父母亲的信

> 这是何秉彝1924年7月29日写给父母亲的信。选自中共彭州市委党史研究室编著《那些年的青春与热血——何秉彝、何秉钧书信论文选》,中国文史出版社2015年版,第60—63页。

父母亲:

五十二和五十三两号谕,方才刘矩都递过来了,跪读了。

大人唯一的主张,最大的目的和至切实的见解,只希望男住个如北大、东大、北洋、南洋和唐山等有虚誉假衔的国立或部立大学;在修学时,可以无意味地脍炙人口;毕业后,可以用内虚外实的资格去麻醉人,拿一张不值钱的饭票去欺骗人;至于私立的学校,无名的学校,你老人家就以为不好,不被人所重仰——你老人家总以为国立或部立的有点假名的学校,就是人人都可以住,并不问内部的组织如何?本人的个性志趣如何?与它——学校——所办有的系科相不相合也不问,没有听闻过的科学就以为无价值可学,就连自己的志向都可以随便更改了!但是,男的意识,稍微有点不同的异见。

男的独见:以为第一步的要诀,要首先认识清楚自己,在志趣未定之先,就要先把个性、环境和时现,拿来做互相比较的品评,郑重地考察,仔细地鉴定,究竟哪样最适合于我,于是那样就是我的矢志不移的志向了;管他在现世有不有人知道,脍不脍炙人口,就全无丝毫的关系,可以一概

不顾了。因为，自己的志向主义，只能与时势生关系，与群众的知不知道是不成问题的，若群众不知道，或只是晓得有那一门科学，他们不能了解它——科学——的价值，不脍炙他们的口，不受他的赞誉，就说它——科学——是不可以学，就不能作为自己的志趣，这句话是没有意思的，或可以直接说他是不通的。要知道：凡是成其为一种独立的科学，没有无价值可研究的，没有不适用的。若说它既成为了一科，而无价值，这句话，谁也讲不去，谁也不敢说！不过有时虚名假誉将愚者笼罩了，就可以使他忘了自己，舍本逐末——这男十二万分地不赞成！

前头禀那封信，岂不是已说过：男决定住上海大学，无论什么地方都不去，任何旁的学校都不再考了吗？是的，男已决定了，决定住上海大学了！这也是有理由，有缘故的；就是从上面那些话生出来的缘故，发出来的理由，详详细细地申诉于下。

男何以要研究社会学？因为：男现在是二十世纪的新青年，不是十九世纪的陈腐的以文章为生，以科举为目的的老学究，生在这离奇的二十世纪的社会里，便要为二十世纪的社会谋改造，便要为二十世纪的人民谋幸福。即是要研究人类社会之生活的真理，及其种种现象，以鉴定其可否，这就是男要研究社会学的主因，亦是男个性的从好，志趣的决定，其他的工业等科，虽然亦是男所同样的注目，喜欢学习的，不过品评起来，又不如社会学近男的性情；并且，拿不及从前的耐煎熬而敏活的脑筋来裁择，学工业的成效，必不及社会学多，与其学工科；何况对于生活身心上的安适和快慰，要比较好些。所以男决定从事社会学——非从事社会学不可。这一下男的意思，你老人家洞悉了，相信，定能表同情于男的呵！若一定要叫男去读做官找钱的书，习争利求名之学，把男的高洁的身躯葬送在腐臭之窟，男是十二万分地为自己可惜，万难从命的！！！

男又何以不到别的地方，一定要住上海呢？因为：北京、天津的环境太恶劣了，太污秽而淤浊了，各方的情形，已经几度地详细调查过，政潮的支配，嚣风的熏染，皆令我痛恨而畏屈，男实在不愿去。即以生活程度而论，也不甚低于上海，况且在那里的学生，逼不得已而非正当地消费——如挟娼赌博等——又多，于人格的丧失甚大。上海是世界文化荟萃之区，并且是东亚第一市场，新潮流的波及，光亮的透射，要算中国土地的先觉，在此地虽然比较多花费几文钱,而相信所得的代价,所享的进益,实在要比在旁的地方所得所享的超出百倍,即是多耗费几文,也大大地值得了!所以男一定要住上海!要想男到秽恶的北京、天津去住与男的意志毫无关系的国立或部立大学,学点官僚的资格,染些政客的派头,毕业出来,奔走乞怜于侯门之下,丧心病狂于名利之场,为他人作嫁衣裳,抢几个造孽残,挣点子假名虚誉,是万万不能的!虽是迫令男去,不准男住上海的信如雪片飞来。况那几处的学校都没有社会学。

男何以一定要住上海大学呢?凡是住学校,须要详细学校的内容,尤其要知道它办的我所欲学的一科办得如何?它的教授如何?然后才可以决定,不是住小学中学的时候,可以随便的。现刻维系男一生的事业前途,将来的成败与否,都在此一举。若是只图拥有虚名的,或不适男所欲学的学校,而不动口考虑,或听他人的指使,贸然趋赴,贻误一生,这是男所不为的——上海大学在上海虽是私立,但男相信它是顶好的学校,信服它的社会科是十分完善的。它的制度、它的组织和它的精神,皆是男所崇拜而尊仰的;男以为它是尽善尽美的,它就是我愿意的学校。它能使男信服,使男崇拜,使男愿意,它就是男的好学校——才算男的好学校!所以男要住它,并不是盲从,并不是受谁的支配、吸引;更不是因男留恋上海而住上海大学的,实在是男个人的意志的裁判和解决与鉴定。再老实说一句:男已经决定了,无论如何也不能变更了!男如是行去,觉得未来之神在预告男了,好像在说:"你将上光明之路了,你将得着很相适的安慰了;你的前途是无量的;你的生命之流矢,将从此先射;你的生命之花,将从此开放……"

五十三号谕的末后又说什么"……那女士仅可为特别交,不可以她一人为乐友,将来传为笑柄",这几句话,男实在不懂,称奇!万想不到,这话从知识界的你老人家口中吐出来!男女相交,是会为人所笑吗?怎么还是十九世纪的脑筋?假如亲到上海来看见这些市[世]面,不知更要奇怪到什么地步!男女都是同样的一个人,在社会里是处于同等的地位的!并不有什么奇特!

谕又说,某人可以密交,某人可以谈友;某人可以平视,某人可以畏视,这些话皆是爱男为男的衷怀,男无有不体贴的;但是,男自有定见,请

不必过虑!

钧弟①下年究竟做什么?怎么不与我写一信?五、六妹,你老人家究竟将她俩如何处置?读书吗?还是仍然断送在黑暗地狱里?还是叫她与男学写点子信!

听说川省干旱,新彭②遭及否?几处的田,尽种植没有?插秧否?此外有无事故?

上海大学,大致八月初开学,但是,学、宿、食和少数的杂费,一齐约要缴九十元,事前照兑八十元来才行,要紧!要紧!若九十月才兑,就会断送男了!再禀!

跪请

金安!

男　秉彝禀

六月二十八③

---

① 原注:钧弟,指弟弟何秉钧。
② 原注:新彭,指新繁、彭县。
③ 六月二十八,系农历日期,即1924年7月29日。

何秉彝
给父亲的信

> 这是何秉彝1924年9月3日写给父亲的信。选自中共彭州市委党史研究室编著《那些年的青春与热血——何秉彝、何秉钧书信论文选》,中国文史出版社2015年版,第69—70页。

父亲:

五十八号谕昨天收到了,昨天因为陪一个北京法政来的朋友——前成都高工同学——玩,所以没有及时作复。

江浙战事日形紧张。据报所知,大致昨日两军刻已接触,沪宁路已完全不通,上海华界处戒严甚密,夜里十点钟即不能通人。人心异常惶恐,由华界而迁入租界者,纷纷不绝。此虽由于一般人"少见多怪""吴牛喘月"之所致,但对于游子也不免有许多不便处,所以决定要迁入租界——附近上海大学处!

至于上海大学的风潮,目下虽未完全解决,但现象也好多了,双方已得些谅解了,何世桢等已不辞职了。校长于右任是个有学问的人,是受社会仰佩的社会学者,政治学者,是一般真正的人所赞许的。他到欧美各国去跑过,但是没有住过什么大学,不是前大清皇帝陛下的状元翰林出身,所得的学问,大多自修得来,至于做过什么事情没有——自然做过许多"人"事——还不十分明白,是哪等人物,还是不敢盲目与他下个批评,只知道上海大学产生的时候,是由大家推尊他出来当这个校长、撑堂面的。

　　人灵于物，无论如何，无论哪样人，都是可以管教的，只要得当。秉钧在外一二十天不回，昏沉终日，怎么就将他没法，由他昏醉？呵……

　　杨达考上同济大学了，杨硕彝亦已考上上海法政大学了——前司法总长徐谦私办的，肖澄仍回"老家"杭州工专了。

　　跪请

金安！

男　秉彝谨笔
八月初五①

---

① 八月初五，系农历日期，即1924年9月3日。

何秉彝
给父亲的信

> 这是何秉彝1924年9月22日写给父亲的信。选自中共彭州市委党史研究室编著《那些年的青春与热血——何秉彝、何秉钧书信论文选》,中国文史出版社2015年版,第73—74页。

父亲:

来谕收到了,跪读了!

谕内一般失意悲怨斥责男的话,男读了过后,并没有对于你老人家绝对的反感。因为你老人家那番爱子之心,是出于自然的,挚诚的,男是切实地知道的,盼望男成为你老人家那心目中的人:当国立的大学生,操脍炙人口的科学,将来成为一个外国状元,做大官、发大财,显扬宗祖,夸耀一时,这都是你老人家的爱男,对于男的希望,男并不敢做什么反响。不过,父亲!你只知道有你,却把你这个男忘了,忘掉了。男还是个人:有心脑、有个性、有主观、有志愿、有自由、有人格。只知道以自己的心脑、个性、主观和志愿去希望人,支配人,使命人,父亲,这是不对的——是绝对不对的,是夺去人的自由,堕落人的人格的!父亲,是人们唯一的爱之神,你是爱男,望男好,男是深切知的。只是,你那爱,是爱错了,不是真正的爱,要是真正爱,就应当:不要夺去男的心脑,淹没男的个性,丢掉男的主观,蒙蔽男的志愿,归还男的自由,不强住男事事都要苟同于你,这才是真正的爱男,理论上的爱男,增长男莫大的人格!父亲,男自有男在!男自

男,父亲自父亲,旁人自旁人,我的学问如何?志愿如何……怎能和你老人家,和人群苟同呢?况且,现在一般人心是虚伪、势利、臭恶、堕落到极点了呢?父亲,男盼望你是以那真正的爱来爱男,把男看成还是如你一样的一个人!

上大还要一个礼拜才能开学,因为江浙战事的阻碍,民学还有许多没有来,并且二十五、六两号还要招一次生。母亲该没有吃药?玉芬、玉琼两妹许她进堂读书没有?钧弟在成都有没有回信,还有以前那样浑噩否?他怎么半年多了,连一封信都不写来?没有话说了。再禀吧!

跪请

金安!

男　秉彝禀
八月二十四①

这几天因为借得有十几本书,要赶急看完,并且要在报上投两篇合乎本意真理的稿,没有空时,所以这封信写得非常简单。

---

① 八月二十四,系农历日期,即1924年9月22日。

何秉彝
给父亲的信

> 这是何秉彝于1924年11月27日写给父亲的信。选自中共彭州市委党史研究室编著《那些年的青春与热血——何秉彝、何秉钧书信论文选》,中国文史出版社2015年版,第76—79页。

父亲:

　　今天接读来谕,才知道对于双十节天后宫之事有所误会,因而尤念于男,其实那些事,不但男未曾参与,即事之内幕如何,男亦未尝与闻。男并未曾有何伤,更未曾被囚,请万勿过念为幸,但通电中之所以有男的名者,亦还是有个缘故;今特别详细陈之,自能了解了!

　　那天(双十节日)许多朋友都在说:上海数十余团体,要在天后宫开露国民大会,问男去不去看,男既不知道其内容,觉得去不去亦不甚要紧。一来路程太远,没有电车费,所以就决定不去。当即步行到望志路杨硕彝那里玩去了,谁知同时亦有五六个同乡都在他那里,亦同是局外人,谈到这个开会的消息,大家以为是很闹热的事情,一时为好奇起见,遂你邀我约,彼拉我扯的,一伙邀约起去了。到时会已开了,适当有个人在讲演,说卢永祥能为我们百姓伸大义,讨国贼,所以我们要拥护他,当即在男旁有个同学(林钧)加以讥笑,于是忽然场内有许多流氓上前将他围着,一顿毒打,说是什么齐燮元的奸细,于是台上喊打,场内亦在喊打,顿时秩序大乱,不料男戴在身上的自来水笔,即被浑水摸鱼的人偷去,并你挤我拥,

你奔我跑地,将男的眼镜亦弄烂了。男还不知究竟是什么一回事,无路所退,看见本校的教员何世桢在讲演台上,他是上海一个很有名望的人,所以男才马上爬上台去找着他,一来以为和他站在一处,免生意外的危险,二来看见姓林的同学,已经被人打恼火了,且凡属上前劝解的,都一齐被打,意欲找他设个解决的法子,同时同乡黄仁和郭伯和亦上台来找他设法,哪知同时即有个学生总会的代表,上台大声讲演,谓诸位不必胡闹,今天是我们中国人人的国民大会,是我们顶重要的日子,年来我们吃军阀的苦,已经吃够了,我们应当打倒一切军阀。刚刚说到此处,主席即上前加以阻止,台下的流氓即拥上台来,将这位代表挽着一阵乱打,黄、郭二人上前劝解,即阒时被打,并将黄仁由七八尺高的台上抛下地来。男幸与教员何世桢站在一处在,见势不佳,未敢上前略插片言以解劝,得以幸免不得被打。不然,倒是实实在在地要遭黑打了!不料黄仁因脑筋被震坏,越日即死了!

  当那时,男还不知道是究竟什么一回事,而同学之被毒打者,已十数人了!男因一时自然的良心和同情心发现,才跑到校长家里去报信。及回校来时,则见已经有数十同学聚在教室里讨论这个问题了,相问之下,才知是国民党的左派(极端派)和右派(走狗派)之争,凡被打之同学,皆为左派也,彼时大家都在报告当时的情形,自然男无故受了损失,亦不能不有所报告,为敷衍同学的同情起见,不能不说男被打了,损失东西了!并且列出点表面上的愤慨话,各方通电之所以有男的名字者,即是这个原因罢了!其实男何尝受打被囚呵!父亲!请放心吧!

  不过男要说句真情话:国民党是代表各阶级——有产阶级、无产阶级;商人、大地主;农民、工人的利益的革命党;代表各阶级而打倒帝国主义和一切军阀——换言之,即是打倒压迫者,为中国任何阶级谋幸福的党,并不是乱党,更不是什么过激派。我们同齐是受帝国主义军阀所压迫的人,国民党是我们的好友,虽不能加入工作,总应当和他表个同情,望他早日成功;不宜仇视他,男之所以当开会(学校里同学开会,并非国民会!)时在内面去说了几句同情话,即如是尔!不知哪几位当事的同学,竟将男的姓名书入通电中,竟惹得父母亲旧等的忧虑不安,真是男万分的抱歉呵!

十六日孙中山来沪了,各界男女亲到码头去欢迎者四五千人,并随即整队将他送到家里,沿途"孙中山先生万岁;中国国民党万岁;民族解放万岁;打倒帝国主义"之声不绝。据人言,此为中国人在上海租界里向外人示威运动之第一次。要知:租界里是不轻易许人游行,高呼的,但不得游行者,亦游行了,不得高呼者,亦高呼了,而外人全不敢加以干涉,可见中国民气之盛,外人亦略存有二分畏惧之心也!是日,因本校全体同学均要去,所以男亦在同行之列,孙中山已于二十三日启程赴日转京了(还未到),据报社所知,京津各地,筹备欢迎之事甚忙,欢迎的团体,在八九十个以上,由此亦可见彼确系得人之信仰崇拜也!本校校长于右任先生,已于先日代表他到津京各地去了!想在四川各报上,亦有电可看。

男欲于年假内回家一游,一面好面诉一切在上海之各种情形,一面了父母之悬念,再一面,亦要看看家里之情形。本来想明年暑假回家的,因为恐妨到那时有事羁身,不能启程,而待之后年再后年,世事难预料,家庭间和外面之变迁,不可测故也。

前函谓男有意赴俄国留学,确是有所为而言,因俄国有个东方大学,是校在俄国所占之声誉与地位,与北京大学,在中国一样,即言其在俄国数第一也,学校既好,并如能得人之介绍,且可读完全官费。中国人在内者,现已有六七十人,男如果能得官费以去,一个钱不要自己花,这又何乐而不为呢?男之所以有去之动机,即本此,非妄想妄谈也!但欲得介绍人,非找与俄国政府之接近人不可,而上海大学,与俄国之接近人较多,男之所以必欲住上大者即此也;欲去俄,必先学俄文,但中国除北京俄文专修馆外,只有上海大学有俄文可学,而本校对于俄文又特别注重,每星期七点钟,是由俄人直接教授,确是学俄文之最好的机会,男之所以必住上大者,又一也。

男是成年人,住的大学,操的是专门学问,非如孩子,小学生。直言之,要操专门学问,即要博览群书,什么书都要看,不是仅仅几本教室里发的讲义够用的,即是全靠自己多看参考书,几本讲义怎么够用呵!父亲:你是希望男学成的,不是想男沦为一个百事无能的人,大人不要男买参考书,未免太相矛盾了,古来的至贫穷的学者,什么不顾,也要买书看,省节钱亦不在此嘛!前日计算一下,有几十本书,都是应该必要买,必要看

的,但是一本也没有买,一本也不得看,苟如此过去,即毕业了,又如何?前日会同本校十余同乡,组织了个读书会,相约各人出二十元来买书看,并研究一切学理,但只是男一人无钱买,自己实在过不去,所以男要求多兑五十元来,专为买书之费,这句话暂说在此,大人愿不愿意,亦是唯命是听——呵!还有件事,男如若回家,即必要另再兑百六十元来,因冬天水浅,轮费比平时贵一半多,在平时上水轮费(由宜昌到重庆是三十元),比下水轮就要加倍的贵了,何况是冬天,并且更要多需时日,至少也要二十天呢?

每星期男在平民学校上课八小时,所以一天事忙得很!好,不写了!七点钟了!上课去了!

跪请

金安!

男　秉彝禀

十一月初一[①]

[①] 十一月初一,系农历日期,即1924年11月27日。

何秉彝
给父亲的信

> 这是何秉彝于1925年2月14日写给父亲的信。选自中共彭州市委党史研究室编著《那些年的青春与热血——何秉彝、何秉钧书信论文选》,中国文史出版社2015年版,第83—84页。

父亲:

七十五号谕今日收到,因时常均在忙碌中,对于一般写得来几个字的老学究,少有接近,故求字迹一事,机会较少。刘矩现又在六个川人团体的蜀评社内干了一点吃笔墨饭的事,聊可过活。叶某外来三年了,完全在白耍,到处混饭吃,一事未做。刻间广东军官学校招生,他欲去,叫男在民党执行部介绍,都已经弄好了,但他又怕受辛苦,又作罢论了。此外介绍到那个学校去的,倒有八九人。肖澄仍在杭州工专。杨达之父不要他在外读书,他因为想要学点社会科常识,所以暂改住上海大学,现已考上。有稿件,一定是可以登出的,因为那一家报馆的主笔,既是本校教员,又与男很相熟。但是,男所常发表的,大多是关于理论的,莫有意义的捧油的东西,简直可以说不耻为,亦实在不能为。创办杂志一事,做不成了,因为完全没有一个钱,书馆不能发行。其实这也不甚要紧,本来大家之所以要为此,就是作为课余的工作的。彭县虽闭塞,总不能听其长久闭塞下去,有机会,有法子,总应负责改造而促进的;如果说因为他闭塞了,就任随他不管,那就是见解错误了。一定要不要脸,找事做,何愁不能,可是,男

现在是求学的时间，非做事的时间，何必汲汲乎慌忙！过激党这个东西，世界上都找不出来，不过一般有彻底研究和了解的学者，发出来的议论和行为，对于一般反动派的军阀官僚有不利处，他们即造出此等谣言，作歼灭的一种恶手段罢了，这层也不能不加以解释的。这五六天以来，男一天到晚都不空，因为上海日本工厂有七八万人的大罢工[①]，男在从中予以他们帮忙。少文能够做事也好。

　　谨此跪请
金安！

男　秉彝跪禀
一月二十二[②]夜

---

① 这里指的是1925年2月沪西纱厂的罢工，史称"二月罢工"。
② 一月二十二，系农历日期，即1925年2月14日。

何秉彝
给父亲的信

> 这是何秉彝于1925年2月16日写给父亲的信。选自中共彭州市委党史研究室编著《那些年的青春与热血——何秉彝、何秉钧书信论文选》,中国文史出版社2015年版,第85页。

父亲:

七十六号谕收到。

男在外,对于社会,自知善为应付,绝不至失脚也!欲在军阀胯下求一饭之恩,得一顾之荣,男始终视为奇耻也;秉钧之进什么养牛饲马之教导队,男始终反对的,以其既无价值,又属卑贱故也!即目前得什么范参谋之助也不足为荣,将来做一连长之职,也不足为誉;何况事有未必吗?所以以男之主张,顶好叫秉钧早早离脱是校另进美术专门学校为佳也!!汪精卫之被殴,全是民党左右二派之冲突。现住学校对门时应里五四二号;同住者有余泽鸿、李元杰、何成湘、李硕勋、欧阳继修①五人,皆同乡。

现在沪上平平,奉军②继续开去了,别无什么事足告。

---

① 欧阳继修,即阳翰笙。
② 奉军,即奉系军阀。

谨此跪请

金安！

男　秉彝禀
正月二十四[①]

[①] 正月二十四,系农历日期,即1925年2月16日。

何秉彝
给父亲的信

> 这是何秉彝于1925年2月21日写给父亲的信。选自中共彭州市委党史研究室编著《那些年的青春与热血——何秉彝、何秉钧书信论文选》,中国文史出版社2015年版,第86页。

父亲:

又几天没有写信了,可是也没有什么事情可禀。本校于昨日开堂,不日即进行上课。这学期不住校内了,因为费还是差不多一样的贵,住校外有许多方便之处,第一个是便于做事情。现在又担任上海学生会委员的责任,事情越发加多了,修学的机会一天一天减少了。

  谨此跪请

金安!

男 秉彝禀
正月二十九①夜

---

① 正月二十九,系农历日期,即1925年2月21日。

何秉彝
给父亲的信

> 这是何秉彝于1925年3月13日写给父亲的信。选自中共彭州市委党史研究室编著《那些年的青春与热血——何秉彝、何秉钧书信论文选》,中国文史出版社2015年版,第91—93页。

父亲大人[①]:

现在的社会简直是离奇鬼怪而黑暗的社会,新出世面的人们,只可以作为他们的牺牲品耳!奔走侯门乞怜于上峰,摇尾于皇帝,求谋得一席之职,以搪塞世人之恶骂、耻笑,以了家人父子之渴望期盼,这等人多得很!无处不是,可以说是如七月半的地狱门打开了一样,到处都是些饿鬼,被前后二路所夹攻,不能不到处去哀矜乞怜,但是所烧的饭碗是一定的,哪里找得出那么多地位来安置,试看现在的四川脚到之处,局卡虚官无所不有,真是如丝网之密布了,而饿鬼还多得很,还安置不完,而下面的百姓老爷,又在呼天闹叫:政府万恶,剥削人民了。父亲请你想想看,人人都要做官,哪里有许多官来做,要想人人都得做官发财,除了多设卡局,更厉害地剥削百姓才可以。如果是这些事骂临到你们的头上来,恐怕你们无意中就要生出怨恨,世衰路微,人民涂炭之语吧。但是如果确有此事,男也要说是木匠戴枷,自作自受,因为人人都是在想自己的儿子升官发财,造

---

① 原注:此信前半部分遗失,称呼系编者所加。

其前因嘛。大哥之所以奔走二年而未得一表扬宗祖者,不是他不对,乃景社会黑幕——说句瞎话,想升官发财的人太多了!从客观上的条件来看,由于资本帝国主义之进攻,军阀恶魔之酝酿,社会经济制度之变迁故耳!大哥之不得做官,不要向着大哥哆嗦,要去问问察察社会现象才对,如果只是向着大哥一个人怨恨,那真是冤枉不少人了。

看见谕中所述钧雨之争信一事,不觉又把家庭的热度于无形中增高,想于暑假中回来望望家庭境况。但是这不过是这时在纸上所说的空话,心里虽然是想回来望一望,其实事实却使男不想回来的,因为觉得回来也不过只是与大家见见面,大家高兴两天就算了,这就也莫有什么意义了。如果在上海,三四个月之久,学识上要得多少的益,工作上要做多少的事,有此两端,所以又不愿意回来。把这时无味的热情抛弃了,所以回来还是空话,预定在三年毕业后回来也不迟,或是毕业后,因他事羁身,以至迟延到再五六年回来也是不要紧的。才不两天男到商务印书馆去与均雨订得有两种书画,一是《儿童画报》,一是《儿童世界》,希望五、六妹无事时好好地教他——均雨——竹君好好地养他,此外还要祷盼那七十五岁的老祖先精神常健,再活一百岁!!!!再次则千万盼望父亲善自宝重,母亲好事调养——万福金安!更其次则以最诚恳地渴望五六妹要跳出那四千年宰割妇女的牢狱来,见见青天白日,更再其次希望钧弟切不要再堕落那迷魂之境,孽海之途。均雨只希望他将来能承继我志与我精神——为解放自己而起来革命!竹君只得暂时对不起她,作为时代的牺牲者;她自己不能自由,奈何?

中国历史上的第一个伟人、国民革命的导师、被压迫民族的父亲孙中山先生,不幸已经于三月十二日午前九点二十分钟在北京孙行辕,与世永别了。噩耗传来,全国震恸,世界悲伤,苟非丧心病狂,无不为之哀悼而流泪,哭导师之遽失了。此地各机关、各团体、各学校正在从事开大规模之追悼会。北京的中央公园,南京的秀山公园,杭州的湖滨公园皆有提议改名为中山公园,以致纪念之意;且更有人主张改南京为中山城者;上海大学也有改名为中山大学,特设三民主义讲座之决议,更有建议直改名为国立中山大学者,均在进行之中了。

上海学生会同全国学生会要在三月二十八号,为因经费支出事,开一

游艺会来募捐,男近日也为筹备游艺会而忙(现国民党正穷,拿不到几个钱了),为筹备追悼中山大会而忙。概括言之,男朝朝暮暮,尽都是在为读书,为集会结社,为他人,为自己,而常在不得休息之中,其他一切欢乐之事,都概行置之度外而不知所为了。男近日之大概状况,即是如此,纸也已经写了三篇,再写信恐防不能尽容,详情待有暇时再禀告罢。

谨此跪请

金安!

男　秉彝磕头
二月十九①

---

① 二月十九,系农历日期,即1925年3月13日。

何秉彝
给父亲的信

> 这是何秉彝于1925年3月16日写给父亲的信。选自中共彭州市委党史研究室编著《那些年的青春与热血——何秉彝、何秉钧书信论文选》,中国文史出版社2015年版,第95—96页。

父亲:

八十一号谕收到了。

上大是三年毕业,除了这学期还有三年,男能否在此校住满,和三年后能否即束装归来,尚属问题,因未来的事,不可预料故也。

杨达是与男同班,他的胆略恐防未必能过人。所谓胆略过人之杨达者,现今一变而受男之指挥者,崇拜男者了。可以说他现在全在男手握之下,要他怎样就怎样了,请不必过虑罢!社会科有一百六七十人。

武人的迷梦做不得,从客观上看来,武人阶级已渐接于自然崩坏之中了,这个风水赶不得了!想从中以谋升官发财的人多得很!不容易!暂时的夸耀,见了莫有什么眼红头!利用——借助军,来图利自己,男始终是反对的,率成则万姓受其灾,事败则个人亡其身,此种事,做得么?

广东军官学校,少文太来迟了,没有法子可想,将他运去,只有再等暑假中第三次招生再去。

一般人对男造谣中伤,说男与章松如结婚,这种无识的谤语,男是不怕的,解释证明他做什么,把时候耽搁了。

　　学生会职员共十三人,男任书记,事太多,男将要提出辞职了,在国民党莫有做什么特别事务。

　　前天上海开追悼中山大会,到会者约达万人,昨天民党党员又开党员追悼会,到会者三千余人,真盛极一时呵!

　　现在上海外人新定印刷附律,如此事果成,则真要致中国人于亡国之相了,现已有上海总商会等起而反对,不知结果如何?

　　谨此跪请

金安!

男　秉彝

二月二十二①

---

① 二月二十二,系农历日期,即1925年3月16日。

何秉彝
给父亲的信

> 这是何秉彝于1925年4月30日写给父亲的信。选自中共彭州市委党史研究室编著《那些年的青春与热血——何秉彝、何秉钧书信论文选》,中国文史出版社2015年版,第97—98页。

父亲:

八十三号谕已收到;兑的五十元亦已取出了。

与中校写信的事,别无他故,纯全是因为看见该校的办事人太腐旧,教员太糊涂,设备上,教务上败坏不整,全不合时宜,若再不有人出而指责之,不但对于全县的学风有关,且一般可贵的无知青年,将更受其影响,导入无何有之乡而不可救,所以男才决不客气地公开唾骂之,至于使一般人的生恶感,惹一般人的嫉视,则全未之计也。人不出言身不贵,怕他做什么?至于十年以来,人们无不受虐于一般争权夺利的军阀,人非牛马,即奴隶性惯,而受人之压迫过甚亦未有敢怒而不敢言之理。军阀的恶势力虽强,而谓不能以群众的势力将他推倒,则未之敢信!若然,则俄国之二月革命不能成功,十月革命不能得胜,无产阶级不能起来根本推翻资产阶级——独自专政了。

二姐的事,男也时常怀念在胸,总要与之设法维持,使不致受肌寒之忧才好!总之像这样的万恶社会,一年一年的过去,一般小资产阶级,只有一年一年的变穷,穷得只有变成饿死鬼的,此皆是军阀战争使之然,如

近来四川东北数十县的肌[饥]荒,无数万人的饿死就是明例,像这样的听天安命犹且不能生存,自己不自觉,不努力还行么?

恽代英是现代中国青年界的导师,人人所崇拜者;他现在在上海大学当教授,是国民党上海市的执行委员,今年民党改选中央执行委员,定有当选的希望。彭述之是个中国有研究的经济学者,也在上大当经济学和社会学教授,此外同几个人办得有几种杂志。

上海大学已由民党中央执行委员批准改名为中山大学了。待有切实的计划后即实行改名,此事成后,学校又必有一番起色了。

男现仍住学校对门时应里五四二号,只是因沾染的外事过多,甚忙。

跪请

金安!

男　秉彝禀

四月初八日①

---

① 四月初八日,系农历日期,即1925年4月30日。

何秉彝
给父亲的信

> 这是何秉彝于1925年5月8日写给父亲的信。选自中共彭州市委党史研究室编著《那些年的青春与热血——何秉彝、何秉钧书信论文选》，中国文史出版社2015年版，第99页。

父亲：

八十四号谕收到了。

战事既发生，钧弟未去与人服役，危险性既免，男亦甚慰。但不知近来的战争状况如何。想一般的无辜下民，又要受其涂炭不小也！民众之苦于兵灾暴敛也久矣，未来之暴乱，不知必要爆发于何时乎？

近日上海各川人团体，特组织有一反对川战大同盟，其目的全在根本反对四川军阀相互争权割地，摧残民众之战争，如果当事者能彻底努力，想对于久苦于大战之川民，或亦可以略减轻其痛苦也！男亦为该同盟发起人之一，但因他事繁多，未受任职务，只站在监督与扶助之地位而已。

上海大学已由民党中央执行委员会批准，改名为中山大学，唯改为国立事不能做到，因同学之反对者甚多，前函已禀明，亦不再叙。

男现在所住之地点，仍在西摩路学校对门时应里五四二号，生活如常。今校约共有四百人，代理校长为邵力子，为民党中坚分子之一。

　　谨此跪请

金安!

男　秉彝禀

四月十六日①

---

① 四月十六日,系农历日期,即1925年5月8日。

何挺颖
寄谢左明

> 1925年的秋天，何挺颖考上上海大同大学数学系，准备走学者的道路。但1925年的"五卅"运动，使他的思想发生了根本的变化，随后，他又毅然转入上海大学社会学系。对于何挺颖进上海大学，他的好友谢左明并不理解，何挺颖在给谢左明的信中剖明了自己的心迹。他说："对数表里查不出救国的良方，计算尺不能驱逐横行的财[豺]狼"，并附上了自己写下的这首诗。
>
> 何挺颖（1905—1929），陕西南郑（今属汉中）人。1925年秋从大同大学转入上海大学社会学系，同年冬加入中国共产党。1927年9月参加秋收起义和三湾改编，是井冈山黄洋界保卫战前线指挥者之一。1929年1月在江西大庾壮烈牺牲。
>
> 选自胡华主编《中共党史人物传（第一卷）》，陕西人民出版社1980年版，第246页。题目为编者所加。

南京路上圣血殷[①]，
百年侵略仇恨深；
去休学者博士梦，
愿做革命一新兵。

---
① 南京路上圣血殷，指五卅惨案。

何挺颖
赠陆阿毛

> 1926年初,在上海大学学习的何挺颖还根据党组织的安排,来到一个工人夜校担任工作。在工作中,他广泛接触了工人群众,逐步了解了处于社会底层的工人群众的生活状况和思想感情。何挺颖将自己对工人群众的这种认识和感情,写进了这首诗里。
> 选自林道喜著《井冈元戎何挺颖》,中国社会出版社2007年版,第39页。

我不过仅仅教你认识了几个字,
你却教我懂得了不少的事。
我照着书本给你讲"阶级斗争",
你的行动却讲得多么有色有声。
在过去无产阶级对于我只是一个概念,
今天啊!我才认识了你们这一伙英雄好汉。
你们是天生的革命战士,
我多荣幸做了你们的同志。

何挺颖
再寄谢左明

> 1926年,在上海大学学习的何挺颖经过实际斗争的锻炼,认识到中国共产党的伟大力量,认识到人民群众的伟大力量,认识到团结一致的伟大力量。他在给好友谢左明的一首诗中,表达了自己这种认识。
>
> 选自胡华主编《中共党史人物传(第一卷)》,陕西人民出版社1980年版,第248页。题目为编者所加。

四万万人发吼声,
火山爆发世界惊。
中国有了共产党,
散沙结成水门汀。

贺　昌
内外交杀中的民众

> 原载《上大五卅特刊》第八期（1925年8月26日出版），署名"昌"。现选自《20世纪20年代的上海大学（下卷）》，上海大学出版社2014年版，第692—694页。
>
> 贺昌（1906—1935），山西离石柳林镇（今属山西柳林）人。1923年7月前后加入中国共产党。同年9月，根据党组织的安排进入上海大学学习。历任广东省委书记、中共中央北方局书记、中华苏维埃共和国中央革命军事委员会总政治部代主任，中国工农红军总政治部副主任、代主任，红一方面军政治部主任等职。1934年10月，中央主力红军长征后，贺昌奉命同项英、陈毅等留在赣南坚持游击战争，任中共中央苏区分局委员，中央军区政治部主任。1935年3月在江西会昌遭敌军伏击，壮烈牺牲。

在"五卅"南京路大惨杀以前，有青岛日本帝国主义唆使反动军阀的大惨杀，有日本帝国主义直接对于顾正红的惨杀；在"五卅"惨案以后，更是越高兴，几乎杀遍全国了：汉口有关帝国主义与萧耀南的联合大惨杀，湖南有英帝国主义唆便［使］赵恒惕的压迫，九江有日帝国主义的大扰乱，安东有日帝国主义的大暴行，重庆有英帝国主义与王陵基联合的大惨杀，广州有英法帝国主义职合的大惨杀，香山有英帝国主义的炮轰事件，杨树浦有美帝国主义惨杀蔡继贤，南京有英帝国主义与王桂林联合的惨杀和记工人,最近青岛又有日帝国主义唆使张宗昌枪毙工人及报馆记者,天津有日帝国主义唆使李景林屠杀裕大工人;其他拘捕工人、学生,解散爱国团体,禁止集会、演说,压迫罢工、抵货,不论是帝国主义者直接动手,或由军阀代为动手的,真是数不胜数,到处皆是。这是表示什么呢?不是说明帝国主义是我们的最大的仇敌,军阀是帝国主义者的走狗吗?很和平的《商报》尚且很沉痛地说:"以中国之官,办外国之事,忠诚笃厚,至于如是,虽求之埃及、印度、朝鲜亡国史中,亦恐少见,何幸于五卅交涉之间,生死连锁之时,竟有此高唱让德之君子,毋怪某国人之掀髯而大笑也!"呜呼!这究竟是什么一回事?请大家仔细想一想!

中国人是天生的奴才,是上帝赐给帝国主义者与军阀惨杀的。奴才要反抗主人,就是大逆不道,便非枪毙不可。谁叫你去反抗主人,谁叫你不好好儿地去服侍主人?这不是自己讨死?该死的工人,该死的学生,该死的中国人!

在这内外交杀中的中国民众,首先应该知道自己的地位,须知在这帝国主义与军阀的两重支配之下,连我们的奴隶地位都是保不住的,时时有被惨杀的危险。我们要从死里求生,我们要从死的恐怖中打出一条生路来。我们自己不来救,是没有人来救我们的。我们的生存,不能向帝国主义者及其工具军阀手中乞怜得到的,我们要靠自己团结的力量来打倒帝国主义与军阀,争回我们自己的权利。现在帝国主义者与军阀已经结成很强固的联合战线猛烈地向我们进攻,我们是再不能让步了,再让步就是死路;我们要认清帝国主义与军阀相互狼狈的实情,坚决地勇敢地绝无反顾地向他们进攻,务必战胜他们而后已。一切帝国主义与军阀都是我们民众的仇敌,在目前,英日帝国主义与李景林、张宗昌、萧耀南等最反动的军阀,尤其是我们民众所最应反对的仇敌。谁惨杀我们,谁压迫我们,谁就是我们的仇敌。帝国主义与军阀实行内外交杀的政策,我们民众亦便只有实行内外反抗的行动。军阀政府不能替人民做一点事,只会压迫人民,我们人民便应该自己起来组织政府!只有人民自己,才能解放人民!

帝国主义者对付我们此次反帝国主义运动的方法,非常利害,已存有"一歼而灭之"的决心。他们除了自己直接用武力屠杀与指使中国军

阀代行屠杀外,还有许多方法,如离间商人与工人学生的联络,雇用流氓及"高等华人"捣乱反帝国主义运动的阵营,设立(如诚言)及利用言论机关制造谣言淆混是非,用经济的力量(如停止水电)以困我们并分裂我们的阵伍[营],用外交的手段以缓和我们的反抗,以关税会议来饵诱我们并束缚我们不得翻身,以司法调查来制造有利自己的交涉材料,引诱并强迫一部分工人上工以削弱我们反抗的力量:总之,他用种种方法想来屈服我们。我们在此种四面受敌、奸细横生的困境中,若再不认明敌人、强固自己,则我们的反帝国主义运动必一时为帝国主义及其走狗所压伏。

我们十分痛心,在此帝国主义联合压迫的严重形势之下,竟有一些以指挥国民革命运动自命的学者先生、革命领袖,偏要千方百计地遮住民众的眼目,仅仅主张什么单独对英。我们不晓得他们究竟看见了北京公使团联合一致对付我们的事实没有?司法调查、关税会议以及上次六国委员的调查、上海交涉的破裂,哪一件不是各帝国主义的共同行动?上海美水兵的惨杀蔡继贤占领学校、沙基法国兵士的帮同行凶,以及日本帝国主义历次直接间接的惨杀,究竟是否都是中国人自己该死?我们这样子让步,这样子容忍,究竟要让步容忍到什么时候?实际还不是不能避免各帝国主义的联合压迫?尤其不可恕的,日帝国主义不但屡次帮同英帝国主义行凶,并且直接间接不断地惨杀我们、压迫我们,最近在青岛、天津令反动军阀大杀工人,拘捕工人与学生,解散各种爱国团体,而他们还想避开日本,一声不响,我真不知道他们与日本帝国主义究有何种恩爱而竟如此舍不得反对!五卅运动本起因于日本帝国主义在上海青岛的惨杀中国工人,至今不但不停止其暴横举动,倒反更加肆无忌惮地举行大规模的屠杀政策,而我们的国民革命指导者却竟能熟视无睹,仍旧高唱其"盲目的"单独抗英的"伟论"而不知耻,我真不能不佩服其大胆大量!大概最近天津、青岛的大惨杀以及上海日厂工人复工条件(所痛心的复工条件)的解决,就是"排日不排英"的最大成绩了。

我们由于种种事实上的教训,我们十分诚意地希望全国反帝国主义的民众,须知我们对于帝国主义尽管让步,而帝国主义对于我们是决不会让步的。我们决没有选择反对某一帝国主义不反对某一帝国主义的自由。尤其日本帝国主义,依他在中国所处地位与所得的权利,依他本国经济的与政治的情形,绝对不会放松对于我们的剥削与压迫。我们应该坚决地反对一切帝国主义及其走狗军阀。我们在目前,尤其要极力反对英、日帝国主义及最反动的军阀。我们绝对不能放过日本帝国主义及日本帝国主义的走狗。在这内外交杀中的中国民众,应该从血泊中认识了这一条正确的道路呵!

侯绍裘
整顿上海大学计划书

> 原件存台北中国国民党中央委员会文化传播委员会"党史馆"。是上海大学中学部主任侯绍裘于1925年7月通过国民党上海执行部朱季恂向国民党中央执行委员会呈上的一份《整顿上海大学计划书》,并得到国民党中央执行委员会秘书处邹鲁的回复。现选自《20世纪20年代的上海大学(上卷)》,上海大学出版社2014年版,第110—111页。
>
> 侯绍裘(1896—1927),江苏松江(今属上海市)人。1923年秋,加入中国共产党。1925年2月,担任上海大学中学部主任。1927年4月15日,被国民党当局秘密杀害于南京。

上海大学是我党在上海的一大机关,其于吾党之利益有三:

(一)可以灌输革命的学理,建设的学术,以造就革命的领袖人才;

(二)可以训练实际活动造就革命的中坚分子;

(三)可以做上海活动中心。

就第(三)项言,即使其内容不能达理想之完善的境地,也应作为一个根据地,以集中我党在上海及其附近之革命分子;就第(二)项言,则其功课纵不能甚完备良善,亦应保持并发展其社会活动政治活动之精神;至就第(一)项言,则非将程度提高整齐、课程添设完备不可。可是目下情状,实在十分不行,因功课非特不能如第(一)项之提高完备,并敷衍将事亦几不能所以。即如第（三）项所说之地盘主义，亦有岌岌动摇之势。第（二）项亦因无绝对对校负责之人，故除已入党之同志尚有训练外，对于一般同学，绝少训练，故我党中坚分子，不能十分推广。至于第（一）项，更谈不到了。然而如果该校实一无可为，那也只好罢手，可是实在却并非无可为，而且前途甚有希望，这全看我党上级机关之对于该校之扶助及整顿决心如何而定。考该校所以不能发展及整顿之症结，第一在经济，因经济之缺乏，不能请得理想中所欲请之教员，并欲在得一专任该校完全负责之人，亦因不能维持其生活而不可得。即所聘得之教员，亦以薪资过薄，无以安其心，因亦不能责其绝对负责，以致缺课事，常不能免，因之功课上非特不能达到如上述第（一）项之目的，并欲敷衍的满足学生之意而不能。学校根基遂岌岌动摇矣。此外历年负债，往往寅吃卯粮，移划挪借，颇费经营，周转于焉不灵，而进行上又蒙莫大影响，故在经济上，非有整顿方法不可。固知中央经济，也甚困难，如长年补助，则须有经常收入，以资挹注，也许为目前中央所难以办到，但是若一次补助临时费一宗，而数目又不很大，那也不至不能办到。至于怎样可以拨一宗数不甚巨之临时费而使上大得以永久维持，非至筹划发展时，不必议增常年补助，那便是绍裘的计划，因为上大之不能发展及维持，根本在乎经济，因为如上所述。然而种经济之恐慌，根本在乎没有自建的校舍。上大现有大中两部学生四百余人，每年学费等收入亦不为小，所以目下情形，每年亏欠不及万元，而此项亏欠，全为房租的缘故。盖因上海房租既很贵，且因所租房屋不适于用而生之靡费，亦复不赀；有时因学生增减，而必需迁移一次，之费亦须一二千元；所以我们如能自建校舍，则不惟房租可省，一切靡费亦可省不少，每年可不至亏欠。且因此学生人数，必可增多（像现在情形，学生仍有四百余，而希求来校者极多，因有特殊色彩。虽为一部分所恐怕，也为一部人所特喜，以中国之大，革命青年，闻风而慕，其数极多，此事可操在券）。收入亦可增多，更可有余力以改良整顿功课上之事，如请著名之教授，定负责之人等即是。是则校舍问题解决，经济问题也解决，经济问题解决，别的问题也解决。是上大之疹［症］结又不啻在校舍；能自建校舍，其它问题，胥可迎刃，故绍裘之计划，即在自建校舍之一端。然使自建校舍而需极大之临时费，则其势仍不可能，惟依绍裘之预算，则固

无须极巨之款也。盖上海房屋所贵在地,不贵在材料、工程,尽人所知。今宋公园地,已允给上大建筑校舍,故地已无问题,至建筑之费,预计建屋六十幢,容学生六七百人,建筑费较高度约需八万元,最低度则需五万元,若再减省,暂时先造四十幢,则需三万。此三万元者,亦可设法做到先付一半,其它一半,则以造成之房屋抵款偿还,是则一万五千元,亦可暂行措手,为此呈请中央讨论。然能照高度拨给,固所希望,而又不敢必望,至少则先允照最低度拨,若能折中拨给,当然亦可有为,此为维持上海大学之目前最急不可缓之问题也。其它各点,非此点有解决均谈不到,故暂不提出;待此点解决后,再行陈请,更有进行者:上海帝国主义者甚注意于上大,目为过激机关,时加干涉及搜检,在租借上迟早必被其摧残。此次小沙渡罢工风潮,又被牵涉租界上实有不可一刻留之势。下学期决计迁移,而相当房屋尚未找到。故望中央急速定夺电覆,以便即日进行计划,使于暑假期内完工,而得下学期迁入(此事可能)不特可获安定,亦可省迁移等费。总之,上大建屋一事,如中央任上大为于我党有助而欲维持之,则此事实非靡费中央经费,实为节省中央经费也。盖一劳可以永逸,以后该校,至少可以维持现状,无代价为我党工作,而节下应补助之费,以谋发展或用之于其他有利于党之事业矣。预望从速核准见覆,幸甚幸甚!兹因同志朱季恂到粤之便,托其上呈,并望许其陈述,并备质询。此呈。

上海大学附属中学主任侯绍裘呈

侯绍裘
致柳亚子的信

> 原件藏中共"一大"会址纪念馆。现选自《20世纪20年代的上海大学（下卷）》，上海大学出版社2014年版，第1171页。
>
> 此信写于1925年6月12日。当时，侯绍裘兼任国民党上海执行部宣传委员和教育委员，所以信中和同在国民党上海执行部工作的柳亚子讨论了国民党江苏省党部组成的人选。

亚师[①]：

来示敬悉。上大校舍被据，现已租定宿舍及临时办事处矣[②]。学生死一人，何秉彝君，为我党[③]得力同志，甚可惜也。被捕恐尚不止三人，现尚未查明。今日据传有女生一人被杀于校，尸首运出时，有人看见。此中真暗无天日，惟确实尚未查明耳，容再陈。

邵先生极欢迎，上大附中及景贤[④]均正缺国文教师，无论如何，必有一处借重，堪以预告也。且一人还不够，须有三人，现均未着落。邵夫人至景贤补习，当然可以。

[①] 指柳亚子。
[②] 指上海大学校舍被英国海军陆战队武力占据封闭，上海大学在老西门租定临时校舍。
[③] 指国民党。何秉彝为中共党员，同时以个人身份加入国民党。
[④] 指景贤中学。

季恂①今日有信来，广州风云甚紧，不得见中央，正设法，他对于广州事，以为爽快一做，颇乐观。

省部人选，我又和亦湘②等商议过，定以下诸人：

戴盆天　丹阳　宛希俨　南京　孙选　　江阴
杨锡类　丹阳　徐莘芳　无锡　黄竞先　江阴
刘重民　南京　朱季恂　松江　柳亚子　吴江
侯绍裘　松江　陈贵三　松江　高尔柏　青浦
吴启人　青浦（未定）

亦湘因下半年须出国，故不就。晓先据熟知者言，个人权利心重，故拟不选他。重民尚须转移，而南京党部正有问题，故能否产出未定，松江三人中可去掉一人，因太多也，是则丘、毛二君即可加入。执行委员拟九人，较多为好。监察委员应严正而愿事务略清明者，我意老师可当之。以上诸人，至少代表必须被选。

季恂去广未返，乃今日得息，范炳先等竟召集临时省党部执行委员会，想操纵，我已预备着，如他们议些对外的五卅宣言等，如不大谬（想也不致大谬），我们也不去管他，但为借此解决南京事件，则我松江第一须反抗，因此事已呈中央③，省部已无此权，况范某自身有问题也。望吴江也准备着。

绍裘谨上
给我的信，由长林④转可也，我无一定住处。
（1925年6月12日）

---

① 指朱季恂。
② 指董亦湘。
③ 这里指国民党中央。
④ 指姜长林。

蒋抱一
三周年纪念声中我底新希望

> 原载《上海大学三周年纪念特刊》，署名"抱一"。现选自《20世纪20年代的上海大学（下卷）》，上海大学出版社2014年版，第710—711页。
>
> 蒋抱一，福建泉州人，1923年9月进入上海大学中文系学习。

"……讵意莘莘学子，环而请业。拒之无方，而上海大学之名，遂涌现于中华民国之教育界中。此十一年十月廿三日事也。"

这一段话是上海大学历史上的主要人物——于右任校长先生——自序上大一览的话。我们读了他这一段话，便晓得上海大学当时改组情形！也就是上海大学一段历史。

我们眼看现中国教育界这样的混糟黑暗；尤其是中国所谓最发达的江苏省的贵族式、军阀式的教育现象处处都使我们得到一种最深刻的刺激！所以我常以为如这样的教育现象，倒不如无教育来得干净！何以呢？因为他们所栽培的结果，多半是一班怕死无耻，终年奔走于军阀政客之门，或往来资产阶级之下，或更抹尽良心，假借军阀政客之淫威，来把持江苏省的教育，如此次东大的风潮，便是一个明证。

但我们上海大学呢？既无长期历史之可言，亦无大规模之组织。因为我们经济方面，都靠着我们学生的学费支用，自然不得有完备之建设，而一般国外帝国主义和国内军阀、政客，到处加以监视压迫。这是我们每

饭不忘的一桩不共戴天之仇恨！然而我们所以私心自慰者，也就是在这种情形之下。为什么呢？因为我们觉得中国许多学校，不受他们监视压迫，而我们上海大学独能享受其赐，便见我们上海大学平日对于社会之抵抗力较为强大。这是我们敢自信的，也许是社会人士所公认的。

然而我以为我们对外，固有如许的热心、勇敢和牺牲精神；而对内工作，却也有失责的地方，如年来校舍建筑之呼声，至今未得实现，学务之"每况愈下"，至今无人负责整理。而我们同学也似乎忘记了自己切身问题，视若无所轻重，未肯加以严格的督促。这是我引为一大憾事呀！

我深信学问是万事业的造昉。一个人如果没有学问，任你怎样的热心、勇敢，恐怕于事实上，未见有任何之补益。即或有之，亦极浅薄可见。我还记得西哲有一句话说："热心没有学问如柴之干烧。"尤是我们生活在这种水深火热的社会当中，更不能自爱向学问上努力！所以我以为我们今后，不想脱出这个水深火热的社会则已。如还想脱出这水深火热的社会，或想为社会开一新局面。那末我们肚子里，便要装满着应用的学问，然后一手手枪，一手迫击，站在革命的前线来。因为革命是"宇宙进化的原素"，是求"绝对真实的工具"。假如没有这种利器，恐怕终难达到我们最后的目的。所以我甚希望我们同学从今日始，一方面自然要仍旧竭力向社会运动，另一方面，亦要向学校当局敦促其所应进行而未进行的一切工作。同时我们希望校长先生，能实行他在上大一览自序的"右任不自量，愿随诸君子后，竭毕生之力以赴之"的初心。同时我们更希望学校当局能副校长先生"合抱之木，生于毫末；千里之行，始于足下"之望，大家同心协力，站起来整顿一下。斯则我们上海大学，可渐次发达，而至于无穷。愿学校当局与同学共谋学校前途的发展与共荣。

季步高
致父亲的信

> 根据信中内容推断,此信写于1922年10月至11月间。选自浙江丽水龙泉市安仁镇季山头村官网《烈士丰碑》,2013年6月12日发布。
>
> 季步高(1906—1928),名大纶,浙江龙泉人,1922年夏进入上海东南高等师范专科学校。10月转入上海大学中国文学系学习。1925年9月加入中国共产党。1928年1月任广州市委书记。是年冬,就义于广州红花岗。

父亲大人膝下:

男[①]以教部[②]令下,不得更名,即来上海东南高等专科师范学校,无如该校以骗钱为目的,校中腐败不堪,言喻毕业后亦无资格,众同学遂起风潮,宣言改组前创办四人,三人皆被驱逐,其一为处州人,性耿名熙,尚热心教育,故仍挽留,现新请校长于右任,此人系革命伟人,曾做过陕西督军,后以不肯做,弃职来沪,热心办理教育事业,在上海为最有名之人也,校董孙文,教员皆上海名士,校名改为上海大学。男与叶书[③]班即为大

---

① 男,季步高在父亲面前自称。
② 教部,自北洋政府教育部。
③ 叶书,季步高表哥,即李逸民。

学预科一年级,校址现仍用旧址,明年将在距本校之西二里许,宋教仁墓旁,建筑新洋房地址,为民党四伟人孙文、于右任、蔡萼①、黄兴所有。现蔡、黄二人皆死故,孙、于二人将以其地为男校校址也。校长出建筑费三十万,又陈教员②出田百亩,为男校基本金,明年招生须中等到毕业考试,征严惟已招之学生,则中学未毕业亦无妨,明又将立案。总而言之,上海大学与北京大学,中国大学一样资格,办事人则尤热心,男等以中学未毕业,法校③不能更名之得入大学,亦千载一时之机会也,男本期用费已共有一百五十元(自家带来五十五元,温州汇来七十元,此七十元接元兄来函云尚未汇至,男系先向元兄借来,叶书处借来二十五元)本期尚须七十元始得用至年终。所以须此巨款者,男杭沪往来路费多二次,法政学费讲义费十七元,不能取回,来上海东南师范学费二十四元、报名费一元、杂费二元、宿费每月二元,膳费共二十五元(前二月男在杭未至之膳费亦须补缴),故本年须此巨款,非再有七十元不能偿还。书兄借款及放假后用度也。总上如款,本期须款一百九十五元,家中出此许多款项,男知甚属困难,奈此机会已至,男一生好运气亦莫过如此,不得已,望大人赐下此款(七十元),则男感激之至,六年毕业后,男当自谋活,不取家中分文,以累双亲及诸弟妹也。肃此敬禀

福安!

叶书身体康健,又及。

男　步高敬禀

再者,名字用步高,来谕请寄杭州转上海闸北西宝兴路　上海大学季步高收

男用此信纸本系报喜之意,非浪费也,以后当不用

---

① 蔡萼,即蔡锷。
② 陈教员,指上海大学教师陈东阜。
③ 法校不能更名,法校,指季步高原先就读之浙江法政专门学校,校址在杭州。不能更名,指更改校名。

季步高
致季望高的信

> 这是季步高1922年11月1日写给兄长季望高的信。选自浙江丽水龙泉市安仁镇季山头村官网《烈士丰碑》,2013年6月12日发布。

望高吾兄手足:

来教由元兄转沪诵悉一切,我兄拜汪先生为师,今后解惑有人,于画一道,当日见进步矣,曷胜欣慰。弟在法校因教育部令下专门学不准更名,遂束装来沪,与书兄①同校肄业,无何进校,甫及曰风潮已作极至,本礼拜一始得上课,此次风潮之起,由于办事人以学校为营利之场,激起众忿,遂宣言改组学校,结果改东南专科师范为上海大学,请革命伟人于右任先生为校长,孙文为校董。于先生系前清翰林,民国革命家,曾做过陕西督军,后先生自不愿做,弃职来沪,热心教育事业,出洋三十万,为本校建筑校舍之费校址拟宋教仁墓旁,明年五月始能落成。再者接家父来函云,家中大小平安,八月八日雨极大,水头较民国元年低三尺,山田幸无恙,惟吾家亦流去木段百余。

又,前日奉上一函系寄乙种工校内容与上次同,不知收到否?

---

① 书兄,指叶书,季步高表哥,即李逸民。

此致即请

平安

　　　　　　　　　　　　　　大纶①上　阳十一月一日②

来函请寄上海闸北西宝兴路　上海大学季步高收

---

① 大纶,即季步高,季步高名大纶。
② 阳十一月一日,即1922年11月1日。

季步高
致父母亲的信

> 根据内容推断,此信写于1923年2月下旬。选自浙江丽水龙泉市安仁镇季山头村官网《烈士丰碑》,2013年6月12日发布。

父母亲大人膝下敬禀者:

男等于正月二十四日①抵校,于校长②对于校中革新甚为热心,兹就大略情形分叙于下:

一、校址目前仍原址;

二、编制分大学部、高师部、附设高级中学;

三、高师部分国学系、英文系(以上二系本来四年,头班改为三年)美术系(二年);

四、教员多改聘,并于各部添加主任一人(国学、英文二系为张君谋博士)③

---

① 正月二十四日,系农历日期,即1923年2月20日。
② 于校长,即上海大学校长于右任。
③ 据季山头村官网称此信缺1页,故未见署名。

季步高
致季步升的信

> 根据内容推断,此信写于1923年5月26日。选自浙江丽水龙泉市安仁镇季山头村官网《烈士丰碑》,2013年6月12日发布。

升兄①:

信接到了,看了那句谣言,真是可笑!尔想我们书信来往不息,也有他们先知道的消息么?呀!他们的呆,真不知呆到什么地步!

这种谣言,本是"狂吠之谈,无伤日月",我们尽可会之一笑。我为尔们放心起见,再来说个明白,上海大学的章程是"凡中等毕业或有相当程度的学生都可入学"。就是初等未毕业有程度的人,都可来考的。弟在校又是只知读书,别事一概不管,决无有被人被控诉的地方,就是有几个无知之徒,胆大来控诉,学校也置之不理,他们只好讨场没趣。

这种谣言的来历,大概由一二个无耻之徒,自己东跑西往,无处安身,后来入到水牛角里面去了,心里十分过不去,所以厚着皮来说别人被子控出校。升兄!今后若有人来问到这事,我兄只老实对他说我弟从前在处州师范见该校腐败不堪,遂一直考入法政;后来又不高兴读,又一直考入上海大学,南在正得个好地方,可以求一点学问,请他们放心些,我是稳妥的人决不会有"收拾堂担回处州师范去混账"的陋事!上海大学只过

---

① 升兄,指季步高之兄季步升。

二三年,眼见就毕业了。升兄,这点小事,我也不多说了,也不值去说了,家中都有快活么?都有康健么?

  祝尔
平安 合家
平安

弟步高
写于上海大学
四月十一日①

---

① 四月十一日,系农历日期,即1923年5月26日。

季步高
致父亲的信

> 根据内容推断，此信写于1923年9月29日。选自浙江丽水龙泉市安仁镇季山头村官网《烈士丰碑》，2013年6月12日发布。

父亲大人膝下敬禀者：

　　男等十八日抵沪，校中上课才一星期有余，欠课甚少，校址仍在闸北青岛路。男与叶书租屋于校旁，仁兴里十二号，每月房租共四元半，三月余计算，较住校便宜十余元，但床架桌凳须自己办而已，书十九赴杭，在温时奉上二禀，谅已收到，余容再禀

　　敬请
福安

男　大纶禀

八月十九日①

---

① 八月十九日，系农历日期，即1923年9月29日。

季步高
致父亲的信

> 根据内容推断,此信写于1926年春。选自浙江丽水龙泉市安仁镇季山头村官网《烈士丰碑》,2013年6月12日发布。

父亲大人膝下敬禀者:

残年昨去,春气今来,人间又易一番新气象矣。男与书兄旅居粤省①均甚壮健,请勿远念。家中长幼想各安康,为慰为颂。男在校中因行用枯竭,去年十二月间,向峰兄汇来大洋三十元,济急,所以久未奉禀者以操练忙碌故也。余言不尽,容续奉陈,肃此

敬颂

新禧!

男 大纶谨禀

来谕仍寄广州黄埔陆军军官学校入伍生队第二团第五连男收(或第七连叶书收)

---

① 男与书兄旅居粤省,季步高与表弟叶书(即李逸民)于1925年6月离开上海大学考入黄埔军校第四期。粤省,指广州。

江仕祥
"五卅"事件与国际反帝国主义运动的意义

> 原载《上大五卅特刊》第五期(1925年7月14日出版),署名"仕祥"。现选自《20世纪20年代的上海大学(下卷)》,上海大学出版社2014年版,第681—683页。
>
> 江仕祥,生卒年不详。上海大学学生。

如果我们承认帝国主义加于我们的压迫,仅仅以南京路的惨剧为终始,则我们这次的运动,绝不应该求其普遍而延久;单是以往的牺牲,已经太大,何忍再使我们劳苦的同胞,长久感受生活上的痛苦!最好我们的希望不要过奢,范围不要求其扩大。如像眼光比较"远大"的高等华人就说:我们的力量,究竟能够比得上那一个帝国主义的国家?只有一般不度德、不量力、无拳无勇的工人、学生,不顾事实的专唱高调,以至风潮不能速了。北京公使团更进一步的主张,认为拍卖民意的总商会所提十三条中,尚有牵及此次风潮以外的问题。诚然,就我亲眼所看见的南京路惨剧而论,不但不应当牵涉到英、日以外的国家,惨杀以外的事情,并且连凶手以外的一切人都不应当牵涉。只要牵涉到了凶手以外的人,只要提出关于凶手个人以外的条件,还不仅是唱高调与扩大范围的问题,简直是法律所不允许的;打倒帝国主义的口号,倒不如改为"惩办放枪的凶手"来得明了妥切。更用不着什么外交大员、总商会的老爷先生们劳神淘气。不欲"惩办放枪的凶手"的则已,要想惩办,自己找一个手枪或炸弹,去与他拼一个命以复仇,岂不简切了当。

可是我们这次的大牺牲,虽然主张缩小范围希望速了与外国人同声调的梁启超、江亢虎、丁文江、胡适之诸先生,也不能说是出于偶然,出于误会。竟至找不着一个人——除了外国人——否认这是帝国主义者借着不平等条约掠夺我们数十年之必然的现象。

既然如此,我们是否可以就此事的本身求解决?我可以断言绝对不能。即使这次的交涉唤总商会所提出十三条完全胜利,中国对于帝国主义的羁绊仍然未脱,将来的惨事,没有人能够担保不再发生。因此我们老早就把交涉的成败置之度外了,认为惟有根本推翻一切帝国主义,才是一劳永逸的方法。

在这时期发生反帝国主义运动的,并不仅是中国;在土耳其、高丽、印度、埃及以及其他殖民地与半殖民地都有同样的风潮,这都是受同样压迫之反应。资本主义国家产业发达到大工业生产的时期,将资本集中起来,将大多数人民变为无产阶级,不但不能消灭资本家之过剩生产,连平常生活所必需的也无力购备,在这种状况之下,资本家不能不将他的过剩生产品向外寻求销路,开拓殖民地或半殖民地。同时为要保护其掠夺事业,就不能不取得政治上的支配权力,以图尽量的剥削,以延长其寿命;使弱小民族绝没有自己发展其产业的可能,如像近来中国的现象这样。任你多少热心爱国的人声嘶力竭的高呼提倡国货,结果且不能阻止中国工厂之相继倒闭;这并非中国资本家之愚笨所致,乃是不平等条约的束缚使他们不能翻身。这便是民族运动,不论什么地方,不论什么民族,凡是被压迫民族都会发生的客观上的原因。

国际帝国主义不断的发展,造成社会上水火不相容的压迫与被压迫两大阶级之抗争,在殖民地或半殖民地的各阶级,都同受帝国主义的压迫(虽然有少数是依靠帝国主义营寄生生活的)而发生一致的民族解放运动;在帝国主义国家内的无产阶级,受不了残酷的剥削而起阶级斗争;帝国主义遂成为一切被压迫阶级及民族之共同的敌人,逼得他们不得不互相携手而成国际的反帝国主义运动。

国际上无产阶级与被压迫民族之互相结合,并不仅因为他们同病相怜,更有利害一致之重大的意义。六月卅日印度代表在北京民国大会中

说得极其明白：被压迫的三万万印度人之援助中国国民运动，一方面为的是要求印度脱离英国的统治而独立。帝国主义完全建筑在可以发展其生产之产业落后国家的身上，所以除了无产阶级革命以外，民族革命也是它的致命伤。只要这两种运动当中有一种成功，帝国主义立刻就会崩溃。帝国主义之侵略既是带着世界性的，则同受压迫之各民族与阶级没有一个不希望把它打倒。没有一个不乐于互助以打倒他们共同的敌人，也是当然的事。所以任何地方只要一有反帝国主义运动发生，全世界被压迫阶级及民族一定不约而同的响应。"五卅"运动当然也不会例外。帝国主义者老早就看出这次已经激动了全世界的被压迫者，并不仅是南京路惨剧本身单纯的问题，所以纷纷电令各该国之驻华公使，设法从速解决，以免引起世界的风波，根本摇动了帝国主义的基础。

在这次运动当中，援助我们的，除了无产阶级的政党以外，没有看见任何国家有半个资本家、法学者予我们以些微的同情；甚至于我们的总商会，反转替外国人修改代表大多数人民的工商学联合会所提的条件；我们的军人，反转帮助外国人屠杀我们、压迫我们。于此，我们就可以划出我们的战线，谁是我们的敌人，谁是我们的朋友，不难一眼看得清清楚楚。

老实说，从国家主义的见地立论，不分皂白的敌友一齐排除，我们的力量，实在微乎其微；不但反对一切帝国主义不够，就单独比英国或日本也差得太远；何况各帝国主义国家在压迫民族运动上是一致的？

我们既知道了国际间被压迫者的联合战线，又来看看这次"五卅"在世界上发生的现象何如，理端与事实对照着以决定我们的策略，才不致空费一些冤枉功夫。

英国工联会、共产党、劳动党、日本劳动团体以及苏俄、捷克、印度之工党、革命党……之奋起为我们的声援，始有现在各帝国主义者外强中干的惶恐现象，我们为什么不可以运用这个机会与他们一致合作，以使我们反帝国主义的声势格外浩大？我们千万不要上帝国主义者的当，为避免其为离间而加于我们的头衔而舍弃了我们的朋友以致孤立。我们只知道努力作推翻帝国主义的工作，不断的继续奋斗，敌人存在一天，我们的运动一天不终止，不顾一切的，只要同情于我们这种工作的都是我们的朋友。

江仕祥
"学术救国"原来如此

> 原载《上大五卅特刊》第八期(1925年8月26日出版),署名"仕祥"。现选自《20世纪20年代的上海大学(下卷)》,上海大学出版社2014年版,第694—695页。

国际帝国主义的势力逐渐发展,我们弱小民族的苦痛也依照正比例一天深似一天。处在被压迫地位的,不只是中国人;中国内部之受压迫者,又不只是某一阶级;所以我们这次的反帝国主义运动,只要不是丧心病狂的,只要不是帝国主义的走狗,都有与我们联合战线的必要,不分中国人和外国人。

国内军阀之压制我们,买办阶级之破坏我们,本来他们是与帝国主义相依为命的,毫不足怪。最可恨心的反是使我们想不到的与我们同受压迫的人,却反的[而]借爱国的名来压制爱国运动。

过去的事实告诉我们:愈是高等的华人,其革命性愈是薄弱,甚而至于反革命。知识分子处这种情形之下,虽牺牲一部份的光阴去帮助最下层的无产阶级革命也是不可推却的责任,且不论是教职员或学生。

但是在这次的运动中,并不见有学业已完成的教职员加入,临时成立的教职员联合会,不到三天就消灭了。不但如是,反转一致的倒戈过来向我们进攻,尤其是大同大学的学校当局最告奋勇,拿了"学术救国"的假面孔来实行摧残学生的爱国运动。

我们虽一向知道大同的校章是要养成学生之奴隶思想的,只以为不过是他们本身的思想落伍要维持其尊卑的区别罢了,对于爱国运动,当然不至于摧残的,绝对想不到会以其洋主人对待我们——上大——的手段来对待该校的同学;廿四日大登广告宣布暂将学校停办,不惜使数百学子失学!其对于帝国主义的孝敬,更有甚于教会学校的当局。

有了学术是否就可以救国,已经由梁启超、胡适、丁文江、张君劢、江亢虎等学者代我们证明;即使学术真可以救国了,在这帝国主义压迫之下,民不聊生的中国人民,求学的机会从何得来?这也不过是极少数丰衣足食的上层阶级的人的空想罢了。

"学术救国"是要排斥其他一切救国运动,参加过了其他爱国运动,就不能讲学术救国,把学校关闭了,倒反可以达到"学术救国"的目的,诚不知你们是何心肝,你们救国的面孔原来如此!

蒋光慈
我要回到上海去

> 选自方铭、马德俊主编《蒋光慈全集·诗文卷》,合肥工业大学出版社2017年版,第140—141页。
>
> 蒋光慈(1901—1931),又名侠僧、光赤等。祖籍安徽六安,生于安徽霍邱(一说生于河南固始)。1924年8月任上海大学教授。1931年8月病逝。

我要回到上海去,
我与上海已有半年的别离;
这半年呵!我固然奔波瘦了。
上海的景象也有许多更移的。
我要回去看一看——
它是否还像我的旧游地。

听说南京路堆满了许多殷红的血迹,
听说英国人枪杀中国学生工人当玩意[①],
我要回去看一看——
上海人究竟还有多少没有死;

---

① 指五卅惨案。

那殷红的血迹是否已被风雨洗了去,
那无人性的枪声是否还是拍拍地不止。

听说我的许多朋友入了监狱,
听说有许多热烈的男儿愤得投江死。
我要回去看一看——
他们究竟没有受伤的还有几;
乘空问一问他们那枪弹是什么味,
他们未被打断的还有几条腿。

听说上海大学被洋兵占了去[①],
听说我的学生被称为过激;
我要回去看一看——
我教书的老巢是否还如昔;
那学生被驱逐了向何处去,
那洋兵是不是凶狠的狗彘。

我要回到上海去!
我要回到上海去!
我要回去看一看——
那黄浦江的水是否变成了红的;
那派来屠杀的兵舰在吴淞口一来一往的,
我要数一数它们到底有多少只。

我要回到上海去!
我要回到上海去!
我要回去看一看——
那红头阿三手里的哭丧棒是否还是打人不

---

① 指上海大学被租界当局和英国海军陆战队占领和封闭事件。

顾死；
那一些美丽的，美丽的外国花园，
是否还是门口写着中国人与狗不准进去。

我要回到上海去！
我要回到上海去！
我要回去看一看——
那些被难烈士的坟土是否还在湿；
乘空摸一摸未死人的心上是否还有热气，
或者他们还是卑劣的，卑劣的如猪一般的睡。

我要回到上海去，
我与上海已有半年的别离；
这半年呵！我固然奔波瘦了，
上海的面目难道还是从前一样的？
我要回去看一看——
它是否还像我的旧游地。

1925年9月12日于北京旅次

蒋光慈
在黑夜里
——致刘华同志之灵

> 这是蒋光慈于1925年12月21日为刘华烈士写下的长篇悼诗。选自方铭、马德俊主编《蒋光慈全集·诗文卷》，合肥工业大学出版社2017年版，第146—151页。
>
> 刘华(1899—1925)，四川宜宾人。1923年8月进入上海大学中学部学习。1925年2月9日爆发了震惊中外的上海"二月罢工"，刘华是这次罢工的前沿总指挥之一。在他的领导下这次罢工取得全面胜利。后担任上海总工会副委员长。1925年12月17日被孙传芳下令秘密杀害。

一

我还记得我初次遇见你，
在一间窄小不明的亭子间里；
那时人是很有几个呵，
但我不明白我为什么只惊奇地，
对于你，对于你一个人特别注意。

那时你穿的灰痕点点的老布长衫，
你的头发蓬松着似许久未进理发店；

但是你那两只大眼放射着勇敢的光芒,
你的神情证明你是一个英武的少年,——
这教我暗地里向你瞟眼偷看。

我们先谈一些政治,恋爱,东西南北天,
后谈到一个正题……怎么干?
你说,"不要紧,我去,我当先,
反正我这一条命是九死余生的了;
为自由,为反抗而死的毕竟是好汉!"
你又说,"黑夜总有黎明的时候,
我不相信正义终屈服在恶魔手!
我只有奋斗,因为我什么都没有……"
你的话如火焰一般的热烈,飞流,
你的心,你的心呵,任冰山也冷不透!

二

有一次晚上我提笔拟写一篇《哀中国》,
我伏在桌上总是迟迟地不忍下笔写。
我又想象我们现居的这一个世界,
是一个黑暗沉沉,阴风惨厉的永夜;
虽然永夜终有要放黎明的时候,
但是当东方未曙,朝霞未白的以前呵,
这地狱的生活如何能令人消受得?!

这个当儿门咋呀一声,你进来了,
一个两眼闪灼神气英武的少年;
一时间我畏敬地向你看,"朋友,
你手里拿的这一卷是不是传单?"
"是呵,我们又要将血战……明天……"

你逼我对于你起一种深沉的感觉,
你——一个伟大的战士立在我面前!

双十节起了暴雨狂风,
天妃宫内溅满了鲜红的血痕;
在"打倒军阀,打倒帝国主义"的声中,
可恶的恶贼呵!把忠诚的黄仁送了命,
你也是这一天应被牺牲的一个呵,
但你只挨几个老拳,总算侥幸,
总算给你了再活过一年的光阴……

三

你尝为我述自己飘泊的历史;
你说你是无产者——从头算到底。
你也曾当过兵士,赴过前敌,
领略过那子弹在头上纷飞的味;
你也曾做过苦工,受过冻馁,
深知道不幸者的命运是痛苦的。

你说,"就是现在当我读书的时候,
也总未曾过过一天幸福的日子!
今天面包,明天衣服,后天书籍……
我纵刻苦用功又哪能安心呢?
唉!朋友,我要复仇,我要反抗,
我与这里黑暗的社会呵,势不两立!"

唉!若说人间尚有正义,
为什么恶者欢歌而善者哭泣?
为什么逸者奢淫而劳者冻馁?

难道说这都是上帝所注定的?
刘华呵!你是不幸者的代表,
你是上帝的叛徒,黑日首的劲敌!

四

你有领袖的天才,指挥的能力,
你毅然献身于工人的群众里;
数万被外国资本家的虐待者,压迫者,
庆幸呵,得了一个光明的柱石。

顾正红的惨死鼓动了热潮,
南京路的枪声,呼号,血溅,闹不分晓;
就是黄浦江呵也变了红色,
就是这伟大的上海呵也全被杀气笼罩了。

你领着数万被压迫者寻找解放的路,
努力为自由,人权,正义而奋斗;
我想象你那奔驰劳苦的神情,
唉!我只有一句话,"伟大呵,你的身手!"

但是友人和仇敌是不并行的,
光明哪能不受黑暗的侵袭?
于是他们,被压迫者的仇敌,
 一定要,唉!一定要杀死你……

五

阴云遮蔽了光明的太阳,
在北风削削的静安寺路上,

一个刚出病院的少年行走着,
我们还可看出他的脚步踉跄样;
行走着,行走着,俯头在思量,
忽然围上来几个红头阿三,荷着枪,
还有两个中国狗仔把手铐献上:
"走!走!走!
巡捕房,巡捕房,巡捕房……"

工作太劳苦了,你便进了病院;
"罪过"太犯大了,你便入了监狱

呵!朋友,什么病院,监狱——一样,
在恶魔横行的时候横竖无处是安乐地!
到处是黑暗,是荆棘,是囚城,
不奋斗便有死——哪里是逃跑的道路呢?
你当时高亢地说,"去就去,
到巡捕房里去,到巡捕房里去呵……
且看你们这些恶鬼将我如何处治。"

帝国主义者的恶毒,资本家的钱,
军阀的枪,结合起来打成一片,
于是在黑夜里,在霜风怒号的声中,
结果了,唉!结果了一个争自由的少年!
四个穿黑衣的警察,一个巡官,
如阴鬼一般将你偷偷地架出荒原,
先脱下了你的衣服,然后啪地一声,
唉!完了,完了,完了呀!
你永远地——永远地抛却了人间!

天空中的星星儿乱闪泪眼;

蒋光慈　在黑夜里

黄浦江的波浪儿在呜咽；
这时什么人道,正义,光明——不见面,
但闻鬼哭,神号,风嘶,夜鸟在哀怨！
唉！我的朋友,我的同志,我的战士,
你未在天妃宫内公然被走狗们打死,
你未在南京路口被枪杀在群众前,
但在黑夜里被刽子手偷偷地处死,——
我知道你虽死了,你的心不眠。

六

我待要买几朵鲜花献给你灵前,
尽尽生前同志的情谊——痛哭一番；
但谁知你死去尸身抛在何处,
在丛乱的野冢间抑在无人可寻的海边？
或者在黄浦江中已葬了鱼腹？
或者在那野僻的荒丘被野兽们饱餍？
哎哟！我的朋友呵！你死了,
但你死的这样惨……惨……惨……

数万工人失了一个勇敢的领袖,
现在也同我一样挥着热泪哭；
在他们那洁白的心房内,简单的想象中,
这巨大的悲哀将永无尽头。
唉！我的朋友,我的同志,我的战士,
你虽死了,你虽惨死了,
但你的名字在人类解放的纪念碑上,
将永远地,光荣地,放射异彩而不朽。

1925年12月21日

蒋光慈
致宋若瑜的信

> 这是蒋光慈1925年1月11日写给宋若瑜的信。选自方铭、马德俊主编《蒋光慈全集·诗文卷》,合肥工业大学出版社2017年版,第294—295页。
>
> 宋若瑜(1903—1926),河南汝南人,蒋光慈女友,后成为蒋光慈之妻,1926年病逝。

亲爱的若瑜友:

四五年来我作客飘零,
什么年呀,节呀,纵不被我忘却,
我也没有心思过问
我已成为一天涯的飘零者,
我已习惯于流浪的生活,
流浪罢,我或者将流浪以终生。

这是我的《过年》诗中的一节。我颇感觉得我的前途是流浪的,是飘零的。但我并不怨恨这个,惧怕这个。我是一个诗人,古今来的诗人,特别是有革命性的诗人,没有不飘零流浪的。我对于人类,对于社会,怀抱着无涯际的希望,但同时我知道我的命运是颠连的。我倒愿意这样,否则我就创造不出来好诗了。

蒋光慈　致宋若瑜的信

昨天因刺激而使精神发生突变的懊丧,晚上无聊跑到大世界听北方女子的大鼓书,到了十点钟买一瓶酒回来,刚到家,友人李君就说,有一封自开封寄来的信,当时我就知道是你寄给我的。于百无聊赖之中,忽然得到了一点安慰。承你怀念我,承你问一问我的精神如何!我的精神如何?这话倒难说了。我觉着茫茫人海没有一个爱我的,虽然我对于那些多数的穷人们或有希望的人们怀着无限的同情。你称我为爱友——这个,老实说,我有点怀疑,因为我觉着现在的世界中没有爱我的人……

倘若你从信阳只寄过我两封信,那末,这两封信我都收到了。我本想多写信给你,奈因我的事情很忙,你又不时常给我信,所以就未能如愿。你明春来宁续读,我实在很喜欢,因为或者我们有见面的机会。你的精神,你的意志,我都表示十二分的敬佩。若瑜!努力罢!你将来有无穷的希望!我祝福你的将来!我希望每一个朋友都比我强,都比我更有造就。我又特别希望女友能够上进,能够立在我的前面。

> 今年我从那冰天雪地之邦,
> 回到我悲哀祖国的海滨;
> 谁知海上的北风更为刺骨,
> 谁知海上的空气更为奇冷。
> 比冰天雪地更为惨酷些的海上呀!
> 你逼得无衣的游子魂惊。

这是我《过年》诗的第二节。你问我上海的地面如何,我就把这节诗来答复你。上海为中国资本主义最发达之地,为帝国主义压迫中国民众表现最明显之区,金钱的势力,外国人的气焰,社会的黑暗……唉!无一件不与我的心灵相冲突!因之,我的反抗精神大为增加了。

上海大学已经放假了。我本拟回里一行,看看我那多年未见面的双亲,看看那多年未入眼帘的乡景,但是因种种事,故不能如愿。我已经说过了,我已成为一天涯的飘零者,还说什么家,故里,乡景……

写到这里,友人请我外出,不得已暂将笔放下,容改日再谈罢。

祝你康健!

侠僧
1925年1月11日

再者,我很奇怪:你的信是二十八日写的,为什么昨天我才接到呢?我每次写信,你要几天才接着?

你允许寄给我的像[相]片呢?

又及

蒋光慈
致宋若瑜的信

> 这是蒋光慈1925年4月8日写给宋若瑜的信。
> 选自方铭、马德俊主编《蒋光慈全集·诗文卷》,合肥工业大学出版社2017年版,第301—302页。

亲爱的若瑜:

你大约实在忙的很;我看你每次所写的信,就知道你很忙——不忙,绝不会像这样的潦草。

你接了我这次的信及兰花,心中异常快活;可是我久未接你的信,心中却很烦闷。可见你要比我幸福得多;为什么你快活而我烦闷呢?

快活,为什么要快活?你自己真不知道为什么要快活?岂不是因为看了兰花之后,你领略了江南的春意?岂不是因为江南还有一个人把春的消息送给你来?岂不是因为……哦,或者我猜错了。是不是猜错了呢?那我还要请问你。

你的兰花开了么?为什么她故意迟迟地开?大约因为她不愿意受我的领略?可是我要领略她的幽香,我却望她终能够受我的领略!

我问你近来有没有画的作品,为什么不答复我?昆源说,你对于音乐有研究,是不是?又说,你跳舞也很好,是不是?

倘若你自以为有艺术的天才,那我就请你努力于艺术的生活。

艺术可以给我们人生以无限的安慰,鼓励和生趣。

上大共有学生四五百人,女生大约有三四十人。学生的程度如何,我不能做一定的答案;不过我敢说,大约不至于较别的大学的大学生为差。

上大共分三系:社会学系,中国文学系,英国文学系。我在社会学系教书。我总觉教书的生活是一种讨厌的生活。但是现在因为要维持生活,并且教书是比较清高的职业,所以暂为教书的生活。

春色满大地,春意使人醉;愿化飞蝴蝶,眠向花深处。

祝你听鸟语而神飞,闻花香而色舞!

你的朋友侠僧

1925年4月8日于上海

蒋光慈
致宋若瑜的信

> 这是蒋光慈1925年9月2日写给宋若瑜的信。
> 选自方铭、马德俊主编《蒋光慈全集·诗文卷》,合肥工业大学出版社2017年版,第332—333页。

亲爱的瑜妹:

你八月二十四日寄给我的信,由张垣转来,我收到了。我到京后共寄两封信给你,你收到了么?我很奇怪,为什么你老说好久未接着我的信?当我还未离张垣时,我还记得,也曾寄了几封信给你,难道你都没收到么?

妹妹!你又病了?你为什么这样子多病?你说头晕,头晕多半由于忧虑,你为什么要这么忧虑呢?请你听我的话,莫要因为小事就忧虑起来,而把自己的身体弄得不康健!

我怎能忍心不写信给你?无论在何种状况之下,我都不能把你一刻儿忘却,我既然认定你是我的安慰者,难道我能把自己的安慰者抛却吗?我亲爱的妹妹!请你放宽心!

我现决定在北京再住一月,或者这半年就完全在北京住下。等住了一个月再看,倘若上海大学还要请我去的时候,那我一定还到上海去。我现住在公寓里,一个人实觉无聊,有爱人而不能在一块儿住,这种滋味实在不好尝。妹妹!你现在能到北京来么?倘若你能来北京,那我真要欢

喜跳跃了！东大现弄得不成样子，二女师又不必再干下去，请你还是来北京好。

你母亲又病了？这又是你的累！我的家中情形，她已进行调查了没有？我真不愿意长此耽搁下去。我想你的身体这么不康健，倘若我俩早日结婚，或者要好起来，因为这于生理精神两方面都有很大的关系。我很希望我俩早一点在一块儿同居，免得两地不安的麻烦！

我总觉着你做事太多顾忌了，多顾忌这也是使你的精神不畅快的原因。妹妹！你说是不是呢？

我现住在北京达教胡同文华公寓二十一号。请你快写信给我！

祝你康健并愉快！

你爱的侠哥
9月2日

李 季
马克思通俗资本论序言

> 原载《湘锋》第一期(1925年12月出版)。现选自《20世纪20年代的上海大学(下卷)》,上海大学出版社2014年版,第737—742页。
>
> 《湘锋》是上海大学湖南同乡会湘社主办的刊物,该刊于1925年12月创办出版。
>
> 李季(1892—1967),湖南平江人。1920年参与筹建上海共产主义小组。1925年任上海大学教授。译有《通俗资本论》等。新中国成立后,任国家出版总署特约翻译,译有《马克思恩格斯通讯集》《现代资本主义》等,著有《马克思传》等。

在欧洲留学时,常听见友人说,近三四年,中国内批评马克思学说的著作逐渐多起来了。我当时虽想罗致此等作品,一饱眼福,竟不能达到目的。直到今年九月归国后,才能如愿相偿。不过我读了这些大著之后,实在有点失望。因为这一般批评家对于马克思的学说,大都是些门外汉;他们自己没有研究过这种学说,偏好将他们的一知半解发表出来。他们的议论,本来是信口开河,丝毫没有价值。然因他们在著作界中各占有相当的地位,而国人鉴赏能力又极薄弱,所以他们的话,居然能够哗众取宠,惑世诬民!

举例来说,胡适之先生不是国内有名的学者么?他不是时常劝大家

对于一种学说,当深加研究,然后加以介绍或批评,"免去现在许多……半生不熟,生吞活剥……的弊病""不要叫一知半解的人拾了……去做口头禅"么?(参看《胡适文存》一卷一五三和一九七等页)然而他自己谈马克思的唯物史观,就犯了这毛病。他驳独秀先生道:"其实独秀也只承认'经济史观至多只能解决大部分问题'。他若不相信思想、知识、言论、教育也可以'变动社会,解释历史,支配人生观,'那么,他尽可以袖着手坐待经济组织的变更就完了,又何必辛辛苦苦地努力宣传事业,谋思想的革新呢?"(见《科学与人生观》上卷序言三二至三三页)照适之先生上面一段话看来,他以为唯物史观仅认经济是社会发展中发生积极作用的唯一要素,至于思想、知识、言论、教育等等都是消极的,都是不发生作用而专待经济去促他们进步的。适之先生这样"半生不熟,生吞活剥"地解释唯物史观,不怕"一知半解的人拾了……去做口头禅"么?

其次,马寅初先生不是国内有名的经济学教授么?他不是劝告人家莫高谈马克思的学说,免作"皮膏之论"么?他不是特别劝告研究经济学者要深思博览,避去"言之不慎"的弊病么?(参看《马寅初演讲集》第一集二二二页)但可惜他只知道劝人家,却忘记了劝一劝自己!我们且看他对于马克思社会主义的学说是怎样描写的:"马氏曾有资本主义自杀政策之说。夫资本主义自杀政策者何?即谓现在实业发达,一切产业集营于公司,而公司换以股票,是昔日有形之产业,忽变而为一张纸片,一切权利,皆可以过度之方法转移之。以此之故,主张共产者,谓若欲实行共产,惟在公司账户上划之而已。手续异常简便,如张某之户可以划入共产之户是也。并无如昔时有物质上之产业,转移困难。此说一出,又兼欧战后俄国之实行,世势因之巨变,而马氏社会主义之说,亦以之大勃兴也。"(见同书同页)马寅初先生以为马克思认"一切产业集营于公司",换得"一张纸片"的股票,容易转移,这就是"资本主义自杀政策","实行共产"只须将此等产业从"公司账户""划入共产之户";而"欧战后俄国之实行"也只是用整千整万的书记,干这种将产业,从"公司账户""划入共产之户"的勾当!这种说法,不仅是"皮膏之论",简直是"言之不慎",简直是大错特错!

又马寅初先生驳马克思等的劳动价值说,列举五个疑问,以相非难,

李　季　马克思通俗资本论序言

完全暴露他丝毫不懂得马克思的劳动价值说是什么一回事。最好笑的是下列一个问题："如公园之大柏树，锯去则价值小，不锯则价值大，是虽费劳力而价值反小也，是何故欤？"（见《马寅初演讲集》第二集五七页）大柏树"锯去则价值小"，这是就出卖给别人而言，即指交换价值。"不锯则价值大"，这是就供游客赏玩而言，即指使用价值。马寅初先生对于交换价值与使用价值浑为一谈，没有划分清楚，偏要执此去非难马克思的价值说，岂不是太冤枉了么？

此外，如陶孟和在马克思《价值、价格及利润》一书中所作序言，谢瀛州在广东大学《法科学院季刊》上所发表《马克思学说之批评》，对于马氏学说的介绍与批评，错得一塌糊涂，几令人无从指摘起！这些鼎鼎大名的"学者"谈马克思的学说，既如此讹错百出，至于其他学力不及这些"学者"的人以及故意反对马氏学说的宣传家，其议论的每况愈下，更不待言了。好在此处不是作统计表，所以我也用不着再浪费笔墨，举出他们的尊姓大名来。

我们现在对于这一批"学者"的议论，如果一一加以反驳，便是驳不胜驳，如果听其流行，则许多直接间接和他们议论接触的人都会受他们的欺骗。这倒是学术界一桩大不幸的事。可是他们所以敢公然将他们的一知半解发表出来，是明明以国人的鉴赏能力薄弱，容易受其愚弄；而国人的鉴赏能力薄弱，是因国内绝少马克思的著作流行，大家得不到一个比较，故无从辨其真伪。因此我们要对付这一批"学者"，用不着疲精费神，枝枝节节去反驳他们，我们只要很忠实地将马克思的学说尽量介绍过来，他们自然而然不敢再信口开河了。

我们要尽量介绍马克思的学说，应当把他的一切著作翻译过来，尤当首先翻译他的《资本论》（Das Kapital）。因为《资本论》是他竭大半生精力创作出来的，是他自己认为"主要著作"的（参看《昂格思与马克思书信录》第三卷三三二页，一九二一年出版，Der Brief Wechsel zwischen F.Engels and K.Marx.）也是欧洲大陆称为"劳动阶级的圣经"的（见英文《资本论》第一卷三〇页，一九二一年芝加哥出版）不过《资本论》有三大卷，共二千二百余页，译成中文当在一百二十万字以上。如此宏篇巨制，不独非短时间所能译成，殊嫌缓不济急，即令译成问世，也必定很少人具

有读这著作的要求。这并不是我们妄为臆断,德国实在有先例给我们看的。《资本论》是用德文著成的,而德文[国]又为学术最发达和劳动阶级教育程度最高之国。可是无论德国学术界人士也好,劳动阶级的人也好,绝少读过全部《资本论》的。他们至多只读《资本论》第一卷。有产阶级著名的经济学教授施班(O.Spann)指示研究经济学的方法,开列马克思的《资本论》,只及于第一卷(参看施氏《国民经济学的主要学说》一七六页,一九二二年莱比锡出版。Die Haupttheorien der Volkswirtschaftslehre)就是德国社会民主党于一九一四年命考茨基(Kautsky)注释《资本论》,也只及于第一卷。考氏且说:"寻常的读者通晓了《资本论》第一卷,已经是大成就,此卷对于工人最为重要,因为其中所讨论的种种定律是支配生产中资本与劳动之关系的。"(见考茨基注释的德文《资本论》第一卷序言三四页,一九二三年第七版)在《资本论》出现的本国,尚少人去全读,难道译成中文,能逃出例外么?

然照上面所述,《资本论》的第一卷既是对于工人最为重要而世人又通常只读这一卷,我们如果将这一卷译成中文,岂不是将《资本论》的要点介绍过来了么? 不过"第一卷表现最大的难关。作者为着创造一种名著起见,以极大的努力使价值和剩余价值的学说达到一种哲学———一种黑格尔逻辑——的高程度,这本是非必要的。作者是以一个精神上角力者(的精神)去对付他的对象的"(见俾尔《马克思传及其学说》一〇六页,一九二二年柏林出版。——M.Beer: Karl Marx sein Leben und seine Lehre)。马克思自己也承认第一卷的起首几章最难,所以他开一个读书方子给他的朋友的夫人,叫后者先从中间和后面读起(参看考茨基注释的《资本论》第一卷序言三一页)。可是我们不单独介绍《资本论》第一卷,不仅因他本身比其余两卷更难读,还因他和其余两卷是一气呵成、互相贯串、互相说明,倘若遗弃后面两卷,使之偏而不全,则第一卷的意义愈加容易为人误解,至少也是愈加不容易显明了。所以考茨基说:"要完全了解其中的一部分,必须知道全体。没有第二和第三卷,不会充分了解第一卷,第一卷中有许多(部分)——即第一卷讲商品和货币的最大部分——构成二、三卷的预备(材料),比构成第一卷后面的发挥(张本)更多,并且对于了解流通进程,比了解生产进程更为重要。"(见同书序言

李 季 马克思通俗资本论序言

三四页）

《资本论》的全部既不能仓猝译成，且出书后未必有多少人过问，而《资本论》的一部又不宜单独行世，我们介绍此书的计划岂不是终成泡影么？决不会拿考茨基的《马克斯经济学说》(Karl marx's Oekonomische Lehre.)、阿卫灵(Edwards)的《学生的马克斯》(Student's marx)和黄特曼(Uutermann)的《马克斯经济学》(Marxian Econouics)这一类的书来作替身么？也不是。到底是什么书呢？就是博洽德(Iulian Barchardt)所编纂的《马克斯通俗资本论》(Karl marx：Das Kapital, Kritik der politischen Oekonomie, gemeinverstandliche ausgabe)。

博洽德为德国治马克思学说有名的学者，他潜心研究《资本论》至三十年之久，并于二十年前应比国京城不律塞社会科学院之请，与比国一个同志将《资本论》二、三卷译成法文。自欧洲大战爆发后，他得着闲暇时间，编纂他多年想象的《马克思通俗资本论》，至一九一九年下半年脱稿付印。出书后十五个月之内，即销去一万部，未几又被次第译成英、俄、法、日等文字，真是风行全球了。上述考茨基、阿卫灵和黄特曼等的著作不是仅限于描写《资本论》第一卷的学说，就是挂一漏万地将三卷中的学说略说一下，并且全是用他们自己的语法表现出来的。博氏所编纂的《资本论》则含有三卷中最重要的学说，其中文字有百分之九十以上是出自马克思自己的手笔，博氏的任务只在用些承接的文字，将马氏的作品结合起来，或是将马氏艰深的文句，使之通俗化。因此，我们一读此书，即真正读了马克思《资本论》的简明本，这是本书比其他任何类似著作的价值独高的地方。

《马克思通俗资本论》为《资本论》的缩本既如上述，然就编制上讲，两者是不相同的。《资本论》第一卷所论的为资本的生产进程，他首先探讨构成资本主义社会财富的商品，次则及于货币，再次则为货币的资本化，绝对剩余价值与相对剩余价值的生产，劳动工钱，资本的蓄积，而以原始的蓄积为殿，因此追溯到大工业资本的前史并推论其将来的出路。我们在此处所看见的主要事件是劳动者在工厂中替资本家生产剩余价值。第二卷所论的为资本的流通进程，资本家将已经生产的商品从工厂中运到市场上出售，换取货币，再投入生产中，使生产进程得因此继续下

去。第三卷所论的为资本主义生产的总进程,资本家在流通进程中既因商品的出卖而实现了剩余价值,此时就将其转变为利润、利息和地租分配于全资产阶级。马克思这样做法,本造成一种极自然的统系。所以卢森堡女士(Rosa Luxembury)说:"就这部大著作的全体观,我们可以说,第一卷及其中所发挥的价值律,工钱和剩余价值,将现社会的基础赤条条地暴露出来了,第二和第三卷则表现立于这种基础上面的上层建筑物。我们还可以用一种完全不同的图形形容出来,就是,第一卷示我们以社会有机体的心脏,而血液是由此心脏中产生出来的,第二和第三卷示我们以全体的血液循环及营养,一直到最外部的表皮细胞为止。"(见墨尔林《马克思传》三八四页,一九二〇年第三版。Franz mekring karl marx ges ehichte seines Lebens)

然我们在上面已经说过,《资本论》以第一卷为最难,而第一卷又以起首几章为最难,博洽德编《通俗资本论》如果仍旧依样葫芦,则普通一般人起首就遇着难关,所谓通俗《资本论》,那便是名不副实了。所以他特变更计划,将其中次序稍微颠倒一下,由浅入深,由易入难,务必引人入胜,使不感着何种困难,而全书自成一气,丝毫不露出割裂的痕迹,这是编者手段高妙之处。英文译本称此书为《民众的马克思》(The People's Marx),就是表示此为民众所能读的书了。

《通俗资本论》既为民众所能读的书,则民众万不可不读。为甚么呢? 因为《资本论》的终极目的是在"表现近世社会的经济运动律"(引马克思语,见考茨基注释的《资本论》第一卷序言三八页),并且"世界上自有资本家与劳动者以来,没有一部书对于劳动者像本书这样重要。资本与劳动的关系是现社会全部的枢纽,这种关系在本书中才第一次依据学理发挥出来,其持论既彻底,又复锐利无匹。……"(引昂格思语,见哥郎瓦尔德的《马克思资本论入门》一八页,一九一二年出版。M.Grundwald: Zur Einfiihrung in Marx Kapital)生息于现社会的民众要知道他们自己所处的地位,要了解现社会制度的枢纽,对于本书不可不人手一编,借资考镜。

不过民众要读此书,在未开卷之前,望着书名,马上会发生一个疑问,就是"资本到底是什么?"关于资本的学说,种类很多,我们对于已经陈腐的,或无关轻重的。例如中古时代的人以及重商主义的主要学者认一种出贷的货币额为资本,黑尔曼(Hermaun)——认一切有交换价值而又继续耐用的货物为资本,李斯特(F.List)于物质资本之外,又有所谓精神资本罗竭(Roscher)也有无形资本之说等等一概从略,只介绍一二最著名的学者的学说如下。经济学的始祖亚丹斯密士(Adam Smith)以为一个人的"全部财富分为两部分。一部分是他希望借以获得一种收入的,这就叫做资本。另一部分是满足他的直接欲望的。……"(见亚氏的《原富》德文译本第二卷四页,一九二〇年出版。Eine Untersuchung Ueber natur and Wesen des Volkswohlstandes)他又说:"一个人总希望从他所用为资本的每种财富中获得一种利润。因此他仅用这种财富去维持生产的劳动力,当他将此用作资本时,即构成一种收入。可是他如果用这种财富的任何部分去维持任何种不生产的劳动力,则这一部分即刻就从资本中取出而列入直接消费的财富了。"(见同书八三至八四页)与亚氏齐名的李嘉图(David Ricardo)说:"资本是一国用于生产的财富部分,这是由维持劳动活动所必需的食料、衣服、器具、原料和机器等等成立的。"(见李氏《经济学与赋税的原则》,一九二一年伦敦第二版。Prineiples of political Economy and Taxatton)

上述亚丹斯密士和李嘉图对于资本的学说,一直到现在,还是为有产阶级的经济学所公认的。他们以为凡用于生产中的生活资料和生产工具等等就是资本,用于享乐消费的财富即非资本。照他们的说法看来,不独四千年前唐尧帝时代因"凿井而饮,耕田而食"所用的食料和工具是资本,此等凿井耕田的自耕农是资本家,即原始共产社会一切用于生产方面的食料和工具也都是资本,而原始共产社会的人尽成为资本家,因为当时的人都从事于生产,没有无故而不劳动的。不仅是这样,婆罗洲的猿类能用木材架屋,能运用木石去获取果子及其他食物,即下至于猴子也能用石头去击碎硬壳果吸取果仁,是猿猴用的养料和木石也是资本,而猿猴都变成资本家。不独兽类如此,即昆虫类如蜜蜂等在生产中也有资本,蜜蜂也是资本家了!所以照此推论起来,有产阶级经济学者对于资本的学说实在是太滑稽了!

然资本到底是什么呢?科学的社会主义始祖马克思告诉我们,说:

"资本是一种社会的生产关系。这是一种资产阶级的生产关系,即资产阶级社会的生产关系。"(见马氏《工钱劳动与资本》二五页一九〇七年柏林出版 Lohnarbeitund Kapital)"一种人如果不遇着另一种人——即工钱劳动者——因受压迫而自愿出卖自己,则前者虽据有货币、生活资料和其他生产工具,尚不能变成资本家。……资本不是一种物品(Eine sache)但是一种借物品表现出来之人与人的社会关系。"(见考茨基注释的《资本论》第一卷六九三页)所以"一个黑人只是一个黑人。要在一定的关系之下,他才变成奴隶。一架棉花机只是一架纺棉花的机器,要在一定的关系之下,他才变成资本。他一离开此等关系即不是资本,恰如金子自身不是货币,沙糖不是糖价一样。"(见马氏《工钱劳动与资本》二四页)更明白些说:"生产工具和生活资料为直接生产者——即劳动者自身——的财产时,即非资本。此等生产工具和生活资料同时用作剥削和宰制劳动者的工具——只有在这种条件之下,才变成资本。"(见考茨基注释的《资本论》第一卷六九三页)"资本是死的劳动,他和吸血鬼一样,要吸取生的劳动,才能够生存,他吸取愈多,则生存愈好。"(见同书一八二页)马克思对于资本的学说,真是精当绝伦!照他的说法,不独蜜蜂与猿猴所用的生活资料和生产工具非资本,蜜蜂与猿猴自己非资本家,即原始共产社会中所用的食料与工具也非资本,这种社会中的人,也非资本家,即"凿井而饮,耕田而食"所用的食物与农具也非资本,此等自耕农也非资本家。只有剥削和宰制劳动者的生产工具和生活资料才是资本,只有凭借此等工具和资料不劳而获的人,才是资本家。

　　大家对于资本的意义既明白了,便可以开始去读《马克思通俗资本论》,不过还有几点是要预先注意的,今特介绍俾尔的一段话,如下:要懂得《资本论》,必须记着下列各点:一、马克思没有下永久有效的界说;如资本、工钱和价值等等的观念都是历史的范畴,这就是说,他们在一定的历史时代中有一定的意义,在别种时代中便没有此等意义。例如价值的观念在别种时代中可以只指物品的有用性讲;在又一种时代中价值是可以由一种物品表现或具有的功效或美丽的标准决定的。但在现社会中,价值是由生产费决定的,而这种生产费由马克思用科学的分析,化为劳动。二、马克思对于科学上发见的诸原则,视为事物内部的真正的性质,对于与之对峙的实践,视为事物表面的和由经验得来的现象;例如价值是理论的说明,价格则为经验的说明;剩余价值是理论的说明,利润则为经验的说明;由经验得来的诸现象(价格与利润)固然和理论有参差之处,但没有理论,此等现象是不能为人了解的。三、他对于资本主义的经济进程在本质上视为不受外界的阻碍与扰乱的,视为不受国家和无产阶级严重干涉的;马克思在《资本论》中所说的工人争斗与工厂立法,与其说是用为限制独立资本的剥削作用,毋宁说是用为完成生产力的发达。四、他的心目中总是看着资产阶级,不是看着单个资本家的。(见俾尔《马克思传及其学说》一〇六至一〇七页)

末了,还有一点是要声明的:本书系从一九二二年第四版的德文原本译出。一切内容,都以此为根据。(与英文译本间有不同之处)不过本书对于原本中征引的书籍,如系英文,则概用英文原名,附入本书中,不再沿用德文译名。

一九二五年十二月序于上海大学

李硕勋
"九七"纪念与"五卅"运动

> 原载《中国学生》周刊第六期（1925年9月5日出版），署名"硕埙"。现选自中共广东省委党史研究委员会编《李硕勋》，广东高等教育出版社1986年版，第87—90页。
>
> 李硕勋（1903—1931），四川庆符（今高县）人。1923年底进入上海大学学习。先后任第七届全国学生联合会总会会长兼党团书记、第八届全国学联总会会长、上海学总书记。1931年在中共广东省军委书记任内被国民党当局逮捕，英勇就义。

"九七"，是离今廿四年前，中国反抗帝国主义的原始农民暴动失败，被迫订立丧权辱国的《辛丑条约》的日期。在此年此日以前，国际帝国主义为要延长他垂死的寿命，不得不依赖他强暴的权威，向经济落后的国家侵略，以供他们的宰割和剥削。地大物博、经济落后的中国，当然是列强帝国主义眼中的一块完美的肥肉，谁不争先恐后欲得之而甘心！因此，他们——列强帝国主义者便不能不特别的加紧侵掠，加紧进攻。武装送来过剩的商品，毒人的鸦片烟，横蛮而虚伪的传教师。许多市场都充满洋货；许多城市都被调兵遣舰强迫租借或割让。成千屡万的银子年年不息的赔偿他们；丰富的原料，一次二次，不断地饱载而去。地方官僚与土棍入了洋教堂，依赖洋势力，亦来压迫一般贫苦人民。使得我们农人、手工业者频于失业破产的境地，过着悲惨非人的生活。在这时的民众——以农民为最多,不能忍受这种过甚的压迫和痛苦,且眼见洋人的势力横行无忌,日甚一日,当然气愤填膺,从而必然导致爆发反抗!

果然,这时一般富有排外思想、在朝之王公大臣,乘此机会,起来领导这个反抗运动。揭橥"扶清灭洋"的口号,于是"杀洋鬼子"、"毁洋学堂"……义和团暴动——原始农民暴动风起云涌,蔓延数者,不可收拾!

自然,用神秘迷信的宗教去团结民众,以半开化地域的武器刀矛戈剑去抗击近世科学发达的大炮、机关枪,站立在历史进化的条件上来推察,我们当然能够判定其胜负谁属了。所以残暴的八国联军得以长驱陷我们的京城,强迫了惊魂未定的王公大臣订立了千古难忘的辛丑亡国条约。

在这个条约之中,不仅惩罚一般为正义生存而反抗的同胞,规定清室大员向洋人叩头谢罪等事,将国家体面尊严丧失殆尽。这还属小者,而最严厉、最狠毒的,是使列强帝国主义能自由驻军我国,北方国防的大沽炮台被其毁销,首都使馆地域变为其领土,筑城垒、设军警,俨为敌国。从此北京政府即在其包围支配之中。至于四百五十兆的赔款,不单使中国海关关税、盐税完全抵押,即便内地常关收入亦归海关管理,于是关税之权完全操诸帝国主义者之手,制我国工商业之死命,且复时借以为要挟我国之利器。凡此种种丧权亡国之损失,在此条约中实不一而足,罄竹难书。

义和团的暴动是失败了。他们的失败,就是不了解国际帝国主义战略的内幕,同时也就是没有近世科学的革命策略和器械。然而这也是客观条件的限制,势所必至、理所固然的啊!他们的运动虽则失败,然而他们在民族运动史中仍有绝大的价值。断不能以运动的成败而估量其价值之有无也。

但是,不幸啊!在一般昏愚的,可耻的,什么上流的先生们,不特不在继续他们这种为民族图存的反抗精神,反而认贼作父,自甘下贱,以为这被压迫者对压迫者的反抗运动是野蛮的排外运动,是"不文明",加以种种恶意的诬蔑,使之二十余年含冤不白。

直到近年,国人始渐认清帝国主义的面目,知道帝国主义者为中国一切祸乱之源,一切不平等条约就是帝国主义侵略之保障。辛丑义和团运动就是要铲除一切祸乱之源的帝国主义者在华的势力的序幕。我们民族若要图生存,只有继续义和团运动的精神,用近世科学的革命方法——团

结组织——废除不平等条约,打倒帝国主义!

"五卅"运动就是本着以上的目标来的,就是承继义和团的反抗精神的,更因二十余年来的历史的进化,已使一般民众有了政治意识和组织的力量;尤其是无产阶级能够团结起来,赤条条、无牵挂,很勇猛、很坚决地为民族解放运动及本身的利益要求而斗争!所以五卅运动较之辛丑义和团暴动更为悲壮,更为扩大,更为热烈!

然而"五卅"运动中,也有不少反动的军阀和大人先生们,丧心病狂、甘为走狗的国贼汉奸,用极残忍的手段,多方破坏工人、学生的组织以及一切爱国团体的组织,并诬以"赤化"、"排外"等名称,欲使这严重的"五卅"运动不能再有所发展,而出于夭殂之一途,借此讨好、效忠于其所依附的帝国主义。然而这种破坏是无效的,虽然在运动中可以使我们受到稍微之打击,但绝不能使我们的运动中途而止。而且愈予我以破坏打击,愈使我们对于打倒帝国主义的工作倍加努力,倍加猛进!

国人们!我们看:在辛丑时候我们略有反抗他们——帝国主义,他们即联合一致以兵力向我们进攻,而"五卅"后却难于办到了。辛丑时,他们要求巨额赔偿,"五卅"后反表示同情华府议决,实行增税,甚至于有同情关税自主的主张了(虽然关税会议是列强欺骗短视的中国人、缓和国民反抗他们的骗局,然而亦足见帝国主义已知中国民众势力之可畏,不敢节节进攻)。以前强迫订立亡国条约,现在却有同情修改不平等条约的主张了。凶狠的英帝国主义者虽属强硬,也不过故意宕延,并不敢反攻;奸滑的日本帝国主义者,也不能不将纱厂风潮要求单独解决,而且不能不承认所谓中国政府颁布的工会条例,并承诺处理屠杀顾正红的凶手,以及口头允许增加工资。这是什么缘故呢?简单一句话,就是中国民众已有了组织力量,尤其是有了几十万无产阶级的团结,可以制止帝国主义之进攻,故退而暂作守势,或至相当的降伏。虽然我们这运动小小有点进展,但还未达到我们的主观要求,我们决不能以此为满足,我们要再接再厉,为根本废除不平等条约,打倒帝国主义及其走狗,更当加倍努力,扩大发展一般民众组织和武装的准备。必须如此,我们才能完成我们的解放运动,争得我们民族的独立和自由。

在此亡国条约订立的国耻日,尤其当此大屠杀案未了之时,抚今思

昔,痛定思痛,我们应该大声疾呼:

全国民众团结起来,为中国民族独立而奋斗!

废除不平等条约!

打倒帝国主义及其走狗!

李硕勋
民族解放运动中之中国学生

> 原载《中国学生》周刊第九期(1925年10月14日出版),署名"硕埙"。现选自中共广东省委党史研究委员会编《李硕勋》,广东高等教育出版社1986年版,第91—94页。

翻开近百年的历史来看,完全是一部民族解放运动的运动史。满清入关,强占了我们的锦绣河山,我中华民族已失了独立和自由。洪杨之变,即是不自由不独立的民族要求解放的运动的第一幕!

海禁既开,列强帝国主义挟其雄厚的资本和锋利的武器,如怒潮骤至,猛烈的侵入,欲使我民族屈服于重重横暴淫威之下,让他们——列强帝国主义——任情宰割和剥削。义和团的暴动,就是这种种高压激荡出来的民族解放运动的第二幕!

义和团失败了,满清政府苟且偷生,乃不惜厉行专制以钳人民,讨好恭顺于帝国主义,而帝国主义也因此而变本加厉,着着进攻。割让土地,赔偿巨款,缔结不平等条约,使之获得我们无上的优越权利,沦我们民族于永远不得翻身的地域。在当时的国人,愤慨满清对外则软弱无能、对内则横暴无所不至,以为非颠覆满清,改造无由,于是辛亥革命即在此种情势之下产生出来了。辛亥革命,即是民族解放运动的第三幕!

辛亥革命专倡排满而放开了另一重要敌人——列强帝国主义,结果虽然从满清的压迫下得到解放,然而仍逃不脱帝国主义的束缚和压迫,这是很大的错误。所以满清虽然颠覆,而政权仍旁落于封建武人之手,帝国主义者之势力也依然存在,毫未动摇。不特此也,在当时的革命党人,不但不知道反对帝国主义,且再三再四向帝国主义宣言:革命政府将怎样保护外宾的生命财产,将怎样尊重履行所制定的"神圣"(?)条约,以为若倡言打倒帝国主义便是"开罪友邦"!帝国主义是贪欲无厌的,这样"尊之若父",他那不凶焰愈炽?时间愈长久,帝国主义的罪恶愈暴露,反抗帝国主义的要求亦愈普遍深入人心。所以,辛亥之后,又有"五四"、"五卅"更扩大、更热烈、更鲜明的民族解放运动的第四、第五幕……

为民族图存起来所作的解放运动是一幕一幕地过去了,将来还不知要再一,再二,再至于几,始能达到我们的目的中华民族独立自由。在今天,大家一致纪念过去的民族解放运动的一幕的日子(辛亥革命的双十节),我们学生青年应该彻底明了我们参加历次运动的努力,认清我们青年群众在这历次运动中所处的地位,好使我们对于前途的工作更加努力,更加奋斗!

不用说远了,就单从辛亥革命说起吧,参加辛亥革命的分子有哪些呢?有会匪,有新军,有国内外学生,有华侨商人。他们参加革命的意义虽没有什么两样,然而他们在革命过程中,表现的力量却大有差别:经费的接济大半赖华侨;冲锋陷阵大半由会匪、新军担任;至于奔走呼号,鼓吹煽动,使革命潮流普遍全国,卒能霹雳一声,全国响应,这不能不说是青年学生群众之功。

"五四"是为反对巴黎和约签字的运动。民国八年五月四日,北京学生三千余人游行示威,火烧曹汝霖宅,痛打章宗祥;六月三日北京学生演讲团被捕数十人,上海学生立即罢课援助,风起云涌,不移尉而天津、山东、杭州、南京、安徽、武汉、四川、广州等各地一致继起,罢课罢市,几遍全国。而学生的团结,亦如雨后春笋一般,纷纷兴起。

空前的"五卅"运动的发生,我学生界之热烈参加,更为前此所未有,不特通都大埠、学校林立之地,学生群众奔走呼号,一致高喊打倒帝国主义;就是偏小的县镇,亦组织不少学生爱国团体,起而唤醒民众,共抗大

敌。至于创办刊物,揭破帝国主义的阴谋;派遣代表散布全国,宣传帝国主义的罪恶,指示民族解放运动的途径;筹款募捐援助罢工工人,严格执行经济绝交、抵制仇货等事,更是我们学生在这"五卅"运动中特别努力、毫不妥协的。

这历次运动的事实证明,我们确知学生在民族运动中是占很重要的地位的,占什么地位呢?我们可称他为先锋队。

我们在民族存亡的斗争中,表现我们的力量最勇敢,最急进,使帝国主义者非常发抖而嫉视,所以一切帝国主义的机关枪向我们扫射,一切封建军队——帝国主义的走狗向我们扑杀。我们虽然随时流血牺牲,我们虽然饱尝牢狱风味,但认定最后的胜利定属于我们,所以我们仍然不畏惧,不退缩,更努力的冲上去。

我们知道盲动和瞎动是不能成功的,图一时热情冲动的举措更无济于事,我们的一切活动要有集体的组织,要有领导,有共同的主张,有严格的纪律,使我们的行动一致,首尾相应,运转自如。必须如此,才能表现我们的团结精神;必须如此,才能集中我们的力量;必须如此,我们才能在打倒帝国主义的解放运动中尽我们的力量。

但是,我们更要知道,一切的革命都要建筑在群众基础之上,尤其是农工群众,学生不过是其中一支先锋队,农工群众才是主力军。徒有先锋队而无主力军,怎能经得起狼吞虎噬的帝国主义及其走狗的袭击和摧残?历次运动证明,我们学生的能力总是随之衰歇消沉,这是我们忽视农工主力军,只重视学生青年的缘故。现在农工群众已经渐渐觉悟起来了,参加实际革命斗争,自十一年①的香港罢工,今年的"五卅"各地罢工,以及广东农民帮助国民政府肃清东江等事,实际看来,使我们确信打倒帝国主义及其走狗,非赖工农群众的力量不可。

所以,我们今后应该认清我们的敌人——列强帝国主义。明白我们的力量,确定我们的工作:一面严密组织学生的团结,并使各地发生一种良好的关系,成为全国一个有纪律的整固军队一般,能够作为一个真正奋斗的机关;另方面应扩大到群众中去宣传,揭发帝国主义的罪恶,使他们

---

① 十一年,指民国十一年,即1922年。

树立打倒帝国主义的决心,与一切被压迫的民族结成联合战线,向共同的敌人帝国主义攻击。

我们的步骤是由宣传而组织,由组织而武装暴动。帝国主义的末日已到西山了!全国学生们,快到民众中间去,联合他们努力向我们胜利之途走!

李硕勋
上海总工会职员被惨杀

> 原载《中国学生》周刊第十四期"时事短评"专栏(1926年1月2日出版),署名"硕埙"。现选自中共广东省委党史研究委员会编《李硕勋》,广东高等教育出版社1986年版,第101—102页。

　　上海英捕拘押移交淞沪戒严司令部之总工会副委员长刘华,戒严司令严春阳奉孙传芳密令,已将其深夜秘密枪毙的消息,《字林西报》首先登载,随后中文沪报亦多披露出来。各界人士闻讯之后,甚为惊诧! 因为刘华无犯罪应死之处,且既经枪毙,何不宣布罪状? 故犹以为不确,一面全国学生总会等团体急电孙传芳询问真象[相];一面各团体各工会纷纷派代表赴司令部探视刘华。不料孙传芳对各团体去电置之不复;戒严司令部对各代表亦支吾其词,竟无一人得见刘华一面。则刘华生死存亡,不言可知。刘华如果犯有死罪,当局宣布出来,谁也不敢否认。但是既不宣布罪状,而且事在深夜秘密举行,现在尸身亦不知隐藏何处,这是何等骇人听闻、暗无天日的举动。刘华是"五卅"运动中真正爱国的领袖,是英、日帝国主义嗾使奉系军阀通缉未果的。我们除了知道刘华曾经维持几十万罢工工人的秩序,曾经领导几十万工人反抗帝国主义外,实在找不出他有什么应得的死罪! 尤其找不出他有什么应得这种深夜秘密枪毙的死罪。帝国主义要杀刘华是必然的,因为刘华领导工人给予帝国主义以致命的打击。但是帝国主义不只想杀刘华一人,凡是曾经反抗帝国主义的都想要杀尽。刘华在昏夜无人知道的时候被杀的事件,就告诉我们,凡是热心爱国运动,实行反抗帝国主义的人士,随时都不免有无辜被害的危险。应该怎样奋斗去免除这种危险,是每个爱国志士所应想到的事。

李硕勋
帝国主义也反对学生干政

> 原载《中国学生》周刊第十五期"时事短评"专栏（1926年1月20日出版），署名"埙"。现选自中共广东省委党史研究委员会编《李硕勋》，广东高等教育出版社1986年版，第105—106页。

"五卅"惨案的发生，完全是由于日本资本家枪杀我国工人引出来的。在此时，正好唤起国人给日帝国主义一个重大的打击，使它历来在我国内的猖獗不能不有所敛迹！但是，偏偏有些懦弱浅识的分子，高唱什么单独对英，使这肇祸的罪魁得以逍遥法外，罢工风潮亦得不到完满解决，当时已有不少明见之士力斥其非了。最近日本帝国主义居然出兵满洲，帮助张作霖；日纱厂又有毒打我国工人的事情。上海各校学生激于义愤，不顾生死的出发讲演并散传单，以期警醒国人，速起图救。不料租界巡捕又要重演"五卅"的恶剧，捕去学生十七人，移交会审公廨讯究。消息传出，激起远近各地函电声援。后来庭讯判决，只好以"学生不应加入政治的集会，分别各处若干元罚金"开释了结。从此看来，我们更当知道日本帝国主义的贪欲横暴，何曾亚于英帝国主义？列强帝国主义之侵略我们，何曾不是联合一致？同时，亦更证明前此单独对英的主张是荒谬绝伦的。再则，帝国主义硬说学生不应加入政治的集会，否则便要苛以罚金的罪例，与最近各地军阀之严禁学生入党的表示，恰是一气呵成！帝国主义害怕的，是学生有了政治觉悟、参加政治运动、实行打倒帝国主义；军阀也是害怕学生加入革命政党实行打倒军阀。这就明明白白告诉我们：全国青年学生要求自身的解放,要求民族的解放,只有大家起来加入革命政党,参加革命运动才是唯一的途径!

李硕勋
纪念孙先生

> 原载《中国学生》周刊第十九期(1926年3月12日出版),署名"硕埙"。现选自中共广东省委党史研究委员会编《李硕勋》,广东高等教育出版社1986年版,第111—113页。

去年的今日,中山先生在北京行辕溘然长逝。恶耗传出,不但全中国的民众一致哀恸,全世界被压迫民族的人民,亦充满无限的悲哀与震悼!

全国人民、世界被压迫者,无不如丧考妣一般,莫名的悲痛,莫名的凄楚!全国从南部到北部,全世界从亚洲到欧美,处处都有盛大的追悼会,成千累万的人民,都含悲哀俯首于先生遗像之前,追念先生的功绩,服誓先生的遗训,愿继先生的遗志而努力!

距去年的今天,先生逝世已一周年了!中国的、世界的成千累万的人民,又要举行盛大的集会纪念先生,而且一年一度的纪念下去,永无止境,这究竟有什么意义?因为先生崇高伟大的人格,和一往直前的革命精神,已深刻印入全国民众和世界被压迫者脑际,他们无一不认识先生是他们的解放者,是他们的救星。

中国受世界帝国主义的统治业已八十余年,在这八十余年中,武力的侵略,经济的侵略,一天利害一天;宰割中国的土地,麻醉中国的青年,垄断中国的商业、航业、矿业,操纵中国的金融,支配中国的政治,使全国人民都陷于奴隶牛马的地位,过着非人的生活。虽然他们也有时起过反抗,但都是一时的,冲动的,盲目的,而首先认清革命,号召革命以求解放的,只有中山先生一人。

先生首先推翻不能抵御外侮反而压迫人民的满清专制政府。随后又不断地反抗帝国主义,反抗军阀。先生奋斗的一生,举其大者,如反袁的称帝何等的重大,收回海关何等的激昂,援助沙面罢工何等热烈,剿灭商团又何等的勇决,及至扶病北上,号召国民会议,废除不平等条约更何等的悲壮。从这些事实看来,先生坚苦刻励为民族谋解放的奋斗精神,何等令人钦佩!先生企求中华民族之独立,不知有身,不知有家,不顾毁誉,不计成败,不灰心,不消极,毕生精诚,尽瘁于革命。革命就是先生的生命,革命就是先生的历史。瞻前顾后,又岂有二人!?

先生有明锐的头脑,先生有远大的眼光,先生详细分析过中国的国情,先生尽量观察过世界的环境,先生认定中国的革命是世界革命的一部份,要打倒统治世界的帝国主义,全国人民才能得到自由,全世界被压迫民众才可得到解放。先生留下之革命的中山主义,手创了革命的中国国民党。中山主义就是打倒帝国主义打倒军阀的理论和策略,就是反帝国主义的结晶品。国民党就是实行中山主义的党,就是打倒帝国主义和军阀的武器。这个不朽的遗产,我们应该如何珍贵而爱护之!

我们正望在先生指导之下,使中国革命早日完成,全国民众从水深火热中早得解放。谁料先生竟积劳成疾,舍我们而长逝,这岂只是全国民众的损失,简直是世界被压迫民众的不幸!去年的今日是我们如何悲痛的一个日子,是我们如何深刻不忘的一个伤痕!如何不令人年年的今日纪念哀悼,以永矢勿忘呵!

我们纪念先生,不是在讴歌祈祷,不是在作文颂圣,我们真正的纪念是在完成先生未完之志。先生死后一年,不特帝国主义未打倒,连召集国民会议废除不平等条约也未办到。这一面是先生大功未成身先死,一面是我们后死的革命民众未能努力有加之所致,我们纪念先生,只有遵守先生的遗言,依照先生的主张与策略,努力颠覆帝国主义与军阀武人的统治,建设统一的国民政府,使孙先生的遗嘱全部实现,这才真是纪念先生。

李硕勋
致李仲耘的信

> 根据内容推断,此信写于1925年10月17日。选自中共广东省委党史研究委员会编《李硕勋》,广东高等教育出版社1986年版,第149—150页。

耘哥①赐鉴:

来信截至七月八日都已收读。

沪案②至今尚无结果,帝国主义一面借口司法调查,故意宕延,使我国人爱国热度减低后始出而乘机糊涂解决;一面则允许关税会议二五增税,以饵军阀好贱价拍卖此次交涉。此二者不特无丝毫利益,且对我国更为有害。盖前者不仅一司法调查而已,乃是在我国领土内设庭审讯,开国际法庭之恶例;后者关税二五增税不特有失独立国关税自主之原则,且此项增税必由军阀政客分肥,以为从事内战之资,益陷人民于水深火热之地。

因此,全国发生惨案各地,如粤、浔、汉、宁等地均派外交代表赴京:监督政府;反对关税会议;反对司法调查等事。我也即负沪北上外交代表使命,及徇各地各省学生联合会之请、在京召集全国代表大会之事,赴

---

① 耘哥,系李硕勋二哥李仲耘。
② 沪案,指五卅惨案。

京主持。业已定期今晚离沪矣。

江浙风云益紧,奉军已让出上海,孙传芳军也抵此。然战争终难幸免,且迫于眉睫间也。

家款望速兑来,用偿以往积欠。至要!

来信即交上海大学何成湘①转为好。

耘哥还能赴省否?川事如何?甚念!

家中老幼,谅均安适!

兹寄去最近小照两张,一存家中,一为兄带省,以慰渴念。

倚装待发,不暇多谈,容后再白。即颂

阖家均好!

弟 硕 勋

十月十七日②

---

① 何成湘(1900—1967),四川宜宾人。1923年9月进入上海大学社会学系学习,1924年加入中国共产党。曾任全国学联总会执行委、秘书长,党中央组织部秘书,上海中央局组织部长等职。新中国成立后历任政务院文委办公厅主任,国务院宗教事务局局长等职。
② 十月十七日,即1925年10月17日。

林泽荣
我为什么要入上大

> 原载《台州评论》第四期(1926年5月1日出版)。现选自《20世纪20年代的上海大学(下卷)》,上海大学出版社2014年版,第779—780页。
>
> 《台州评论》是上海大学台州同乡会主办的刊物,内容大多为该会会员的政论文。
>
> 林泽荣,上海大学学生,1926年由大同大学转入上海大学。

台州旅沪学生的总数,至多不过三百余名,而在上大的已达三十余人。依我个人的观察,将来还要增加起来,这是什么缘故呢?是不是他们的程度太不好,考不进严格的学校呢?是不是他们被少数同乡强拖进去的呢?这确是值得我们讨论讨论。

我在回答第一个问题时,似乎要说是的,因为目下内地的毕业生,多数的程度确是不大好的,若要考入严格的学校,恐怕有点困难。但是上大的台州同学,有很多的是从严格的学校转来的,可见他们实不是因为程度太歪而来滥厮上大的!至于第二个问题,更是笑话极了。他们亦不是小孩子,倘若他们认上大为不满意的学校,则少数的同乡怎能够把他们强拖进去呢?这无论在理论上或在事实上都是不可能的。倘若他们当时未明该校的真相,偶然被人诱入,则一二星期后,他们无论如何亦要跑了的。可是上大的台州同学,一点都没有转学的念头,而且都很满意的。可见他们在未入校之前,必有精密的观察和相当的同情,绝不是偶然被人诱入的!

　　本来中国人的通病,是以耳代眼的。倘一听人说:某人是不好的,某主义是放屁的,某学校是野鸡式的。于是他们亦大唱其调。说到实在呢,他们对于某人、某主义、某学校,丝毫都不知道的。现在不妨把上大来做一个例证!我很知道社会上有一般人,既没有到上大读过书,又没有到上大办过事,其对于上大的情形,实在是一点都不知道的。但是他们在外表上,硬要装做熟识上大的样子,说"上大不好"。他们的理由是:(一)该校管理太疏,功课太宽,换一句话说,就是学生太自由了。(二)该校学生,今日说"打倒帝国主义",明日说"打倒军阀、官僚",发传单啊,演说啊,反把重要的功课,置诸脑后。但是实在呢,确不是像这位先生的胡思瞎说。倘不相信让我把事实说出来,告诉你罢。

　　上大的学生,的确是很自由的。我要问大学生是否还要人家管么?这是我想大家都知道的。所以在大学里的学生无论在严的或宽的学校,用功的学生总归是用功的,不用功的学生总归是不用功的。大家都知道:大同大学!我的母校!是很严格的,除星期日和星期六的下午外,若无正当理由,均不得请假出校。可是一部分的学生,仍是不读书的,他们天天设法请假出去,至于升级和留级,他们完全是不介意的。反转来讲,很自由上大,仍然有一部分的同学,是很用功的。这都是我所知的事实,并不是凭空瞎说。这很明显的,他们第一个理由的谬误,不辩而自明了。

　　救国与读书,本来是并行不悖。因为我们读书的目的,无非求能应用于社会上的学问,所以,我们对于社会的情形,不得不有相当的了解,才方知道怎样去应用我们的学问。譬如有一个医生,其学识和经验均是超凡的。但是当他去疗治病人的时候,他亦非先知道病人生的是什么病不可。现在的中国,好像一个很危急的病人,我们假如不明白他的病根,怎能够来施用我们的药呢?上大的同学,的确是分他们一部分最宝贵的光阴来研究这个问题的,而同时于实学一方面,亦有相当的注意。至于一般人说我们把功课置诸脑后,实不知他们有什么根据。我老实不客气说,自从我到上大以来,不过两个月,我觉得我的学问未必比在大同时还要进步得慢一点,而同时对于社会的思想,实在要进步得多哩。

总之一句,我要到上大来,并不是像一般人所说的。至少也有两个目的,是(一)受相当的训练,俾得改造黑幕重重的台州;(二)联合革命分子,预备上革命战线上去。

刘 华
致叔叔刘选皋的信

> 此信原件藏中共"一大"会址纪念馆。现选自马静编《革命烈士书信》，吉林人民出版社2010年版，第96—97页。
>
> 刘华（1899—1925），又名刘剑华，四川宜宾人。1923年8月进入上海大学中学部学习。1925年2月9日爆发了震惊中外的上海二月罢工，刘华是这次罢工的前沿总指挥之一。在他的领导下这次罢工取得全面胜利。后担任上海总工会副委员长。1925年12月17日被孙传芳下令秘密杀害。

选皋阿叔：

我收到你这封信，正是我由中华书局脱离而入上海大学的那一天，——十三号，七、初二日。——心里十分欢喜。因为从头回接到你内江的信以后，许久都没有消息来，虽然说不怎么着急，倒象心中挂歉得很！——如今已放心了。大哥和你共事虽不久，总还算他不至寂寞；成败不过一时的挫折，在我看来也算不得什么，只要身体好，万事都可了得。大哥，他希望我努力勤学、实业是可靠的东西，在道理上自然不错，但是凡事都是要人做的，没有充分的学力去运用，到底总是空架子说闹热的，我到了上海来就十分的觉得，这回我用了许大的魔力，才把学堂弄到住；因为家里清贫，处处望人帮助。如今总算成功了，也是我这一生的历史上大大的一件幸事。至于说到烟酒嫖赌，老早已离开了十万八千里了，我敢

说:"年轻稳妥的我。"同齐那天收到你的信,也收到我的老人家的信,口气与你差不多。他说:"今年我家请了钟先生,来教我的两个侄儿。"我不知道这钟先生,有怎样的好坏,他也没有说明白,倒弄得我不好去铺排他。你以后看见我的老人家,请他不要挂念我。钟先生是怎样的人,怎样教人家,就请你长长的详详细细替我的老人家给个信来。我们现在年轻人,只要认清了前途,就是拼命也要去干,总希望有一个好结果,因为一个人只能活几十岁的命的原故。你的家里的情形,怎样布置一会小朋友,也不妨大家来商量讨论。你的回信来,请你写上海闸北青岛路①上海大学刘剑华②收就得了。头回我收到你内江那封信,非常的抱歉两三年不曾给你和我别地朋友通信来。当时我读过了你的信,就偶然写了一首绝诗,很想当下就给你寄来,让你笑笑,奈何你正在大战的海中,到那里来寻你?现在我把他抄在这里,补补你从前的一笑吧!寄叔(日来接得选皋叔与余之信,曾云:"别来三载,只得余信一封。")别来三载迄将过,鱼雁鲜通奈若何?莫道嵇生真懒慢,忧烦人世事偏多!好!以后再谈了。祝你幸福!并祝你一家人都好!

炽荣③

八月十四号七月初三日④晚

---

① 青岛路,今青云路。
② 刘剑华,即刘华。
③ 炽荣,刘华原名炽荣。
④ 八月十四号七月初三日,指1923年8月14日,农历为七月初三。

刘大白
双红豆

> 原载《红豆集》(俞友清编,常熟琴社1936年5月刊行)。现选自中共顾山镇委员会、江阴市史志办公室编《农运先驱周水平》,中共党史出版社2011年版,第69—73页。
>
> 刘大白(1880—1932),浙江绍兴人。诗人,文学史家。1924年春任上海大学教授。1932年病逝。

一九二四年元旦,江阴周刚直①君,赠我一双红豆。隔了几天,他又对我说:"此物是我故乡乡间所产,老树一株,死而复苏,现在存活的,只有半株,有时不结子。有时结子,仅十余粒或百余粒不等。如将此豆作种别栽,又苦于不容易发生。即使发生了,也不容易长成。望它结子,更不知须等几何年。所以此物颇不易得,实是珍品。"我想,从前六七岁时,读唐代王维《相思》一绝句:

红豆生南国,
春来发几枝。
愿君多采撷,
此物最相思。

---

① 周刚直,即周水平,上海大学教师。

早就知道了它的嘉名,和它底产地(虽然南国两字是很笼统的),并且知道它是相思底象征。大家试想相思是多么情韵绵邈,趣味深长的一桩俊事?是多么情韵绵邈,趣味深长的一个俊名?那么,象征相思的红豆,是多么情韵绵邈,趣味深长的一件俊物?不值得我们悠然神往,渴欲一见吗?读了王维相思诗的我,悠然神往,渴欲一见地对着这俊物闻声相思了许多年,侥幸碰着周君,使我得和这俊物由相思而相见。不但相见而且因他多情的赠与,竟使我得"置之怀袖间"了。这是一桩多么可感的事,于是我把它细细地玩一下,觉得它颜色殷红而微紫,形状颇类心房,古人以它为相思底象征,大约不是无故。

象征相思的红豆是见了,对于红豆的相思是慰了,可是我和周君不久就相别了。别了差不多一月,因为常常把红豆把玩,打动了睹物怀人的相思,就做了三首双红豆:

其一

岁朝初,
一封书,
珍重缄将两粒珠,
嘉名红豆呼。

树全枯,
却重苏,
生怕相思种子无,
天教留半株。

其二

望江南,
树凋残,
莫作寻常老树看,
相思凭此传。

体微圆,
色微殷,
星影霞光耀晚天,
离离红可怜。

其三

豆一双,
人一囊,
红豆双双贮锦囊,
故人天一方。

似心房,
当心房,
偎着心房密密藏,
莫教离恨长。

后来把这三首双红豆寄给周君,而且问他这一株红豆底历史怎样?树底干枝花叶怎样,豆荚怎样?他从川沙回信说:"树底历史和形状,载在江阴县志,等回到故里时抄给你看。"又附了一粒带着豆荚的红豆来。于是,我更得和他底豆荚相见了。可是直到如今,江阴县志中的红豆史,周君还不曾给我抄来。而我希望知道些红豆故事的私衷,却一天渴似一天。周君方面的红豆史,既一时未能慰我的渴望,我只能从故纸堆中去找些关于红豆的鳞爪,来权过一过瘾了。下面所引的几则红豆故事,是近来所找到的。

红豆本名相思子。其叶如槐,荚如豆。子夏熟,珊瑚色,大若芡肉,微扁。其可以饲鹦鹉者,乃蔬属。藤蔓子细如绿豆,而朱裳黑喙,其结实甚繁,乃篱落间物,无足贵也。其木本者,树大数围,结子肥硕可玩。万红友(名树,清初阳羡人)有词云:

拂砌轻阴,
垂檐降芙,

暖风熏坼，
串蔚珊珠，
琤琤点苔石。
鹦哥啄雨，
衔不去诘多香粒，
（唐代宗时，日林国献红豆，大而有光，名诘多珠）
珍惜，
谁唤小梅，
僭红儿名色？

又有赋云：

其阴也如槐之敷；其结也如豆之胒；其荚维绛；其实则朱；其色炜炜然如屑南海之珊瑚；其质磊磊然如采合浦之明珠。若是物者，即为之匟瑚瑁，柈车渠，联以冰蚕之缕，而缀诸翠凤之襦，不亦宜乎！

又曰：

爱有扶桑小墅，刺桐别院，黎女青寰，蛮姑素面，挹深翠于林间，捡轻红于土戚畔；莞榴粒之羞圆，慨荧肥之输茜，混火齐而光拽；匀鞿鞯而颜乱；讶丹砂其九还；疑琥珠之一串；戏藏阄而赌胜；裹鲛绡而持荐；偶玫钏之误触，随杏裙而不见；岂徒蓄艳于香闺？实足袭珍乎玉案。又，红豆花，形似莲而小，色白，中有红心一缕。汪碧巢诗：

冰洁花丛艳小莲，
红心一缕更嫣然。

王摩诘诗：
红豆生南国，
春来发几枝。
愿君多采撷，
此物最相思。

按：相思子朱墨相衔，豆大莹色。山村儿女，或以饰首，苑如珠翠，收之二三年不坏。相传有女子望其夫于树下,泪落染树,结为子,遂以名树云。——屈大均广东新语木语。

因此,咱们可以知道红豆本是广东的产物。王维所谓南国,大约就指广东而言,而江南不过是他底流寓地。屈氏广东人,所以他底记载,比较详确。从他底记载里,红豆底树叶花荚等性状,可以略见一斑。并且更得知道,关于象征相思的一点,在广东方面,有思妇望夫,泪落染树,结而为子的传说,这传说底神秘,颇跟关于秋海棠的传说相类似。

红豆本名相思子,其树之叶如槐,盛夏子熟。破荚而出,色胜珊瑚;粤中闺阁,多杂珠翠以饰首,经年不坏。广传有怨妇望夫树下,血泪染枝,旋结为子,斯名所由昉也,维杨吴园茨为吴兴太守,有词云:

把酒祝东风,
种出双红豆。

梁溪顾氏女见而悦之,日夕讴咏,四壁皆书二语,时因目园茨为红豆词人。——钮锈觚賸粤觚相思子。

此则记红豆状和传说,和广东新语大致相同而较略,大约昂以屈氏所记为蓝本。但附记梁溪女子,因读名句而恋慕红豆词人的事,却是一段很有兴味的词坛佳话。

温庭筠诗:

玲珑骰子坐红豆,
入骨相思知也无?

徐兴公谓:"岭南园中,有相思木,岁久结子,色红大如豆,故名相思子。每一树结子数斛,非即红豆也。"客云:"相思豆有雌雄,合置醯中,辄相就。"客云:"豆安有雌雄?以磁石养一,以铁屑养一,纳置水中,亦自相就,不必醯也。"余笑谓豆无雌雄则已,脱有之,则必当置醯中。醯中之豆,亦必雌先就雄。——周亮工因树屋书影。

说红豆有雌雄,说把它们放在醋里,自然相悦,关于象征相思的原因,

另换一种神秘的解释,也是别有风味。

吴门东禅寺白鸽禅师偶拾红豆种之寺内,指而祝曰:"汝宜速长,但他日不许无故开花!世变有大小,则花开有疏密。"今其树已数围,人之扰,康熙十二年复开,是东滇黔寇作,花色如梓,荚小于槐角,霜后荚落,其子深红可爱。——钮锈觚剩吴觚白鸽红豆。

不幸得很,这是一株被怪和尚所手植的红豆,竟脱离了相思底象征,由情韵绵邈趣味深长的俊物,变为神秘的不祥之物了,真是冤枉得很!这大约因为和尚是不懂得相思的缘故吧。但是咱们因此知道流寓江南的红豆,不止江阴的一株。不知现在吴门东禅寺中,还有这被栽诬的不祥之物生存着没有?如果还生存着,我倒要祝它速死。我底用意当然不是因为它能使我们不祥,所以希望它断绝不祥的根株。试想,好好的象征相思的俊物,不幸被人家栽诬,指为不祥之物,倒不如速速离去这被栽诬的网罗,再去往生南国,以涤除自身底不祥。红豆呵!你本是儿女缠绵的象征,那里管得那些风云扰攘的世变呢?

柳无忌
致柳亚子的信

> 这是柳无忌于1924年3月25日写给父亲柳亚子的信。选自《柳亚子家书》,岳麓书社1997年版,第465—466页。
>
> 柳亚子(1887—1958),江苏吴江人。曾和上海大学教授、共产党员侯绍裘一起在国民党江苏省党部工作。新中国成立以后,任中央文史研究馆副馆长。
>
> 柳无忌,柳亚子长子。

父亲:

来信收到了。《新梨里》第廿一期于我寄给你上一次信的后就来的,请你勿念。

小考这几天考得不十分好,然而大概都可以希望及格。明天有公民学小考,后天有阅书指导小考,再后天有模范文小考,下星期一有英文、历史小考,其余都考好了。

现在我已换棉袄了,棉裤要换么? 请代我问一声母亲。

我这几天因为功课忙,所以没有信给二妹,她也好久没有信来了,我今天也要给她一封信。

我们校中照章程上是于四月廿一号起放复活节,至廿三号,共三天。

我今年中学大约是可以毕业的,但是毕业以后我想读理科。约翰大学理科是极不好的,——缺少好的理科教授,缺少实验器具(这是我听大

多数同学讲的,而且照我看起来也不错)。至于文科呢?有经济学,有政治学,再有普通的文科,如同读些历史,做些英文论说等,这都是我不欢喜的,我觉得无味的。约翰文科是不差的,但我不要读,理科是不好的,但是却是我要读的,所以事情为难了。照我的意思,我如能够进别的大学,我是不愿意进约翰大学的。换一句话,我想投考他校,如能录取,就不到约翰去读了。他校是什么校呢?就是南洋与东吴,我听友人说:"南洋理科是很好的,东吴尚好。"如其两校都考不取,我想进上海大学,去读俄文系,我想研究俄文也是很有价值的,比较读些普通的英文是好得多的。所以现在照我的计划,先去南洋、东吴讨章程来看一看,然后再决定。就是先去考南洋,不取,去考东吴,再不取,然设法进上海大学,如也不能,然后仍旧到约翰来读理科,读了半年或一年,以后再讲。这个计划,不知道你赞成不赞成?再请你与母亲去商量一商量,或者与二舅父、朱少屏去商量一商量,然后来复我。这是与我有极大的关系的,所以请你慎重地复我一声。

话多了,再会罢!祝你同母亲身体健康!

你的儿子,无忌于梵王渡①
一三,三,二五②

我身体很好,不过对于我求学的一个问题,时常觉得有些使我没趣。

南洋是以工科著名的,理科好不好我没有知道,上面我写的是错了。我读工科觉得与性情不合,所以如果南洋仅有工科是好的,我的计划中,就把南洋抹去好了。

---

① 梵王渡,即今上海万航渡路。
② 一三,三,二五,民国十三年三月二十五日,即1924年3月25日。

柳无忌
致柳亚子的信

> 这是柳无忌于1924年3月29日写给父亲柳亚子的信。选自《柳亚子家书》,岳麓书社1997年版,第467页。

父亲:

来信收到了。南洋、东吴、上海大学的章程,都请你想法子同我去讨。

我想等到双五节你到上海来的时候,那时章程总可以讨来了,然后让我看了再定当,不知你以为好么?

我听人家说:"南洋是工科好,东吴是理科好。"我要进东吴,也是因为听得他理科是好的缘故。南洋的理科我是不知好不好,想来也不十分好,所以我有些打消要进南洋的意思。

现在我要进各校的热诚,写在下面(其中有几条理由是不甚正当的,不过却是我现在的意思)。

上海大学百分之四十。因为,① 学俄文一定很有趣的。② 不是教会的,没有什么读圣经,做礼拜,早祷的讨厌。③ 你是十分赞成的。④ 功课一定宽些,舒服些,自由些。我对于他有怀疑的是:① 恐怕是太宽了,太舒服了,太自由了。② 不十分知道其中学校生活。③ 毕业后的问题。④ 不大有名。

东吴百分之三十。因为,① 听说理科极好。② 比上海近些。不赞成的:① 也是教会的。② 束缚的。

南洋百分之十五。因为,① 是很有名的。② 学费贱些。不赞成的是:① 理科不见得好。② 考进去也极难。

约翰百分之十。因为我已在那处读过了二年,很熟了。不赞成的是比上面东吴的二条外再加上一条:理科不好。

沪江百分之五。我不赞成的。因为,① 功课听说极低浅。② 同约翰一样。(请你批评批评)

我上次有一信与二妹,没有收到她的复信,今天你来信也说没有信来过,真是奇极了!我想她或者也由考书功课忙。

我考书都考好了,不过再有英文历史一样,是后天考。再会罢!

祝你同母亲身[体]健康!

你的儿子,无忌于梵王渡
一三,三,二九[①]

[①] 一三,三,二九,民国十三年三月二十九日,即1924年3月29日。

柳无忌
致柳亚子的信

> 这是柳无忌于1924年4月17日写给父亲柳亚子的信。选自《柳亚子家书》,岳麓书社1997年版,第469页。

父亲:

十三号的信收到,二舅父的信收到,南洋大学章程二张收到。

英文杂志收到了,这是第四期,恐怕完的时候到了。但是我不要再定了,因为我不十分欢喜看它。

无非这几天同我常常通信。

南洋公学只有工科,我想就此作罢好了!

上海大学的计划,我也想取消,因为我现在决定读理科。

约翰放假在六月廿八号。东吴招考日期不知道,因为章程上寻不着。

二舅父的信看过了一遍,他的计划,我到也十分赞成;——就是在约翰读了一、二年,再来清华。我看了他的信,我觉得他的话不错,所以我又赞成去来了。我上次看见了上海大学的俄文系,我赞成了,现在又取消了。我听见友人说东吴理科好,我赞成了,但是现在又是冷淡了。我的脑筋是太简单了;是太容易受外界的感化了。所以最后的,我想你——决定,因为我主张太多,同时又主张没有了!你可赞成么?

复活节是从二十号(星期日)上午做礼拜后放起,至二十三号夜。

明天是受难日,放假是放的,但是也要同耶稣一样受难,不能出外而

又不准极喧哗的游玩。

《新南社》第一期究意如何？将来又如何？现在是在睡觉了！死了！

方、李的行止没有定,大经仍到约翰。

三妹的信,等复活节内,拍了照后寄给她照片的时候再写。

祝你同母亲身体健康。

你的儿子,无忌于梵王渡

一三,四,一七①

---

① 一三,四,一七,民国十三年四月十七日,即1924年4月17日。

柳亚子
致柳无忌的信

> 这是柳亚子于1926年3月23日写给长子柳无忌的信。选自《柳亚子家书》，岳麓书社1997年版，第469页。

无忌：

十四日来信收到，《平民月刊》第三期同时到。重复的第二期，我已寄给周寿祈了。

你这一次信，是寄到永吉里来的第一封信，但是恐怕中间还有失落的信。因为，我二月廿二日给你一封信，计时间应该到了。但是你来的信内却没有提及呀！

此外，我三月七日、七夜、十四夜、十七夜、十九夜，给你的信，你都收到了吗？

"寥寥数语，何其短也？！"这是我忙的缘故。

母亲不但已安抵上海，而且又安返黎里了。不过据明姑母来的信，这几天不甚好，夜间出汗，吃不下。我已屡信去劝她到上海来看病，不知她能不能来，我心中很是着急。

二妹已钻出神州，又钻入大同去了。据她来信讲，功课很特别，只有国文、英文、数学、历史四种，其余什么都没有。这个学校，你赞成吗？

她上礼拜日来过一次，是光颎、蕴玉陪她来的。和她同时来的，还有杨明暄、徐蔚南，都在省党部揩油吃饭，连我和应春共七人，开了一桌吴江

同乡饭,只多了一个小松江人朱规兰,她是季恂的女儿。

北方变化真多,段、章残杀民众,国军忽然退出天津,还有要退还南口的消息。北京政局,从此更要反动了。清华无恙否(指国军退兵事)?

上海很激昂,南洋大学首先罢课,上大继之,学生已四出演讲。我是坐在房子里面,只做做宣言、通电和传单而已。

上海追悼会,是和北京一样的,各自各的开,所以没有打架。南京追悼会倒也平靖,不过火车站和紫金山都大演武剧。我损失的还好(只糟了一件破旧皮袍子)。

广东没有事,报上完全是谣言。

唐生智已倒老赵,不过昨天报上有护宪消息,此人究竟可靠与否,还是一个问题。

广州北伐军迟迟不出来,原因很多,我们总希望他早一点出来。

《晶报》我也看见。实际上的情形,我已在黎里时报告与你了。(我到上海以前,曾发许多信,现在只记得三封。一封是报告黎里火烧,一封是报告小畜告状,一封是报告我要到上海来,这三封信不知你都收到否?)煨灶毛颇受打击,但实际上也不至于有什么,至多校长问题有些摇动而已。他上海已来过两次,一次就在我们开联席会议时,一次是史毓琳(史牛的妹妹)和杨凤书(黎里人)在振华结婚,他来做媒老爷。我也去扰了他们两顿喜酒。(代价是两元的份子,实在是买来吃,倒不是揩油)

吴江的党,很靠不住。张耀德发起盛泽孙文主义学会,徐因时、吕君豪都加入。曾请南京反动派高岳生来盛演讲,大讲其拥护西山会议。他们想组织反动派的吴江县党部,不知道成功与否?

南京反动派曾召集伪全省代表大会,举出伪省执行委员九人,高岳生第一名,张耀德掮榜。这个蹩脚学生(他已在东大毕业,实授政治学士),近来很神气活现了。

我们的吴江县代表大会,定四月五日在同里开,我决定四号偕应春由申到同,预备在上海多请几个人去演讲,打他一下霹雳针。不过时局如此紧张,恐怕上海请不到人,很是忧虑!

《吴江妇女》到吗?

黎里我是可以还去的,倘然我要还去时。因为孙陈并没有传、捉、提我，不过我不愿意还去。住在上海呢？云雾淘淘，也有些不惯（似乎找不到一个安身立命的地方），最好佩宜老夫子能够搬出来，使我的心灵安稳一点，但不知道她肯与不肯。

这封信总算不是寥寥了，还有许多话似乎要讲，但一时讲不起来，算了吧！再会！

一五·三·二三[①]夜　亚子

写好了以后，光颍来一信，说无非前天很不快活，在省党部出去的时候，竟然哭了（在进大同以前，在振华也哭过）。这都是佩老夫子的作孽，而柳公也不得不任其责，你看究竟怎么样办呢？糟糕！

[①] 一五·三·二三，民国十五年三月二三日，即1926年3月23日。

龙大道
致父亲的信

> 原件藏中共"一大"会址纪念馆保管部。根据内容推断,此信写于1926年。现选自《20世纪20年代的上海大学(下卷)》,上海大学出版社2014年版,第1173页。
>
> 龙大道(1901—1931),原名龙康庄,贵州锦屏人。1922年冬来到上海,后进入上海大学社会学系学习。1923年11月加入中国共产党。1930年任上海总工会秘书长兼上海市各界人民自由运动大同盟主席、党团书记。1931年2月被反动当局枪杀于龙华刑场。

父亲:

五月十三号来谕,今日(六月初十日)收到了。

贵州天灾,此间报纸[内]容或有所登载。但不过只几句抽象的形容字[词]罢了,事实究竟如何,尚未得闻。阅来谕所述,其惨也不可言状,加之兵匪纵横,更开从未有之奇祸,殊为乡梓所念念也!

目下以全国而论,何处不是刀火连天,留下老百姓坐吃苦头!家破人亡——徒为少数军阀争地盘之牺牲品!(遍地皆是!)而全国军队中真正为国为民者,严格说来可说没有!不过较以国以民(民志)为主者仅广东之国民革命军也,其余长江北方各大军阀不为卖国贼便为帝国主义之走狗,中国如是,贵州更不堪言。日来,广东北伐军已占长江,如能直趋武汉,则中国内乱或可以稍告段落,国民革命(打倒卖国军阀)始有促成之希望。贵州问题也才可得一个相当的解决。不然,贵州军队仍屈于北方军阀吴佩孚利用之下,不说天灾,人祸将更一而再、再而三连续而至,老百姓只有一天天蹈于水深火热[的]境[地],其糜烂更不堪言。

  儿累拟赴广东工作(无论军事、政治),而上海乏人代理儿之职务,因是广东政府亦电责儿不许离沪,只得又留此间,仍负上海总工会工人运动之组织与宣传工作。若北伐军能直趋武汉,则儿或可有调武汉与长沙间工作之可能,此不过系想象中事也。北伐军是否像势如破竹之顺遂尚难预卜,故儿之他调与否尚须以时局为转移。

  安镇上月又晤面,他现在上海大学中国文学系充特别生,下半年或可升为正式生。近颇肯攻书,出外来后,尚还老诚,唯外交才干薄新,尚欠处世经验!

  眼镜待儿到眼镜公司去探问,应须何种后,再进其制就,大约月底可以寄来。

  六叔如在三师军中,儿可直书去探寻——因为该军中有一政治部秘书长系儿同学(在俄①),常与儿通信并促儿赴粤。

  至哥处,儿以后想法与之通信息,暂由贵阳转亦可。

  儿之婚由儿自主,事前事后如何,当详报,请勿为念!

  祖母年来较之前两年如何?近来可仙健?!

(信封):
贵州三江茅坪
龙老先生树屏　安启
上海大学　庄②　缄
七月廿二号

---

① 在俄,龙大道根据党组织安排,于1924年9月至1925年7月在莫斯科东方大学学习。
② 庄,龙大道原名龙康庄。

吕全真
为什么要反对基督教

> 原载《圣诞节的敬礼》。现选自《20世纪20年代的上海大学（下卷）》，上海大学出版社2014年版，第714—715页。
>
> 吕全真，上海大学附中学生，1925年2月入学。

统治阶级对于被征服者的压迫和帝国主义者对于弱小民族的侵略，有几个不同的方式：第一是政治的，对内有法律、警察，对外有海陆军等工具。其次是经济的，资本家利用剥削工人汗血的工银劳动制度及种种不平等商约为其侵略的工具。再其次便是文化的，许多人崇信的基督教，便是统治阶级压迫被征服者和帝国主义者侵略弱小民族的一种最狠毒的工具，政治的和经济的侵略是一般人都感觉到的，关于后者的文化侵略虽然非基督教运动已传遍国内，但仍有许多人在那里崇拜耶稣基督的"博爱"、"和平"、"自由"等等骗人的口头禅，故不能不将基督教的害处更说一下。

统治阶级对于国内的恐怖，便是被征服者的背叛，统治阶级除了用法律、警察种种强权压迫被征服者外，更利用牧师及教徒的蛊惑，他们唱"君权神授"、"命运"、"天堂"等邪说，以愚弄一班劳动者，他们说资产的分配和命运的苦乐都是神的意志，又造出"打脸解衣"等话，领导一切被掠夺的劳动者都要能忍让，要狠驯善地受资产阶级的剥削。所以自来基督教是同统治阶级相依为命、狼狈为奸的。中世纪封建政治的贵族阶级，都是倚基督教作他们的护身符,当时新兴的资产阶级对于这种无形的压迫工具,攻击不遗余力,后来自己变了统治阶级马上又利用基督教来消磨工人们的革命反抗精神了。所以基督教是新兴资产阶级的法律、警察,同样是压迫劳动阶级的工具,如果我们要根本推翻资产阶级的统制［治］权、毁灭一切保护资产阶级的工具,便不要忘了反对基督教!

帝国主义者为更能满足他们对于弱小民族的侵略,除了用海陆军的暴力和工商业竞争的经济力外,更利用基督教作他们的工具,这是历史的事实已经很明白地告诉了我们。我们如果翻开中国近百年的外交史一看,可以找出许多因教案而生的割地赔款的事实。一八五八年因为广西杀了两个法国教士,英法联军便杀入北京,烧圆明园,清帝出奔热河,后来割九龙,赔款一千六百余万两,扩租借地七处。一八九七年,德国又借口山东曹州杀了两个德国教士,派军舰强占胶州湾,于是俄租旅顺大连、英租威海卫、法租广州湾,使中国兆瓜分之局。一九〇〇年的义和团事体也不过因为焚了几处教堂,杀了几个教士,结果赔九万八千余万两银子,断送了国家命脉这关税自主权,我们看这许多耶稣基督给我们的恩典,我们已经够受了。基督教又利用教会教育来腐蚀一班弱小民族青年们的脑筋,在学校中强迫学生做礼拜、查经,没有集会、结社及参加一切运动的自由,甚至不准看一切灌输新思想及关于时事的报纸,以便依他们的意思自由地造出一批帝国主义和资产阶级的"洋买办"、"洋大班"、"洋走狗"。近来很多亲善派的教会学生便是明证,所以我们要求中国之"自由"、"平等"、打倒帝国主义,毁灭一切帝国主义侵略弱小民族的工具,便不要忘了反对基督教。

因此我们为要求世界革命及中国国民革命之早日成功,不能不积极地做反基督教运动,防止基督教劳［势］力的发展,毁灭基督教生命的存在。我们看基督教势力所到的地方,便是帝国主义势力所到的地方,耶稣基督"自用"、"博爱"、"和平"的假面具所遮掩着的便是"专制"、"残忍"、"暴厉"、"毒狠"青面獠牙吃人的魔鬼。全世界被压的劳苦群众!你们要求得真正的"自由"、"平等"便应该立即起来反对基督教!

马凌山
"作战的步骤"究竟应该怎样?
——驳斥丁文江,并质胡适之

> 原载《上大五卅特刊》第三期(1925年6月30日出版)。现选自《20世纪20年代的上海大学(上卷)》,上海大学出版社2014年版,第666—668页。
>
> 马凌山(1904—1931),陕西郃阳(今合阳)人,1924年初进入上海大学社会学系学习。1926年4月加入中国共产党。1927年6月根据党的指示到西北军杨虎城部作兵运工作。1931年病逝。
>
> 丁文江(1887—1936),江苏泰兴人,地质学家。
>
> 胡适之,即胡适。

自"五卅"惨案发生后,许多自居于社会指导者的名流学者,都出来发表他们的名言伟论,确定作战的步骤(也可说乞和的方法)。最先我们看见的是梁启超贤人和几位大名流发表的几篇名言,最近又读了丁文江先生的《高调与责任》和胡适之先生的《作战的步骤》两篇伟论(这些名言伟论都是由最反动的《时事新报》介绍给我们,倒也有趣),忍不住叫我这不敬的学生,也要说几句不愿说而不能不说的话。梁大贤人的话,已有人和他讨论过,我不愿再提,现在专就丁先生和胡先生的话来研究研究。

主张科学的人生观的丁先生,他的论调比玄学鬼梁启超"学生罢课是自杀"的怪论,要高明得多。但是混帐的地方却也不少,现在大约写在下面:丁先生的全篇大文,简单说起来是凡罢市、罢工、经济绝交与抵制英日货及对英宣战、打倒帝国主义等,都是唱高调、不负责任,事实上做不到的事。只有组织中外调查委员会与开市才是唱低调、负责任,一定能做到的事。唉!英日帝国主义者用极残暴的手段,惨杀和压迫中国民族,中国民族要反抗他们,和他们宣战,丁先生又怕重演庚子悲剧,再闹拳匪惨祸,这种怯懦的心理,足为驯良华人的代表。假使中国民众尽如丁先生而能不至亡国灭种者,我实不敢相信。丁先生对于全国所公认的与英日实行经济绝交一条,尤极端反对,他说:

"经济绝交是绝对做不到的,我们和人家的经济关系是从供给需要发生的,是一个很复杂的问题。当时要给人家绝交,人家的损失固然很大,我们的损失也就不小。譬如我们卖给英日两国的货物每年在两万万两以上,忽然把英日两个大市场放弃了,从那里找相当的市场来替代他们。找不着的期间,用甚么方法来补救我们的损失?"

上一段话是他反对经济绝交的最大理由,可惜丁先生只算了入的,却把出的忘了,所以才说出这些混帐话。中国与英日实行经济绝交,每年固然要少进二万万两,但据海关报告,中国每年输入英日两国的货物,却在六万万两以上,进出相抵,中国每年要损失四万万两以上。我们若与英日实行经济绝交,我们每年就少损失四万万两以上的巨款,我们何必过虑失了英日的市场呢?老实说,中国现在的工商业都在幼稚时代,处处都是受各帝国主义者经济的压迫,只要能摆脱他们的经济侵略,已经是很难的事,那里还谈得到占领人家的市场?

最后丁先生又说:"知识阶级是不负责任的……学生放下书来不读,每天向群众去讲演,劝拉洋车的爱国,劝开小铺子的捐钱,不知道劝化了一百个拉洋车的,不如感动了一个坐洋车的;向一百个小铺子捐款,不如请一个大财主解囊。学生的爱国运动要完全用在知识身上……"

这个自相矛盾的结论,谁肯相信!你明明说知识阶级是不负责任的,却说要完全用在知识阶级身上,这不是自相矛盾吗?我以为劝拉洋车的救国与劝开小铺子的捐钱是有效的;劝坐洋车的救国、劝财主捐钱反过来没有用。他们因为经济环境的不同,所以目的也因之而异。拉洋车的与开小铺子的地位是被压迫者的地位,所以他们是可革命的;坐洋车的与大财主是压迫者的地位,所以他们很多是反革命的。这个理由,我们就

可以用这次五卅惨案发生后的种种事实来证明。我们看看上海的罢工、罢市，一致的援助五卅惨案，何以到了现在工人还是坚持着罢工，而商人却把市开了，援助工人的捐款，多半出自开小铺子的人，却未见梁士诒、张謇等大阔老捐一文钱。坐洋车的定有用吗？大财主能够解囊吗？

我的事很忙，对于丁先生的话不愿多驳，现在再看唱"干！干！干！"诗的胡先生指示我们"作战的步骤"是些什么？

胡先生与丁先生都是主张科学的人生观，可谓志同道合的朋友，所以他对于丁先生的根本态度完全赞同；但对于他的办法不大满意。胡先生在办法上分出两个步骤：

第一步，上海的残杀事件及其连带汉口等处的事件的解决。

第二步，八十年来一切不平等条约［的］根本解决。

由这两个简明的步骤，和丁先生组织"中外调查委员会"的主观见解比较起来，胡先生的办法，自然是齐一变至于鲁了。但是还有应该讨论的地方。然而在丁先生看见了他的第二步，却还要骂他是唱高调不负责任啊。

胡先生的第一步办法，完全包括上海总商会提出的十三［七］条件，他说："这些条件是上海有切身痛苦的公民提出的，我们不在上海的人应该尊重这种负责任的要求，认为最低的条件……"这一段话我们有点不解。胡先生自己赞同上海总商会提出的十三［七］条件，原是他个人的自由，但是上海总商会能代表上海的全体公民么？就以胡先生所说切身痛苦而论，我相信这次工人、学生所受的损失，并不减于商人，所受的压迫与痛苦，更有过之无不及。我不知道胡先生为什么不赞成真正代表上海全体公民的团体——工商学联合会所提出的十三［七］条件，却偏偏去赞同那官僚化身的总商会提出的十三［七］条件。这大概也是因为胡先生是"高等华人"之故吧。

胡先生的第二步办法，是要等到第一步办法有了头绪，再联合各界做大规模的准备，要求各国在六个月以内，在中国开一个根本修改八十年来一切不平等条约的会议。又定了最重要的四项准备：一、国际公法学者的组织；二、对外的宣传机关；三、调查事实；四、组织工商界。胡先生这种办法在理论上也许是对的，但是在事实上不见得能办到。何以呢？

因为帝国主义者与我们的利害关系完全相反,我们是处在被压迫者地位,他们处在压迫者的地位,他们绝对不能放松他们的压迫,使我们脱离了被压迫的地位,这是一个必然的事实,谁也不能够否认的。我们若不用革命的方法,第一步就很难做到,那里还能谈到第二步。第一步即使勉强做到,他坚不承认你第二步,你又有什么办法呢?所以我以为我们现在作战的步骤,只有根据我们的导师孙先生的遗言做下去,才是适当的办法。

我们现在正宜进行我们的工作,团结全国被压迫民众,联合世界上以平等待我之民族,共同奋斗,打倒帝国主义在华之势力,废除一切不平等条约,以恢复我中国民族之独立自由。

最后我要正告丁先生、胡先生几句话:这次"五卅"惨案发生,是中国民族处在帝国主义之下必然的反抗,决不是谈判所能解决的。要根本解决,非打倒帝国主义,废除一切不平等条约不可!胡先生在几年前就劝人家多研究些问题、少谈些主义。现在丁先生又说:"这一次上海惨案发生,有一班人不去研究经过的事实,具体的办法,来解决这件问题。却口口声声谈某某主义——骂人家是帝国主义、资本主义,我们是反帝国主义、反资本主义。"这样看来你两位先生是把主义与问题分开的,并且是重视问题而讨厌主义的。其实这都是错误的见解。本来主义和问题是不能分开的,世界上决没有不讨论问题的主义,也决没有一个问题不应有主义包含在内。帝国主义与反帝国主义,资本主义与反资本主义,是当前的两个大问题,我以为除了这两个问题以外,再也找不出比他更大的一个问题来。两位先生既重视问题,应把这两个当前的大问题研究研究,才不至为现在社会一个时代之落伍者。至于那种不负责任、不合逻辑的事后风凉话,还以少说为是。

马凌山
五卅惨史第三页

> 原载《上大五卅特刊》第三期（1925年6月30日出版），署名"凌山"。现选自《20世纪20年代的上海大学（下卷）》，上海大学出版社2014年版，第669—670页。

五卅惨案发生，我们就始终认为中国民族处在帝国主义压迫之下的必然现象，决不是偶然发生的事件。并且是英国帝国主义向我民族进攻的第一步，若不决心求彻底解放，决不足以图存。所以我们反抗英日帝国主义，并主张打倒各帝国主义者在华的一切势力，废除一切不平等条约，以求中国民族之彻底解放。可惜卖国的北京政府和怯懦驯良的外交家，一误再误的闹了许多日，还是没有一点结果。现在上海、汉口的血痕未干，而广州沙面的大屠杀又起，哀我民族，再不急起直追则死无噍类矣！

我们就这三次大屠杀的经过，尤足证明英帝国主义者向我们民族进攻的步骤愈加紧迫，愈加凶毒。五卅上海南京路的惨杀，英国对群众的武器是手枪，结果死者六人，伤数十人。六月十一日汉口大智门外的惨杀，英海军对群众的武器是机关枪、来福枪，结果死八人，伤数十人，这次廿三日广州沙面的大屠杀，英军警对我群众的武器除了机关枪、来福枪外又加上炮船的大炮，随复调军舰驶入省河示威，死伤者二百余人。此外如九江、安东等地也有帝国主义者惨杀我同胞的事发生。这种愈出愈奇、愈演愈烈的大屠杀，我们还能忍受么？

同时我们再看我们的情形是怎样？我们民众的游行队自始至终,手中除了旗帜、传单外,却一无所有；我们的所谓政府和外交当局,自始至终总是保持着他们"驯良"的态度,照例发几次照会及牒文,以冀敷衍了事。唉？这种怯懦驯良的举动,难怪帝国主义者之屠杀无已啊！

同胞们,时已至此,应该猛醒。交涉抗议无可言,公理人道且莫论,三次大屠杀的血痕已深印在我们的脑海里,永远不能忘记！亲爱的同胞们：全国一致,积极组织起来,武装起来,与英帝国主义者决一死斗！

马凌山
"五卅"运动与废除一切不平等条约

> 原载《上大五卅特刊》第四期(1925年7月7日出版),署名"凌山"。现选自《20世纪20年代的上海大学(下卷)》,上海大学出版社2014年版,第674—676页。

这次空前的五卅大惨案发生,除了几个丧心病狂的高等华人以外,大家都承认这个运动不仅是为着顾正红的惨死,是为着中国民族的解放运动,是一次反帝国主义的大革命!经过几次大屠杀,惨死的有百余人,负伤的数百人,三十万工人的罢工,各处商人的罢市,这是多大的损失啊!在这个无限的牺牲中,能换得大多数民众的自觉与各国被压迫民族的同情,总算是一份真代价。假使只博得大众一时的兴奋,不但失了我们运动的意义,就是我们民族的前途,也要发生一种很大的危险!

我们既然是为民族解放的运动,则对于我们民族前途的障碍物,当然非先扫除不可,我们当前的大障碍,不是各帝国主义者所恩赐的一切不平等条约吗?而我们外交官在上海开始交涉时,所提出的十三条,毫没有废除不平等条约的精神,实在是一个很大的错误!

现在有些人以为这次惨杀案是由英日两国造成的,所以主张打倒英日帝国主义,修改英日压迫我们的不平等条约。(高等华人梁启超,尤竭力主张放过日本,单与英国交涉,不知是何用心!)我们反对英日帝国主义;尤其在今天,英日帝国主义者在国内各处大肆屠杀的时候,我们应当团结全国被压迫的民众,联合世界上一切同情于我们的民族,与英日帝国主义者决一死战!但是我们应当为反对英日帝国主义的原故,遂忽略宽恕了美法等帝国主义么?决不的。我们反对一切帝国主义,反对英日加于我们的压迫,与反对美法等加于我们的压迫,丝毫没有两样。美法等帝国主义者表面上虽然向我讨好,使我们的精神专注于英日一方面;然而我们一定要提醒大家,我们决不因反对英日帝国主义的原故,便轻轻地放过了美法等帝国主义。

英日帝国主义者惨杀了我们的同胞,我们要誓死反抗,要废除压迫我们的不平等条约,这是极其应该的。但是我们若仅唤醒全国被压迫的四万万同胞,打倒英日帝国主义者在中国的势力,把压迫我们的不平等条约根本撕毁,否认英日帝国主义者根据那种条约所获得的任何权利,我们的同胞就不会被杀么?我们就能永远不受压迫么?不,决不会的。英日帝国主义者虽倒,还有美法等帝国主义者屠杀我们的同胞;一部分不平等条约虽废除,还有没废的不平等条约压迫我们。试把近百年来中国与各帝国主义所订的一切不平等条约,拿来比较一次,我们就知道各帝国主义者对于中国的压迫是一样的。我们五卅运动的精神,应该是要求废除一切不平等条约——打倒一切帝国主义。

说到不平等条约,自然要首推南京条约了。自从一八四〇年(清道光二十年)和英国开始鸦片战争,中国失败,就于一八四二年七月,和英国缔结南京条约,这是中国对外战争失败的第一幕,也是中国对外缔结不平等条约的第一幕,也便是帝国主义的势力侵入中国的第一步。一八四三年的虎门条约,是因南京条约而生的,这都是战败于英国的结果。到了一八四四年六月,法国援引所谓"最惠国条款",要求"利益均沾",成立了中法条约。同年九月,美国也以同样要求,成立了中美条约。从此恶例一开,中国若丧失权利于一国,同时便丧失权利于各国。这四种条约成立,中国丧失的权利约为以下五种:一、割地;二、赔款;三、设[划]定外国居留地;四、取得领事裁判权;五、协定关税。这样一来,他们——帝国主义者,取得政治上优越的势力,实行经济侵略,或是单独压迫,或是共同行动,把中国已经牢牢地缚住了。

到了一八五七年英法联军之役,中国又败,就于一八五八年十月缔结

天津条约；及至一八六〇年，英法联军又攻陷北京天津，于同年九月（缔）结北京条约。这两种条约成，中国的痛苦，更深一层。割九龙与英国，认与英法赔款各八百万两。通商口岸，除南京条约五处之外，增开牛庄、芝罘、台湾、潮州、淡水、琼州、南京、镇江、九江、汉口、天津各处。领事裁判权，更扩大起来。

一八九四年六月中日战争起，中国失败，于一八九五年四月订定马关条约，其内容大概如下：一、中国认朝鲜为独立国；二、赔日本军费二万万两；三、割辽东半岛、台湾及澎湖列岛与日本；四、与以最惠国待遇，且开沙面、重庆、苏州、杭州为商埠。是为日本侵略中国之始。及后一八九七年十一月，德国教士二人在山东曹州巨野县被杀，德国遂借此威胁中国，于一八九八年三月，订立条约。租借胶州湾两岸之地域，以九十九年为期。并许其得自由建筑铁路开掘矿山。此约一成，中国不特把山东断送，并开了租借地的新例。随后俄国援例租借旅顺大连湾，期限二十五年。一八九八年七月英国租借威海卫，期限与旅大相同。同年十一月法国租广州湾，期限为九十九年。一八九九年英国又租九龙半岛全部，及香港附近大小岛屿四十余处，并两海湾，及附近水面，均以九十九年为期。中国这时不但是开放门户，直是门户已多半被人占领了。

一九〇〇年夏间，义和团事起，惹动八国联军，打破北京，于一九〇一年和中国缔结辛丑条约，其内容大概如下：一、赔款四万五千万两。从前英法联军之役赔款英法各八百万两，即由海关指拨，至同治四年才能偿清。中日战争之役，赔款与赎辽共二万三千余两，也是以关税为主要抵押品。这次赔款，自然也要关税拨付。每年关税，对于以上赔款，须尽先支付。余剩下来的，名为关余，交还中国。这样看来，我们关税，除了关税协定，和外人管理税关之外，关税所得，还先让外国人吃饱，中国不过尝些食余罢了。二、中国将大沽炮台和北京天津间之军备，悉数撤去。而外国为保障北京天津间之安全计，得于北京、黄村、廊房、杨村、天津、军粮城、塘沽、唐山、秦皇岛、山海关等处驻屯军队。而于天津二十里以内，中国军队不得屯驻及接近。试问这样和虎狼屯于堂奥，有何分别？三、划定北京公使馆区域。在此区域以内，警察权全属于公使馆，并得驻军队及为种种军事设备。所以北京公使馆区域，不但是外国的行政区域，而且是外国的武装行政区域。在南城架设大炮,随时可以粉碎北京。于是北京政府遂为各国所得随意操纵。东交民巷各国公使馆,骎骎乎变成北京的太上政府了。从此条约成立以后,中国在实际上已经成了一个半殖民地的国家,早已失其独立自由的资格了。随后各国又以利益冲突的关系,完全抛弃以前的急进政策,渐变而为缓进的侵略,同时产出"保全领土"、"门户开放"、"机会均等"三个新名词,以达其缓进侵略的阴谋。又向中国铁路大投资,组织四国、六国、五国等银行团,监督中国政府,施行其财政的束缚——经济侵略。

民国元年(一九一二年)八月英公使又要求中国允许西藏独立为承认民国的交换条件,同时俄国亦要求蒙古独立。袁世凯都承诺,于民国二年正式换文。

民国三年欧洲大战起,至民国七年方才停息。在这几年中,欧洲各国,没有余力顾到中国,日本就乘这个机会大肆其侵略之野心。一九〇五年日俄讲和条约,俄国声明旅顺大连湾租借地,及由长春至旅顺大连湾间的铁道敷设及管理权,以中国承诺为条件,让于日本,并放弃在朝鲜的势力。日本就在本年十二月,和中国订立北京条约,强迫中国承诺以上的条件,并将朝鲜认为被保护。又力取了德国所经营的胶州湾租借地,和继承了德国在山东之一切权利。在一九一五年五月七日又威胁袁世凯提出全国所反对的二十一条。一九一八年七月和九月,又借给卖国政府的参战借款和满蒙回铁路借款共四千万元。同年十一月欧战告终巴黎和会将开的时候,中国对于各国,提出希望条件,其内容为舍弃势力范围,撤退外国军舰巡警,裁撤外国邮局及有线无线电报机关,裁撤领事裁判权,归还租借地,归还租界,及关税自主权,并主张收回德国在山东之一切权利及利益,及收回胶州湾租借地。结果都为各国所摈斥,一点也没有做到。

民国十年十一月的华盛顿会议,中国还是上了大当,结果还是得不偿失!一直到了现在,各国对于中国所用的侵略政策,比以前更加利害。他们不但倚着不平等条约来压迫我们,甚至有出于条约以外的暴行:如最近的越界筑路,提出印刷附律,增加码头捐,和这次上海、汉口、广州各地的大屠杀,专在干涉内政,禁止中国民族的解放运动,我们若不能与以充分的抵抗,中国民族的前途真要不堪设想了。

  这些事实,处处都能证明各帝国主义者侵略我们的行动,始终是不变的。他们的行动,是取共同的步骤。我们单反抗英日帝国主义是没用的,我们要反抗一切帝国主义。我们要撕毁英日压迫我们的条约,我们尤其要废除一切不平等条约。我们决不是排外,我们并不反对英日的全体人民,我们反对英日的帝国主义者;我们并不反对外国,我们反对压迫侵略弱小民族的帝国主义。我们要了解一切不平等条约内容,我们要宣传一切不平等条约的内容,使全国被压迫的民众,都能深切了解,一致团结起来,联合同样受帝国主义压迫的人民,向一切帝国主义者作战,废除一切不平等条约——打倒一切帝国主义!

  编辑者按:凌山君此文,用意是很好的,我们都应该赞成;可是他有两点疏忽:第一,我们这次运动,不能放松美、法等帝国主义国家,我们不应忘记美法等国亦是凭借不平等条约来压迫我们的,这自然是我们应取的态度,然同时我们决不能不侧重反对英日帝国主义。这有两个理由:一是英、日是此次屠杀事件的罪魁祸首,一是英日帝国主义在中国经济上政治上的势力最大。所以我们在战略上,目前不能不特别用力反对英、日帝国主义。第二,各帝国主义国家间虽有利害的冲突,不过他的存在却是整个的,必然地有连带的关系。所以我们如果打倒了最强大的英、日帝国主义,那美、法帝国主义决不能在中国独存,实际上决不会有英、日帝国主义已倒而美、法帝国主义仍能利用不平等条约来压迫我们的事实。

马凌山
国人须注意口蜜腹剑的帝国主义

> 原载《上大五卅特刊》第六期(1925年7月24日出版),署名"凌山"。现选自《20世纪20年代的上海大学(下卷)》,上海大学出版社2014年版,第684—686页。

在中国占侵略的优势,惟有英、日等帝国主义,而美国帝国主义实瞠乎其后。但是他的资本主义,在近世纪中特别的发展。尤其是欧洲各帝国主义经过一九一七年的大战,弄得经[金]融枯涩、工业凋敝、民生憔悴,而养精蓄锐的新大陆的美国,却是金融饱足、货物充塞,因此不能不向外寻觅市场与投资地。欧西各国,原是工业的先进国,不但容不着新大陆的工业出产品,而且他们更要拼命的向东方来扩充市场。对于资本虽是很需要,然而都有很大的戒心,所以美国投资还没有多大的趣味。只有再进一步到循善和工业落后的中国来,才有下手宰割的余地。

鸦片之役、联军之役,强盗的英、法、日等帝国主义,用新式炮火击开了老大帝国(中国)之门,威迫订立了种种不平等条约。其结果:开辟了许多通商口岸,割据了沿海的岛屿,攘取了各种矿山,占有了各处交通机关与海关的特权。因此,他们对于中国的剥削宰割,可以为所欲为了。美国以地理和经济发展条件之故,侵入中国比较落后,大块肥肉已经给别人吃去,只能设法对此肉钵(中国),分尝一口。

这块肥肉,已经落到了别的强盗之手,再用枪炮政策去劫取,这不但要引起中国人的反感,即如强盗的英、法、日等帝国主义,当然也是不肯容让。于是腰缠万贯的美帝国主义,便用经济的侵略来代替枪炮的侵略,用"门户开放"的口号来代替"势力范围"的标语。在侵略未遂的时候,便用"正义"、"公理"、"人道"、"博爱"、"亲善"等名词来做幌子。华盛顿会议,因此得到中国人的欣赏而开幕了。

华盛顿会议是美帝国主义发起的,其作用是想借此来分点赃。我们只要看他在会议中所高唱的口号——门户开放、机会均等,便是心肝暴露了。我们知道美国对于中国的侵略比较落后,等到他找着中国这块肥肉的时候,已经是被别的强盗霸有了。自己想一染指,实非易事。因此,只有希冀强盗占有下的中国,能够门户开放、机会均等,他才可以得到相当的抢劫。华盛顿会议的结果,将德国、中国及其他殖民地瓜分好了。各强盗帝国主义有了相当的谅解,实行机会均等的口号,协调向中国侵略,所谓银行团就是此种侵略下的产物。

腰缠万贯的美国帝国主义,做了这个银行团的领袖,渐渐以他的银行资本支配了全世界,所以近来世界各国,实际上都变作了他的债户。欧战以后,号称富强的英、法等帝国主义,都变成了穷光蛋。美向英、法逼债,英、法就向战败的德国头上取偿,结果,德国便供了道威斯计划下的宰割者。

道威斯计划,是美帝国主义者对德国一种似和平而实恶辣的侵略。

日本帝国主义者,近年因火灾、地震的影响,受了一个很大的伤痕,一方面固然要暂时借助于对岸的富翁——美国,一方面对于邻舍的中国,必要加劲的剥削侵略,才能够供应还债与建筑复兴之用。欧西各帝国主义,对于枯瘦的德国的宰割,当然嫌其不足,必更要在东方的殖民地和半殖民地加足他们侵略的力量,得以补充他们的伤痕和欲壑。

在各帝国主义者如此深重侵略压迫之下,致造成此次中国之五卅运动。再引伸[申]点说:五卅运动,是各强盗帝国主义对于中国历年的侵略,尤其是最近侵略压迫的步步逼紧,使得中国人忍无可忍,遂起而反抗的一种结果。

引起五卅运动的导火线,是因为日本帝国主义向中国民族革命的先锋队——工人阶级严厉的压迫枪杀。英帝国主义者是五卅运动中屠杀中国工人、学生及市民的正凶,而美帝国主义亦是五卅屠杀的帮凶。各马路的示威巡行,占据我们的学校,他都是加入了战线。近日更加凶暴,竟在杨树浦任意枪杀工人蔡继贤。而慧眼的中国人硬认定美国为知己,反有缩短战线的主张,对于这个帮凶是始终把它放过而不提一字。

在如此一个专对英、日的浓厚空气之下,美帝国主义者看中是大好时机到了。于是又用甜言蜜语来欺骗中国人,冀博得慧眼的中国人的好感,易于遂其侵略的野心。什么"深表同情"、"赞成修约",甚而主张开国际会议讨论取消领事裁判权问题,像煞有介事是友善于中国,其实呢,又是阴谋重重,和第一次华盛顿会议的用意是没有分别的。

这样用意的一个会议——第二次华盛顿会议,日本帝国主义以在华利益占有最多之故,是不愿意别人朋分的,所以反对甚力。英帝国主义对此亦表示不满而仅赞成一个性质类似的国际会议。美帝国主义者是深冀其能成功,故总想由宣传而进于实现。

新任驻华美使马慕瑞来华,即以此项任务为要题。试看马氏到华之活动,便可以知道了。

现在我们来考查美国提倡的国际会议的内容是什么？国际会议,据他所标榜的是：解决取消领事裁判权和关税会议。请看他对于取消领事裁判权的附提条件：（一）中国民法、刑法之编订；（二）设立可靠司法衙门；（三）中国各党派须认中央政府之责任。这是有诚意放弃侵略中国司法权的领事裁判权吗？如果是真的愿意放弃侵犯中国不合理的特权,就应当效法苏俄,毅然的无条件的宣布放弃而不应用什么国际会议来解决。关于开关税会议,更是明显的露出了他们那般强盗想分赃的野心。

各帝国主义者天天歌唱的华府会议的恩赐——增加的二五关税,左支右吾,延宕到三四年之久不照准。这次五卅运动,各帝国主义者在各地屠杀了几百个中国人,惹起了中国人民热烈的反抗,于是就想拿些口惠来博中国人的好感,希图和缓中国人反抗帝国主义的热情。表面上大唱其修约的高调,骨子里却想利用国际会议或关税会议来重新瓜分中国一遍。据前几天的报纸所载：各强盗帝国主义预计将增收之二五关税,借口整理外债,置于国际管理之下,道威斯计划,又想施行于中国了！关税会议目的,原来如此！

什么国际会议，什么关税会议，什么伦敦会议，都是各怀鬼胎用以宰割中国的一种勾当，我们中国人绝对不要受他们的骗。

美帝国主义者素来是戴着亲善的假面具来诱骗中国，因此中国人对于他的侵略，不但无甚反感，而且多认他为感恩知己。这次五卅屠杀，国人目光只注射到英、日帝国主义头上，而对于说风凉话的美帝国主义（法国亦如此）恐怕要的确认为是主持正义人道的好友。所以我特意做这篇文字，揭破他的侵略的阴谋，冀国人不致受骗。

狗嘴里决长不出象牙，我们要希望帝国主义者会放弃其侵略的野心，是无异望狗嘴里会长起象牙来。望国人积极努力于打倒帝国主义，取消一切不平等条约，早日达到我们民族革命的目的！

马凌山
"赤化"与"软化"

> 原载《上大五卅特刊》第六期（1925年7月24日出版），署名"凌山"。现选自《20世纪20年代的上海大学（下卷）》，上海大学出版社2014年版，第686—688页。

"赤化"二字，是我们怯懦驯良的国民最怕听最怕见而视为"洪水猛兽"的一个名词。常常有许多人一听到说某人"赤化"，他们便都"缩颈伸舌"地趋而避之，不敢与之言；一看见"赤化"两个字的时候，便会盲目地说：过激派又要胡闹了，应该严重取缔。这是我们国民对于"赤化"这个词的可笑的态度。不料到了现在，我们一些国民所深怕的这个名词——赤化，却成了帝国主义者压迫我们的口头弹［禅］了。他们——帝国主义者对于我们为民族求解放的一切行为，都给你加上了"赤化"的头衔，妄加摧残，所以这次五卅大惨杀发生，帝国主义者就首先把这个荣衔，加在我们的身上，以淆乱是非，阻碍交涉的进行。但是到了六月十一日，会审公堂（外国的官厅）第三次研讯被捕者的判词宣布，亦已证明了惨案的责任所在，决不是由于学生市民的"赤化"。

因此，丧心病狂的英帝国主义者，急得手足不知所措；但又不肯示弱于中国，于是妙想天开，将罪责推到苏俄身上，捏造出强词夺理的怪论说：苏俄在远东宣传过激主义，离间英国与东洋各国间的感情，这次惨杀案完全由俄人唆使而成。所以对俄取极端敌视的态度。于是就有拘捕俄

侨、搜查俄使署、诬陷陶适等事发生。近来又日趋险恶,与俄绝交的呼声日高,甚至有谓不惜一战者。这种卑劣蛮横的行为,可恨亦很可鄙!

但是许多怯懦驯良的中国国民(尤其是高等华人),一遇着英帝国主义者这种卑劣的行为,便都手忙脚乱起来,认不清自己的真正目的,遂至走入歧途,无理去[取]闹,反给对方有充分准备的机会,在交涉进行中平空添了许多障碍,这是何等可痛惜的事啊!总之,这次交涉停顿的原因虽多,然而最重大的原因,却是由于一般高等华人害怕"赤化"的怯懦心理特别表现。最初段政府派到上海来的几个专使,到了上海多日,不敢有一点表示,却借口调查事实、收集证据,唯一的目的是要证明自己没有"赤化";虞洽卿又说:我自到上海以后,劳劳终日,奔走不遑,首先就是要向外人声明我们不是赤化;梁启超、丁文江等又主张组织中外会查委员会,以为必须会查,才能证明我们不是赤化;萧耀南压迫民众游行示威,张作霖大捕共产党,段祺瑞禁止各地爱国运动,这些都是害怕所谓"赤化"的怯懦心理的表现。仿佛"赤化"了就失了国家的资格,不能和人家办交涉的样子。又像是"赤化"了就有亡国灭种的危险,所以非先摆脱他不可。

其实何尝是这样,我们这次的运动,只要除了少数卖国贼以外谁也知道是对于近百年来帝国主义的压迫所起的必然的反抗,要达到民族完全解放的目的,这纯然是出于国民的自觉心,谁也不能否认的。即欧美许多比较公正报纸,也都持这样的论调。德国大学教授卫礼贤氏又说:"中国将不再忍受目前状况的牺牲……中国并没有过激党煽或[惑]的问题,这次的运动,乃中国民族坚强的一致的要求解放的决心表现。"与这项问题毫无关系的德人,以第三者的地位发出这样恳切的言论,这更可见是非自有公论,我们又何必害怕英帝国主义者的诬蔑造谣,而[以]及向贼乞怜呢?这不是等于与虎谋皮吗?

再进一步,我们看"赤化"这个名词是不是含有危险性的,应不应该把他当作洪水猛兽般可怕?这又是一个问题。原来"赤化"这个名词,照一般的说法,是指着革命化、共产主义化,因为共产党的标帜是赤色的,所以凡是有共产主义色彩者,就叫做"赤化"。他的目的简单说起来,是要消灭一切掠夺与压迫的关系,建设能够保障个人生存的自由共产社会。这样的"赤化",苏俄的民众正在那里进行,可是还没有完全做到。其余世界上工业发达国的劳动者,亦正向这条路上走,一天天的"赤化"。这是历史演进的过程里必然发生的事件,并不含有什么危险性。然而许多"高等华人"却视为洪水猛兽而不敢近,并想了许多不通的论调(《时事新报》说:中国今日不是"不患寡而患不均",而是"不患不均而患寡",这种怪论,可做这类代表)向帝国主义者声明中国没有"赤化"。那里晓得帝国主义者为要维持他们的地位,凡是与他不利的,无论你如何辩解,他总要把"赤化"的荣衔加在你身上。在帝国主义者看来,反抗帝国主义与废除不平等条约是"赤化";游行讲演与散发传单也是"赤化",总之,凡不甘心受他们的压迫而起来反抗的,都是"赤化"。然而到了现在,许多怯懦的高等华人对于"赤化"还是不敢承认,这真是他们的奴性完全表现啊!

但是"赤化"的对面就是"软化",在现在交涉停顿,使团态度强硬的时候,事实上不"赤化"就要"软化",绝对没有中立的余地。苏俄他是不怕"赤化"的,我们拿最近的几件事,就可证明。苏俄外长齐其林氏因同胞陶适被英捕房在上海拘押,已向英国驻俄代使严重抗议上海会审公堂审判陶适氏,谓俄人应受中国法律制裁。并引伸[申]以前伦敦文书交涉,要求取消陶案,释放陶氏,及声明保留要求赔偿损失之权。俄大使加拉罕又以英国与俄断绝国交的呼声日高,昨有英医生向加氏请给西伯利亚铁路通行护照,加氏拒绝,并声言决不容国际侦探英人出入俄境。那种直捷锐敏的外交手段,更加证明他们是不怕"赤化"的,不但不怕,并且是乐于"赤化"的。

现在再看我们是怎样?自从惨案发生,各地的大罢工风起云拥[涌],到现在已经一月多了,上海交涉中止,北京的交涉还没有确期,使团的态度愈趋强硬,反要向我提出针锋相对的五项要求;上海工部局已停止供给华厂电力,现在又要停止闸北自来水做压迫的方法。外交部在这种形势底下,已渐渐"软化"了,把一个整个的交涉分成几段来办理,以迎合帝国主义者的意旨,把提出最低限度的十三条,现在已承认先议前五项,使团反要提出相对的五项,这不是已经"软化"么?

英帝国主义者拘押陶适,俄国便即日提出严重抗议,要求赔偿损失,并阻止英人出入俄境。这是如何痛快的外交手段啊!英人杀伤我同胞数

百人,我们的外交当局,初则托名调查证据,继又忙于辩解"赤化",迁延时日,反给敌方以充分的准备,上海交涉没有一点结果,北京交涉开议尚无定期,使团态度益加强硬,罢工风潮愈见扩大。在这种严重形势底下,而外交委员会内部意见还不能一致,今日开会不成,明天设宴疏通,这种无诚意无决心的外交委员会,"软化"得太岂有此理!回顾赤化的苏俄外交当局的手段,我们能不自愧么!?

同胞啊!我们要认清我们求生存求解放的目的,不要再上帝国主义者的圈套,视他们所说的"赤化"为洪水猛兽。我们要彻底明白,在这个严重形势底下,只有照帝国主义者所说的那样"赤化"下去,绝对不能软化!我们自己要赶快组织起来、武装起来,监视外交当局的行动,不要给他们一误再误的干下去,断送了中国的生命!

帝国主义者呵!我们中华民族绝非永远甘为奴隶者,我们的求生存、求独立的运动,绝不是"赤化"二字所吓得住的呵!

马凌山
国民应注意帝国主义的走狗
——买办阶级

> 原载《上大五卅特刊》第八期(1925年9月26日出版),署名"凌山"。现选自《20世纪20年代的上海大学(下卷)》,上海大学出版社2014年版,第694页。

这次全国各地的大屠杀,激起了大多数的民众,都站到革命的前线上做反帝国主义的工作,这自然是我们中国民族解放运动中应有的现象。并且必须这样做,然后才能达到我们民族解放的目的。但是在这个伟大的运动中,却惊动了帝国主义的走狗——国内军阀与买办阶级,只怕这次的运动胜利了,他们的位置不能保有,所以对于这次的运动,不是用武力来压迫,就是在暗中去破坏。这些说话,我们都可以拿过去的事实证明。

国内军阀与帝国主义者狼狈为奸,压迫民众运动,这是大家都很清楚的,并且是极其注意的。譬如这次运动中奉系军阀封闭了上海、青岛、天津等处的爱国团体,就能引起全国民众的大反抗,结果被封的团体大半都恢复起来;最近李景林又在天津助日本裕大纱厂压迫工人,竟至枪杀几十人,捕去工人学生五百余人,加以极刑。同时学生联合会、各界联合会都被军警占据,职员都拘入督署,这种蛮横的压迫,自然会激起民众严厉的反抗。

但是压迫我们运动的却不单是军阀,还有一个买办阶级在后面破坏。他们——买办阶级压迫我们的方法,完全是在后面破坏,而表面上却还是

尽力粉饰，使民众看不出他的真面目，极尽他的欺骗和压迫的能事。

其实我们看一看过去的事实，就可以证明他们的鬼域[蜮]伎俩。在这次运动开始的时候，上海的总商会就不愿意罢市，以后因为民众的包围，才把字签了。到了随后又鼓动无条件的开市；在上海交涉的时候，又把工商学联合会提出的十七条任意修改，以求交涉从速解决。这种一意破坏这次运动的阴谋，实与军阀的压迫是同样的狂暴！此外如虞洽卿、穆藕初、闻兰亭等为帝国主义者效[力]奔走，尤为国人所深知。全国民众声嘶力竭的喊着经济绝交，而上海、汉口、天津等处的银行界却与外人勾结，大商人又定购大批英日货。前几天有三四万码头工人生活不能维持，总商会除发了五万元外一点责任也不负，并向总工会声明以后概不接济。

总之，我们由以上的事实可以认清买办阶级亦是民众的敌人，也[他]们也是帝国主义的走狗，对于我们这次的运动，表面上虽然表示好意，而实际却在后面尽力破坏。我们要这次的运动胜利，我们要打倒帝国主义，我们要打倒军阀！同时我们又要注意帝国主义的走狗——买办阶级！

马凌山
我们的纪念

> 原载《上海大学三周年纪念特刊》，署名"凌山"。现选自《20世纪20年代的上海大学（下卷）》，上海大学出版社2014年版，第701—702页。

今天是我们上海大学的三周纪念日，我们在这过去的三年中，被帝国主义者直接间接的压迫。抢去了我们的书籍，拘捕了我们的同学，打伤了我们的战士，封闭了我们的校舍，牺牲了我们勇敢的先锋——黄仁、何秉彝，使我们几乎不能重新集合起来。我们在今天这个纪念会上，除了这一批一批的被帝国主义者压迫摧残的史迹以外，我们还有什么可以纪念？！但是，我们却不必灰心，我们在这过去的历史中，真正能值得我们纪念的，却就在这个地方。我们上大的历史虽然很短，然而在中国民族解放运动中，却占了很重要的位置。这次五卅运动，我们上大是中间一队主力军，我们会流了多量的热血。十余人的死伤，数百人的被捕，校舍首先被封闭，这都是我们的光荣史迹；在我们过去的历史中，要算最光荣的一页。

我们现在应该怎样地继续这光荣的历史，是我们现在的新使命，也就是我们今天纪念的意义。我们上大的精神，与普通的学校不同。他不是一个学院似的清高学府，而是一个革命的战士养成所。这在我们上大的章程上已经表示的很明白。我们知道"学说只好解释宇宙，我们应该改

造宇宙"。马克思会这样地告诉我们。现在资本主义的势力已支配了全世界,正在那里剥削与压迫全世界的无产阶级与弱小民族。中国受国际帝国主义与国内军阀的摧残与蹂躏,再来得厉害。在这种情形之下,中国民众,尤其是饱受帝国主义直接摧残的我们,再不能忍受了,时时都有起来反抗的可能。我们应该负起改造的责任,养成革命行动的骨干,领导中国的民族解放运动,促进世界革命的成功。

但是,同时我们又知道"没有革命的理论,就没有革命的行动"。我们不但要养成革命的战士,我们还要努力地研究科学——革命的科学,养成革命的理论家。把我们研究与观察的所得整理起来,应用在广大历史范围的行动上。继续我们过去的光荣历史,发展我们未来的更光荣、更伟大的历史。这样我们的纪念才有价值。

我们相信上大是中国民族革命与世界革命高潮澎湃中的产物,他在中国民族革命与世界革命的历史中有重大的意义。在今天这个三周纪念的日子,我敬祝上大的生命与中国民族革命及世界革命相辅的发展!

马凌山
本校同学三年来的奋斗工作

> 原载《上海大学三周年纪念特刊》。现选自《20世纪20年代的上海大学（下卷）》，上海大学出版社2014年版，第703—709页。

本校自民国十一年①的今天成立以来，到现在刚刚三个周年。在这三年中，中国受国际帝国主义与国内军阀的压迫日甚一日，我们同学因受不了他们——国际帝国主义与国内军阀——的压迫，起来做反抗的工作，会有过很大的牺牲和几次的流血。

我们在今天这个三周纪念中，需要一个有系统的历史的叙述，以纪念我们以往的光荣和勉励我们未来的努力。

一、成立后一年中的工作

本校成立正当第一次直奉战争以后，奉系被逐出关外，直系独霸了北方政治的中心，吴佩孚大做其武力统一的好梦，赶走了徐世昌，又把黎元洪从天津抬到居仁堂做傀儡。这时英美帝国主义者又在南方勾结了陈炯明赶走孙中山先生，推倒广东政府，在中部帮助直系发展其势力。我们的同学就在这种情形之下集合起来。所以我们最初的工作是向民众宣传，

---

① 民国十一年，即1922年。

组织真正国民军,打倒直系军阀。

到了十二年二月七日,吴佩孚又惨杀京汉路工人,我们即通电全国,促其一致反抗直系军阀,并提出援助工人的口号。同时美术科同学又成立了探美画会,开展览会为工人募捐。本年六月,直系又赶走黎元洪,盘踞了北京政府。到了十月,腾笑中外的贿选成功,曹锟又被吴佩孚拥进新华门做木偶。他上台后就首先承认了临城案全部的要求,为取得帝国主义者承认他的交换条件,丧权辱国,已达极端。我们对于这次奇耻的发生,曾于双十节联合各学校在闸北开市民大会,发出通电促全国一致反抗,并在闸北一带举行大规模的示威运动。

不久我们又在本校一周纪念日,曾做了很热烈的纪念。这时本校已颁布正式章程,并标明宗旨为"养成建国人才,促进文化事业"。而我们同学亦从此认定研究学术与从事社会运动,是不能分开的;于是有各种研究学术团体的组织。在本年内所成立的有以下几个:

1. 社会问题研究会,宗旨是研究社会现象,讨论社会问题。会员有八十余人。除演讲会外,每星期开常会一次,讨论重要社会问题。

2. 三民主义研究会,宗旨在彻底了解三民主义并促其实现。会员达三百余人,每星期开会一次。

3. 湖波文艺研究会,宗旨在宣传革命文学,会员二十七人。

4. 中国孤星社,宗旨在研究革命科学,讨论社会问题,根本改造社会。社员百余人,发行孤星旬刊,继续出版。

以上几次的参加实际运动及组织各种研究学术团体,是本校成立后一年中,我们同学工作的概况。

二、迁入租界以后的奋斗

一年以来,我们的同学逐渐增加。到了十三年[①]二月,全体同学已达四百余人,旧有校舍,不敷应用,乃迁入公共租界西摩路新校舍,继续着做我们的工作。后又察社会状况,有提倡平民教育的必要,于是又开办上大

[①] 十三年,指民国十三年,即1924年。

平民学校及上大附设英文义务夜校两团体,专为劳动平民及青年工人而设。学费不收,书籍用品均送,共有学生六百余人。除灌输普通知识外,尤致力于革命思想,促进其阶级的觉悟,反抗帝国主义的资本家及国内军阀。因此,就招了帝国主义者与其走狗的大忌。他们视我们同学为眼中钉,必欲拔去而后快。所以他们对于我们的行动,常常地暗侦密探,而施以特别的压迫与留难。

到了江浙战争开始的时候,又引起了英美与日法帝国主义者在背后操纵的第二次直奉战争,上海陷于扰乱状况之下。帝国主义者的走狗就想趁这时机,摧残革命的势力。他们就于双十节在天后宫召集为军阀捧场的国民会议,我们同学不知内幕,前往参与此会。有许多同学因赞成打倒帝国主义及其走狗军阀的演说鼓掌而被痛殴,且加囚禁;黄仁同学竟因高呼打倒军阀的口号而招走狗之忌,致被其从七尺于[余]高之台上推下,再加以拳打足踢,于是我们勇敢的战士——黄仁同学就牺牲于帝国主义走狗的走狗毒手之下!同时林钧同学亦受重伤。

不但这样,因此又引起了本校的纷扰——即反动派阴谋破坏本校,暗中乞怜于帝国主义驻华机关(工部局)的力量,希图根本摇动或封闭我们的学校。这是帝国主义的走狗破坏我们的大概情形。

到了十一月孙中山先生离开广州去北京道经上海的时候,我们民众都是争先恐后地前往欢迎这位四十年来为民族解放而奋斗的领袖,尤其是受帝国主义管理支配——住在租界上的我们,一思及过着这种亡国奴的生活,更狂热万分要前去欢迎这位准备到北京和帝国主义及安福政府奋斗的革命领袖,翼[冀]其此去能成就为我们废除卖身契约(一切不平等条约)及开国民会议的使命。帝国主义者闻知孙先生负有此种大不利于他们的使命北上,中途必经过上海作一番号召民众的宣传,于是大起恐慌;英国帝国主义者便宣言阻止孙先生通过公共租界,并由他的机关报纸瞎唱一顿说:孙文是"危险人物",一入租界,必影响于租界的治安。并阻难我们结队持旗前往欢迎。法国帝国主义者起初虽然是摄于民气而不敢阻孙先生登岸及通过法界,但终于对我们欢迎回家的民众加以留难与压迫。

当群众欢迎后经过法租界回家的时候,是我们同学走在最前。不料

我们将行至嵩山路法巡捕房时,巡捕即施行干涉并夺去我们底校旗。我们向他们抗议索还,武装巡捕便将我们带至捕房。因此这一大队欢迎回家的群众,都跟着我们后面走,他们看到我们这样奋勇激昂的广大群众,捕房势必无法容纳,就将我们拦开。我们就一径往莫利爱路孙先生住宅那里去,我们见到这位忠勇朴毅的领袖之面,更使我们兴奋,齐声高呼着"打倒帝国主义"、"中山先生万岁"、"国民革命万岁"这些口号,是在百数十武装巡捕包围之下继续不断的喝出来。后经孙先生的抗议,才许我们分队回家。

回家之后,同学对于此番横行无理的侮辱(夺我校旗)和压迫(阻挡我们自由行路),均愤不可遏,议定由学生会出一特刊,将此种受辱情形,宣告国人。嗣因处在帝国主义淫威之下,终于有冤莫白!

到了十二月九日,公共租界的工部局装来几辆汽车的巡捕及包探,一经分布本校第一、二院及中学部搜查。跑进本校第一院的时候,即查问本校印刷《向导》报的机器在何处。本校办事员答以并无印刷机器并率领他们到油印处去看,他们——工部局巡捕于是将所有的油印讲义都卷束一空而去。复询问书报流通处何在。办事员领导前往该处,他们见到《民族主义》《孙中山十讲》《社会进化史》《新建设》《上大周刊》等书报,便不管三七二十一通同捆载而去。不但如此,他们还比我们中国人为印度的亡国奴,目我们向他们抗议的同学为危险人物;且谓谁多说话,即请到工部局再会。

跑到第二院及中学部图书馆搜查时,见到一位同学在看《社会科学概论》,即从手中夺去,并谓此种书如杀人利刀,不可看,宜研究文学!甚至跑到各教授私人住宅去任意搜查,劫去价值数百元之书籍。此种横蛮抢劫的强盗行为,真是表现得十足!

抢劫蹂躏不遂意,还想将我们的学校完全吞灭下去。于是罗织些罪名:什么出售《向导》,含有仇洋词句,实犯刑律一百二十七条;又该报未将主笔人名载明,犯报律第八条。这些罪名,经律师辩明不能成立,又说什么藏有许多有害于中华民国的书籍,还犯了报律第十条。左挑右剔,结果判令代理校长邵力子先生本校此后不得再有此项书报出售。

今年三月间,又曾来过几个帝国主义的走狗——包探,任意闯入本校搜查(听说又是查《向导》),结果无所得而去。

这是我们迁入租界一年来所受帝国主义者及其走狗侮辱、压迫、暗算、蹂躏的种种事实,所以在这过去一年来的历史,纯是一篇帝国主义摧残压迫的历史。

三、五卅运动以来的努力

学术的研究与社会的运动必须相辅而行,这是我们同学一向所取的态度。我们就根据了这种态度和我们平时研究与活动所得的结果,知道现在的中国非经过国民革命,我们的民族决不能脱离半殖民地的地位,从帝国主义者严重压迫底下解放出来。要达到国民革命的目的,先要唤醒全国被压迫的民众及联[合]世界上一切被压迫的弱小民族,共同奋斗,打倒国际帝国主义。在这种情形之下,我们同学认清了我们的敌人,负担了我们的责任——向民众宣传,做反帝国主义运动。而帝国主义者及其走狗,为要维持他们苟延残喘的生命,总想破坏革命的势力,以消灭这种运动。所以对于我们就取了绝对仇视的态度,任意污蔑,妄加摧残!这次五卅运动,是中国民族处在帝国主义压迫底下必然发生的事件,决不是受任何方的支配或指使,也不是偶然发生的事实。我们同学平时饱受着帝国主义者严重的压迫,和我们在事前的亲[观]察,已认清了这次运动的真正意义,所以有首先出来做民族解放运动的志愿和决心。我们虽自惭力薄,对于这次运动不能有特殊的贡献,然而在客观的事实上可能的奋斗与努力,却自信不敢后人。若烈士何秉彝的奋斗以致于死,尤足以鼓励同学、振发国人。此外同学中或被捕或受伤而百折不挠的精神愈加的现象,更可证明我们奋斗的决心与勇气。现在把我们在这次运动中活动的经过,分述于下:

1. 五卅以前的活动

自小沙渡日本内外棉纱厂第二次罢工后,我们即认为有重大的意义,决不是普通的罢工可比,到了顾正红被惨杀以后,这种事实益加显明地表示出来。我们在这时就组织讲演队,并募捐援助工人。五月二十四日本校同学率领平民学校学生,公祭惨死同胞顾正红,在普陀路为英捕阻止,

当时拘入捕房者为同学朱义权、韩步先、江锦维、赵震寰四人。

捕房既捕去我们同学,如获大盗似的,同学及被捕者家属前往看视,亦遭禁止,并不准传递衣服食物及信息。每天仅给两次砂米相杂的冷饭,晚上睡在全室幽暗、空气不通的潮湿水泥地板上。一日须点名二十次,以杖数人,如驱猪羊,起稍有缓者,则鞭打随之。天微明即将冷水冲入室内,不问室中人是否起身,致身上衣服常湿,鞋袜非脱去不可。谈话声高,即加干涉。虐待的情形,可谓无以复加了!

在这种情形之下,我们已看出帝国主义者的阴谋,不单是压迫我们的劳动阶级,显然是向我国人一致进攻,我们认为这时再不起来反抗,将永远地被他们压迫着。所以我们一方面联合各校同学,组织一个被捕学生援助会,讨论营救被捕同学的方法;一方面向帝国主义示威和唤醒我们的民众,希望运动的范围扩大。等到援助会通过了我们的要求,我们就定于五月卅日全体出发,在南京路、福州路、河南路及会审公堂一带讲演。说明帝国主义者侵掠我们的经过情形,及惨杀我们同胞、拘捕我们的同学等事实。这时已经有同学可望开释的消息,但我们并不因此中止我们的运动,我们还是继续努力着,做我们宣传的工作。

这时我们恐怕捕房用缓和空气的办法,来消灭我们的运动,所以我们暂置被捕问题于不顾,用全力于民众的宣传,以期得更大的效果。

2. 大惨杀中的奋斗

五卅的早上,我们被捕的同学已全数交保释出,我们在开欢迎会的时候,就议决了即日出发讲演,并决定组织的方法。每组十人,设组长一人。每组中只要有一人被捕,全组必须同往,改以他组继续补充讲演,盖必如此才可表示我们不屈不挠的精神,才可引起民众的同情。当日出发时共计三十八组,人数在四百以上。各组均有"学生讲演团"的旗帜及传单。我们全部分配在南京路新世界至抛球场一段,都争先恐后地集中于敌人的大本营——老闸捕房门口讲演。在两小时以内我们同学被拘入捕房者有百数十人,然以人数过多,捕房不能容纳,随即鞭打足踢的驱逐出来。未经释放的有三十五人,即捕房之所指为首领者。

捕房虽已暴力压迫我们,而我们同学仍是继续着讲演,不但毫无惧色,反而勇气倍增。因此听讲演的人数愈多起来,而丧心病狂的西捕竟大肆其兽性,开放手枪,向群众射击,至四十余发,一时死伤遍地、血肉横飞,而冲上前锋之战士何秉彝同学,就牺牲于帝国主义的走狗的枪弹之下。于达同学亦负重伤,此外轻伤者亦十余人。这是本校同学从事社会运动第一次的大牺牲,亦即中国民族解放运动的一大损失。我们相信这次南京路的血痕,将永远地遗留在民众的脑海里,成一个深刻的印象,以期最后的努力。

三十一日,本校同学因昨日的惨杀,愤激异常,一面通电全国,促全国民众一致奋斗;一方面仍继续出发讲演,大都集中在南京路新世界至石路口一段。是日仍有六十余人被捕。内有女同学五人,但随时即释出。下午三时许,我们又参加市民大会,要求总商局签约,商界必于明日一致罢市,结果通过了我们的要求。

六月一日,我们同学仍出发讲演,分配在浙江路、福州路一带,仍有多人被捕,但不久即释放。又联合工商界及各学校,实行罢工、罢市、罢课,运动的范围始扩大。

六月二日,工部局调英水兵及万国商团随带铁甲炮、机关枪等在南京路实行戒严,禁止行人通过。我们同学乃改在福州路及西藏路一带,仍继续讲演,并发散各种传单。被捕者亦二十余人,但当日即释放。

六月三日,公共租界全部戒严,沿路都有荷枪实弹的军警防守,各路都有铁甲炮车,阻断交通。我们的讲演队不能通过,乃改在西门南市一带继续进行。中国军警未加干涉,秩序很好。

六月四日,上午九时许,我们的讲演队正在预备出发,突来汽车十余辆,装载武装万国商团与英捕六七十人,很凶恶地闯入本校,将所有住校职员及男女同学,通同驱至阅报室门口空地,每人都要高举两手,听其乱搜,借口检查手枪。有举手稍缓的,便任意在头部或胸部殴打,当时负重伤者有七八人。在人身搜查无所得,又闯入宿舍搜查,翻箱倒柜、悔籍撕书,无所不至。结果除抢去普通的书籍外,仍一无所得。于是将同学的行李物件,任意掠取,或从容流氓劫去;并在十分钟以内勒逼全体同学立即出校。第一、二两院及中学部均被英水兵强占。顷刻之间,庄严尊贵的学校,竟成了强盗的劫掠场!书籍文具,狼藉满地;数百同学,无所依凭,当时的情况,真不堪回想啊!这是我们在大惨案中奋斗的经过,同时也是我

们在本校未封以前的大概情形。

3. 被封后的精神

我们同学自六月四日学校被封,被英捕强迫出校,书籍衣物损失殆尽,且顿时无处可依,这一个重大的打击,使我们更加明了帝国主义者压迫我们,一天比一天厉害,我们若不下十二分的决心去打倒他,实在不足以图存。所以我们在这时不但没有半点退志,反而勇气倍增。一面借得亚东医科大学与勤业女子师范一部分校舍为临时办事处,招集同学讨论进行的方法;一面又通电全国,表明我们继续奋斗的态度。

到了六月六日,一切都渐就绪,乃于下午二时假少年宣讲团开全体大会,到会者二百余人。学校方面亦表示继续努力,决不因此恶势力的压迫,而遂改其初志。并议决由同学与教员共同组织"上大临时委员会",先在西门租定临时校舍,以利进行。散会后学生会继续开会,议决组织"临时委员会",举出委员四十四人,分七股负责进行。

六月七日,学生会临时委员会成立,假沪军营农坛小学开会,议决:一、组织讲演队,继续讲演;二、营救被捕同学;三、发行《上大五卅特刊》,每三日出一次,由宣传股负责编辑。发行这个特刊的要义,有以下三点:(一)我们要以同学研究与活动之所得,说明五卅运动正确之意义,并纠正一部分国人之谬误观念;(二)我们要以五卅运动中同学之努力贡献报告给社会;(三)我们要以同学此次参加五卅运动之史实,留为母校永久的纪念,并以勉励将来。散会后发表一重要宣言,说明我们被封时的详情和我们真正的态度,并由学校备公函呈交涉使署,请其严重抗议,并要求保留赔偿损失。

六月八日,临时校舍已租定西门方斜路新东安里十八号洋房,同学一并迁入,学生会与学校方面亦于是日迁入办公。午后又假勤业女子师范学校开全体大会,议决实行在闸北宋园建筑新校舍,由同学与教职员负责募捐,积极进行。

六月十一月,在西门公共体育场开市民大学,我们同学参加者三百余人,于下午一时即到会。当游行讲演时,沿途散发传单及宣言,并高呼"打倒帝国主义"、"废除一切不平等条约"等口号,精神较未封前尤为焕发。至晚九时会审公堂研讯五卅案判决词宣布,所有被捕同学一并开释回校,这时在校同学欢迎的掌声不绝于耳,人人的勇气都是增加数倍。

六月十三日,汉口大惨杀的噩耗传来,又给我们一个极大的刺激,在帝国主义宰割下的中国,这种事件的发生,虽在我们意料之中,却决没有想到英帝国主义者竟大肆其暴行于全国,继续着屠杀我们的同胞。我们对于英帝国主义者这种暴行,再不能忍受了,非誓死反抗不可。所以我们一面通电全国,促全国被压迫的民众团结起来,一致誓死力争;一面向上海学生联合会提议各学校都应不放暑假,使学生会得继续努力,积极宣传以达到唤醒民众的目的。

从此以后,我们同学专致力于宣传,以期达到我们的目的。于是分途并进,或服务于上海各团体,或到内地宣传,都有不少的贡献于社会。到了六月二十三日,学生会临时委员会开会,因大多数同学都在各方面做宣传工作,会务又要继续进行,乃改组临时委员会,举出委员十四人,分四股负责进行。

六月二十五日,广州市民援助沪案大游行,在沙基河边又为英捕用机关枪射击,死伤群众数百人,较之上海、汉口的惨案更加厉害得多。英帝国主义者这种暴行,愈出愈奇,愈演愈烈,我们再不起来与他拼命,真要死无噍类了! 我们对于这次惨案,除通电全国促其誓死力争外,并电革命政府,请其对英绝交,并主张武装收回沙面,实行对英宣战。

这时我们同学对英日帝国主义者的蛮横,异常愤激,一面唤醒民众做宣传的工作;一面又主张积极备战,以武力收回租界,做军事行动。因此上海学生联合会组织学生军,我们同学加入者数十人,又有黄绍耿同学等,自备旅费,由学生联合会备函前往张家口暑期学生军讲习所肄业。

六月三十日,上海各界在公共体育场开追悼五卅死难烈士大会,到会者二十万人,我们同学全体参加,在场中高呼"打倒帝国主义"、"废除一切不平等条约"、"烈士不死"等口号,会场群众精神为之倍增。

七月十四日,《申报》《新闻报》竟以全张四分之一的广告地位登载工部局用以淆乱视听的宣传品——《诚言报》,甘为帝国主义者作喉舌。我们认为这种媚外报纸,应与仇货一律看待。除即日撤回在该两报所登之广告外,并停止购阅,一面又通电全国促其协力抵制,一致坚决进行。

随后上海、青岛、济南、天津、石家庄等处封闭各公团、各工会,我们除

通电全国请其一致援助外,并通知各地同学促其切实宣传,使民众能彻底了解我们的敌人不单是帝国主义者,还有他们的走狗——国内军阀及一切媚外者。

八月一日,南京大屠杀的消息传来,又给我们一个重大的打击。我们由这次惨案中的事实,更足证明英帝国主义者压迫我们的方法,是着着进攻,一步加紧一步,在上海、汉口、广州等处租界里枪杀了我们的同胞案还未解决,现在又跑到中国警察管理的区域内大肆惨杀!在上海等处惨杀工人的是厂主的手枪,这次又召集水兵上陆,协同压迫!他们已加紧的向我们进攻,我们若再退让下去,恐怕偌大的中国也没有我们的立足地了!我们认为这次惨案与上海、汉口、广州等同样重大,非誓死抗争不可,除通电全国促其一致援助外,又组织演讲队轮流讲演,使民众得彻底了解这次惨案的意义。

4. 最近的努力

从五卅惨案发生以来,已经四月多了,在这过去的四月里,中国民族流了多量的热血,到现在不但交涉茫无头绪;而帝国主义的英美日又在上海开起法庭重查沪案,段政府又大做其发财的好梦——二五加税,来敷沪案的交涉。几乎要把为中国民族争自由的五卅运动,变成帝国主义者与军阀增加收入的运动,这是何等痛心的事啊!

我们对于这次的关税会议,绝对主张关税自由,反对在现行关税制度之下要求加税,并反对以裁厘金做关税自主及加税的交换条件。因为关税应该自主,厘金本来自主,裁厘应该是自动的,关税自主及加税应该无条件的。我们所要的关税会议,先要得到无条件、无期限的关税自主权,这样的关税会议,才与中国有益。

现在的情形又变了,眼看着全国的大混战又要开始。过去的事实告诉我们,军阀间的混战,于人民是没有一点利益的,无论那一个军阀都是不可靠的。我们现在应该趁这个时机,扩大人民的力量,用全力去宣传民众、组织民众。利用这个全国一致反抗奉天军阀的战争,做一个大规模的民众运动。

以上是我们同学在这过去的三年里工作的大概:我们虽受了几次的摧残和压迫,然而终为我们的决心和毅力战胜了。十余人的死伤、数百人的被捕、全体的被迫离校,这些重大的牺牲,更足以促进我们革命的精神,使我们的前途愈有希望。我们要永远的努力、不断的奋斗,以负起我们重大的使命——做中国民族解放运动的主力军,打倒国际帝国主义!

马凌山
孙文主义学会的反动性

> 原载《中山主义》第二期（1925年12月27日出版），署名"凌山"。现选自《20世纪20年代的上海大学（下卷）》，上海大学出版社2014年版，第698—700页。
>
> 《中山主义》是上海大学中山主义研究会主办的周刊。1925年12月20日创刊。该刊以"研究三民主义"、"发挥三民主义"、"实现三民主义"为宗旨，批判戴季陶主义和国家主义等反动学说，是"上大"进步学生宣传革命的三民主义的一个战斗阵地。

近来在上海发现了一个反动势力的组织，这个组织就是所谓"上海孙文主义学会"。这个组织是上海反动势力联合的集体，他内部的分子是纯粹的国民党右派，他做的工作是反革命的工作；然而他却假借了"信仰孙文主义、研究孙文主义、宣传孙文主义、实行孙文主义"的招牌来淆乱民众的耳目。现在把他自发[出]现后一月来的经过情形，写出来严加驳斥，以便大家得明真相。

在十一月五日，上海各报载有孙文主义学会临时执行委员会的一篇宣言，这是他们的组织第一次的发[出]现。在这篇宣言里除了一些官样文章以外，有几句话值得我们注意。他说："顾畴、张为幻之流，往往貌袭民族主义，实以第三国际为中心，貌袭民权、民生主义，又以无产专制阶级战争为幌子……"我们看了这几句话，就可以知道他们的用意所在。他们是要排除国民党内最革命的共产党分子,盲目的反对阶级斗争,所以就要造出这类的谣言来任意诋毁党内的革命分子。然而同时我们又可证明他们根本不明了国民党的主义。孙先生曾经说过:"从前人类战胜了天同兽之后,不久有金钱发生,近来又有机器创出,那些极聪明的人,把世界物质都垄断起来,图他个人的私利。要一般人都做他的奴隶,于是变成人与人争斗极烈时代。这种争斗要到什么时候才可以解决呢? 必要到新共产时代才可以解决。……共产主义是民生的理想,民生主义是共产的实行,所以两种主义没有什么分别,要分别的,只是在方法。"(民生主义第二讲五十二页)我以为若是真正明了中山主义的人,决不会盲目的反对阶级争斗、排斥共产主义! 帝国主义者、军阀、资本家是反对阶级争斗,排斥共产主义的。若是革命的国民党员,也盲目的反对阶级争斗、排斥共产主义,这些人不是甘心做帝国主义、军阀、资本家的走狗,就是根本不明了国民党的主义。

十一月二十九日,他们在大夏大学开会,拒绝革命分子参加,秘密讨论排斥党内革命分子的方法,防范非常严密,以致激起公愤,互相冲突,他们见情势不利各自散去。这一个事实尤足证明他们蓄意挑拨同志的意见,阴谋破坏党的组织。

十二月六日,他们又开什么正式成立大会,举了许多委员,通过什么章程(章程没有宣布出来,想是保守秘密),同时又有一篇宣言,在上海各报发表。这一篇宣言里,在他们总算是煞费不少的苦心,拼命的拉拢了许多不相干的主义做他们批评的口实。其实在明了孙先生主义的人看起来,只可说他们是近视眼,看不清世界的大势,并且根本不懂得国民党的革命策略。现在世界的大势,是帝国主义的势力压迫弱小民族、剥削无产阶级的一种局势,这种局势并且将愈演愈烈。在这种局势之下,发生了两大潮流,就是被压迫阶级与被压迫民族的革命。中国现在的民族解放运动已经不是一个单独的问题,而成了世界革命中的一部分工作,这因为帝国主义是全世界被压迫的弱小民族与被压迫阶级的公共敌人,要推翻帝国主义的势力,单靠一个民族或一个阶级是不容易做到的。必须被压迫民族与被压迫阶级,构成一个很强固的反帝国主义联合战线,然后被压迫民族的自由平等与被压迫阶级的胜利才能得着。孙先生在他的遗嘱上已

明白告诉我们:"欲达到中国自由平等的目的,必须唤起民众,及联合世界上以平等待我之民族,共同奋斗。"这是孙先生努力国民革命,奋斗四十多年所得到的一个革命策略。孙先生在平时即领导国民党依照这个策略而努力,在逝世时又将这种策略写在他的遗嘱上,要国民党的党员都依照这种革命策略继续奋斗。现在孙先生逝世了,就有些人不依照孙先生的革命策略而努力;这些人不但不配做国民党的真正党员,简直是国民党的叛徒!

十二月九日,他们在上海各报登了一个紧要声明,又俨然以正统派自居,说他们是纯粹的三民主义之信徒,"对于以国民党为敲门砖意在升官发财的右派,及信仰马克思主义意在篡党的共产派,均不得不拒绝其加入"。其实何尝是这样。国民党现在的左右派的化分,决不是什么共产派与反共产派的区分,乃是革命与反革命的区分。依照孙先生的革命策略而进行革命的是左派,不依照孙先生的革命策略而阻碍革命的是右派。并且在这种局面之下,不革命即为反革命,决没有丝毫中立的余地。什么中派、正统派,都是很幼稚的思想,自然不会成为事实。

十二月十一日,他们又用执行委员会的名义,发出警告汪精卫的通电。他们唯一的理由是广东国民政府的政权完全操在俄人鲍罗庭手里,共产派包办选举、窃据党部,要汪精卫特别注意。同时他们又说汪精卫为共产党张目,造出向左向右的谬论,欲使国民党尽成共产党,有亡党祸国之罪。我们看了这些话,尤足以很充分的证明他们不是单独反对共产党,实在是要把党内真正革命的分子排除净尽。汪精卫先生不是共产党,是谁都知道的,他们也要诬陷。至于说鲍罗庭垄断政权、排斥同志,共产党包办选举、窃据党部,这类任意造谣的话我们不必多加批评,只要看一看广东的实际情形自然不会受他们的欺骗。他们又说:"吾党之容纳共产党,原欲使马克思主义之信徒,一变而为孙文主义之信徒……"这完全不明白当时的情形。共产党员为什么加入国民党?这一点李守常先生在第一次全国大会中已经很明显的说过,共产党员是为谋农工阶级的利益。促进国民革命的成功而加入国民党。他们自己是有他们的组织,决不是把两种主义合并起来,也决不会把他们的主义抛弃了。

这次北京的西山会议,是少数国民党右派分子,希勾结军阀官僚,根本推翻广州的国民政府,排斥真正的革命派,想把国民党回复到以前那种不死不活的地位,以达到他们升官发财的目的。却假借了开第四次中央执行委员会的名义,开除中央执行委员,取广州改政治委员会,设中央执行委员会于上海,擅改第二次全国大会日期及代表选举法等。这种违反国民党纪律的叛党行为,每个真正的国民党员都应该起来反对,决没有徘徊瞻望的余地。孙文主义学会对于这种叛党行为,不但不加反对,反而为之四出宣传,警告汪精卫,排斥共产派,诋毁广州国民政府。不知共产派加入国民党是孙先生的主张,是第一次全国大会的决议。这种决议,除了国民党最高机关——全国代表大会有权修正外,党内任何机关都不能妄加推翻。孙文主义学会竟公然拒绝共产派并加排斥,显示违反国民党的纪律、破坏党的组织。

我们由以上的事实,可以证明孙文主义学会,是根本不明瞭孙先生的主义,不懂得孙先生的革命策略,违反国民党的纪律做反革命工作的一个组织。

孟　超
悼黄仁同志

> 原载1924年11月12日上海《民国日报》。现选自《20世纪20年代的上海大学(上卷)》，上海大学出版社2014年版，第394—395页。
>
> 孟超(1902—1976)，山东诸城人。诗人、剧作家。1924年进入上海大学学习。新中国成立后任国家出版总署图书馆副馆长、人民美术出版社创作室副主任、戏剧出版社副总编辑、人民文学出版社副总编辑兼戏剧编辑室主任。曾创作历史剧《李慧娘》。

风呜咽，
云惨淡，
菊花零乱；
雁声唳寒，
夕阳啊赤如血染；
一曲悲剧正在此时开演。
啊！
一个为主义而牺牲的青年——
全世界都被铜臭熏遍，
盈中国但见狐鼠争餐，
任你高声呼喊，

孟　超　悼黄仁同志

怎奈这些狗儿们心如铁般；
帝国主义的旗帜把全中华插满。
黄仁同志啊，
你焉得不被鬼辈伤残！

死算甚么事？
拼骨骸把辽阔的河儿填满，
好让革命的军队踊跃渡过。
秋气凉爽，
好似你兀立高唱：
"打倒一切军阀！"
我当挣扎在人间，
与贼奴鏖战：
瞑目吧，
勿以前途为念！

大杉荣惨死在牢内，
李成虎困毙狱中，
哪有不被残害的社会运动家。
黄仁同志呵！
死，死是光荣。
赤光缭绕的火星，而今沉堕，
把一切睡的虫儿惊醒！

　　一九二四，十，二八晚，即黄烈士追悼会之前一夕

孟 超
悼国民革命导师孙中山先生

> 原载1925年3月16日上海《民国日报》副刊《觉悟》。现选自《20世纪20年代的上海大学(上卷)》,上海大学出版社2014年版,第411—412页。

呜呜的狂风怒号,
死灭的丧钟乱敲。
阴惨惨的魔窟途中,
执红灯的先锋蓦然遽倒!
海为他喷起了白沫,
山为他呼出了哀歌;
凄风苦雨的午夜,
嚣腾的霹雳把晴朗的世界震破!聚集在机器作房的工徒,
四野里挥汗如雨的农夫,
我们失却了前途的导师,
泪眼儿空对着紫金山的墓凄楚!他欲扫除了跳梁的魔鬼,
他欲洗濯尽疮痍上的血淤;
四十年来艰辛的建筑,
华炎的神州中已将有洁花的蓓蕾喷吐。
去年西伯利亚的荒郊,

曾有巨烈的彗星殒去;
谁知昆仑山下漫漫的长原,
阴雨绵的春夜,又有巍峨的长城堕陷!
星星的妖火会再重燃而燎原。
素幕上将又有幪幢的鬼影扰乱。"撒旦"铸无量数生铁的铐铑,
骄傲的重要坐在山巅长笑!
同志们哟,且勿灰心,
我们俱是新离慈母之怀的雏鸟,
我们都是挣扎在泥途的旅伴;
请拭干了泪滴,追随着故步,战!战!
火山正崩裂着红的巨焰,
熊熊的光波正传播到四周弥漫;
青天白日的旗帜虽暂时暗淡,
保持著他的尊严,不久会播□云而灿烂!

三月十三天雨时哭于上海大学

彭素民
致国民党上海执行部函

> 原件藏台北中国国民党中央委员会文化传播委员会"党史馆",编号为环龙路档案09931。根据信函的内容和彭素民生平,可以确定信函写于1924年2月至8月间。现选自《20世纪20年代的上海大学(上卷)》,上海大学出版社2014年版,第374页。
>
> 彭素民(1885—1924),江西樟树人。国民党元老。1923年1月,任国民党中央总务部部长,协助孙中山改组国民党。1924年8月病逝于广州。

昨晚七时承命赴上海大学指导组织第一区第一沪分部会,众集议,场后有林昌泽者,在开会前呼主席施存统,声明怀疑"一、上大本有组织,何以不由原筹备人来改组而乃由三君(指施等)越俎代庖,二、何以择定今天放假之日,又在晚间开会,以致大家不能周知",当由施君叙述理由,随即开会。经素民告以施君等,是当时在湖北会馆推出组织第一区分部事,第一区内尚须划为若干分区,如有自动组织者,当然可以自动组织,如第一区之第二区分部,即是自动组织。但未报告自动组织者,则由三□发起分□,亦属义务所应尔。惟今日人数较少,若中间尚有隔阂,则留一商量之机会,更为周到(上大有同志百六人,是由签名者四十余人,实在场者只卅余)。嗣经瞿秋白同志提议"按本党纪律,不到会者只好以不愿在本党论,惟现当改组之时,或可通融,请执行部代表会同施君等下一通告,限彼等明日（指廿六）定要到会，否则则认为非党员"。当经素民说明展缓最佳，惟素民不便会同施等同下通告，且执行部依法是用机关命令，未可变更手续。嗣后经瞿秋白君修改前议，谓"前议既有不便，可改为即由本日到会同人向执行部要求，通告上大各同志于明晚（指廿六）七时必须到会，不到则认为放弃"，当即决议通过。此昨晚开会经过之情形也。

素民闻该校本有甲、乙两派，昨晚到者皆甲派中人，而乙派则不过一二人在场，发反对言论有谓"请仍由原上大分部筹备人组成者（指周颂西等）"，此言颇可注意。因该两派前因举分部长，曾发生极大风潮。前日举代表，又开发生争执。今湖北会馆所举第一区执行委员三人，一为上大者（即施存统），余二人乃为商务书馆者。而上大之施君又属甲派，故乙派甚不愿意。乙派之误即在当日未在大会场声明已有组织。不然，便免却此一番纠葛矣。如何补救之上□，请决之。

此报
上海执行部。

彭素民
廿六早

皮言智　谢嗣矱　王同荣
致孙中山的信

> 原件藏台北中国国民党中央委员会文化传播委员会"党史馆",编号为汉口档案14974。现选自《20世纪20年代的上海大学(上卷)》,上海大学出版社2014年版,第376—377页。
>
> 1924年10月,国民党党员、安徽学生皮言智、谢嗣矱、王同荣三人上书国民党中央,要求免试进入上海大学学习。国民党中央执行委员会廖仲恺、邹鲁根据孙中山指示和国民党中常会第58次会议决定,致信上海大学校长于右任和国民党上海执行部,请烦查照办理。

总理睿鉴:

去年今日,贿选告成,曹锟窃国,秽德彰闻,凡狗彘不食之猪仔,国人莫不欲置诸典刑,以肃国纪。皖处恶势力之下,法律失其效用。惟人心未泯,省垣、芜湖两地同学捣毁猪窝,足以大快国人。然曹锟[犹]以皖非独立省份,可以纵加刑戮,同等等三十四人,遂遭通缉,废学逃亡,流离先所。春间王步文、刘文友、濮德治,恳准以免费入上海大学肄业,言智敛迹潜居,以避罗织。嗣矱、同荣转入浙江法政专门学校,夏间,言智得闲间来沪,嗣矱、同荣毕业浙江羁迫海上者,盖已数月,物质贫乏,生活且感困难,续学之资,更何从出。青年失学,言之痛心,瞻念前途,不寒而栗,再四思维,只得援王步文等先例,恳请总理垂念生等续学问题,准饬上海大学予以免费,并许以正式生插入社会学系二年级肄业,预□者学识以待报国。临电无任屏营,待命之至。

安徽逃亡学生党员
皮言智、谢嗣䕫、王同荣叩歌

附:廖仲恺、邹鲁致于右任、国民党上海执行部函

径启者:

案□总理发下安徽逃亡学生党员皮言智、谢嗣䕫、王同荣等邮电一件,内称"总理睿鉴:去年今日贿选告成之录文……无任屏营待命之至"等情到会,当径提出本会第五十八次会议决议,转上海执行部及上海大学斟酌办理等由,除函上海执行部、上海大学校外,相应录案函达,请烦查办理,仍希兄复函至□公谊。

此致上海大学校长于、上海执行部

中央执行委员会
廖仲恺　邹鲁

秦邦宪
世界中国与无锡

> 这是秦邦宪在上海大学学习期间发表的一篇文章,原载《无锡评论》第35期(写于1926年7月1日),署名"则民"。现选自吴葆朴、李志英、朱昱鹏编《博古文选·年谱》,当代中国出版社1997年版,第59—63页。
>
> 《无锡评论》是20世纪20年代无锡进步社团"锡社"的社刊,1924年3月出版,先为月刊,后改为半月刊,共出24期。
>
> 秦邦宪(1907—1946),又名博古,祖籍江苏无锡,生于浙江杭州。无产阶级革命家。1925年9月进入上海大学学习。1931年9月起为中共临时中央主要负责人。遵义会议后任红军总政治部代理主任。长征到达陕北后,任中华苏维埃共和国中央政府西北办事处主席。1927年后任新华社社长、中共中央组织部部长。1941年后在延安主持《解放日报》和新华通讯社。1946年赴重庆参加政协宪草审议小组的工作,4月8日由重庆返延安途中,因飞机失事遇难。

近百年来,中国的一部外交史,是纯粹的一部帝国主义侵略史;近百年来,国人所过的生活,是纯粹的一种殖民地奴隶的生活。每一个人都感受到资本主义经济侵略之苦痛。每一个人都感受到要求民族独立的必要,每一个人都有奋起反抗的决心。

秦邦宪　世界中国与无锡

自从一八四〇年的鸦片战争失败之后订立了南京条约,开五口通商,资本主义在中国有了侵略的根据地以后,帝国主义的资本势力遂如狂涛怒雨,席卷东亚。机器工业,打破了手工业的小生产,农村经济剧变至都市经济,因此破坏了很久的遗留下来的"老死不相往来"式的农村的安静,剧烈地引起农民生活上的不安,迫得农民跑上革命的道上,激起了一九〇〇年的"义和团"之役,因为这一个运动,是乌合、无组织、无智识,所以只止于一个原始的暴动,不旋踵而失败;辛丑以后,各国协同步调的压迫中国,资本主义的侵略,日甚一日,使一般小资产阶级及智识阶级,亦感觉到生活的悲惨,压迫,屈服,堕落,种种的苦痛,于是有辛亥之役。可是表面上虽然辛亥是成功了,——大清帝国变成了中华民国,而实际上政权依旧落在反动派的袁世凯反动军阀的手里,打倒了帝国主义的旧走狗——清廷,扶起了帝国主义的新走狗——军阀。同时日本帝国主义一天天的强盛,对于中国过分的压迫,引起了感觉比较明[敏]锐的智识阶级的不安,遂有五四之役。但是因为缺少组织,缺乏共同的信仰,见解幼稚——当时只看见日本帝国主义的侵略,不曾认清一切的帝国主义都是侵略中国的好手;当时只看见安福系的卖国,没有看见一切的军阀、政客、劣绅、土豪、买办等都是帝国主义的工具——而参加者多是智识阶级,所以从热烈的民族运动,变成了蓬勃的新文化运动——于文化上极有意义的运动。——因为在欧战疲蔽[敝]之际,中国有了新式的工厂,同时因为帝国主义的海外投资中国,更有帝国主义者榨取殖民地而设的工厂。这两种工厂里,都有了新式的产业工人——无产阶级,中国民族运动的队伍里,便有了新加入的生力军,而同时因为军阀间的战争迭起,直皖、直奉、奉直、江浙等大小战争引起了全体人民的不安与恐慌,厌恶、愤恨一切的斗争、战争的主帅,以及背后提线的帝国主义,震动全球的五卅遂于全国民众——不论资产阶级、工人、农民、学生、商人、自由职业者一致奋起之中,发生[动]起来,直至现在其精神还在继续着,"打倒帝国主义"、"废除不平等条约"、"召集真正国民会"的口号,普遍任何地域——即使连邮政都不通的小乡村里。虽然因为缺乏训练、组织,一时不能得到最后的胜利,然若不屈不懈的努力,最后胜利一定属于我们的。

从上面简单的叙述里,可以明了八十年来的中国,是怎样婉转呻吟于

帝国主义的铁蹄之下,八十年来的民众,是怎样之三翻四复的起来与帝国主义决斗。

无疑的,经济的变化一定要影响到一切社会、文化、政治、学术与风俗习惯的。八十年来的中国已经经济上有了剧烈的变化——从十三四世纪的农村经济,蜕变至商业经济,以至都市工业经济——自然一切的思想、文化、政治、学术、风俗、习惯,都有一种同样剧烈的变化。即使乡村中的老婆婆,她也知道:从前以纤纤小足,三寸金莲为美的,现在已经不合时尚了,大足才是现在的时尚;从前非有不可的男子背后的辫子,现在有了一定要受人讥笑了;从前自纺自织的大布现在谁也不愿再穿了,而且价钱也不及洋布的便宜;从前跪下了褪了裤子听候打屁股的,现在可以堂而皇之的对着青天老爷站着回话了。许多许多,都表现着随着经济的变化,上层的文化、政治、风俗、习惯也剧烈的变动了!

从政治要求方面说:一九○○年的农民暴动的口号"扶清灭洋",十足的表现农民思想。辛亥的"驱除鞑虏,光复汉室",建设共和的要求,已经比较是进步,从甘受专制统治的忠君爱国的思想,变成了要求德膜克拉西的民主及民族平等的民族思想!五四时候的:"外抗强权,内除国贼"的口号,已经能够打破畏惧外人的习性,严肃主张"外抗强权",而且同时要除去一切为外人工具的国贼,但是依旧是很笼统的糊涂的。在五卅时已经能够从"外抗强权"变成了"打倒帝国主义",已经能明世界的政治和经济的情形。同时"内除国贼"也已经成了"打倒军阀",这一方面可以见得这六七年里——自五四至五卅——人民所受于军阀的痛苦,同时也可知道民众政治要求的日趋明确。并在五卅更提出了"取消不平等条约","收回海关","收回租界","收回会审公堂"等等实际的要求。这八十年来政治理想的变迁是也跟着八十年的经济的变化,而且日趋明确。

从学术文化讲,八股、策论、试帖诗等学术,现在谁还去理他?桐城派的古文,林纾式的翻译,严复辈所介绍的西洋学说,现在有的也强弩之末,有的已经是过去的古董了。白话文的崛起,自由主义、社会主义等学说的输入,新文学新艺术的产生,五四运动后的蓬勃发育,把整个中国的旧文化蜕变到新的文化。

从思想上说:自张之洞式的"强兵富国","中学为体,西学为用",蜕变至康梁的"君主立宪",再变为革命党的"光复汉室",再变至李石曾、吴稚晖的"无政府主义",梁启超、梁漱溟的"东方文化派",章士钊的"农村救国",胡适之的"文化革命",曾琦的"国家主义",孙中山的"三民主义",陈独秀的"共产主义"。在这许多思想的变动中,最重要的我们应该知道并不是一个人的脑子里所能想得出的,也并不是可以随随便便把外货贩卖进来的,每一个思想的发现,都是因为经济基础的变动而发生的。举例,比如在五四的时候,因为中国的农村经济给资本主义破坏了,在上海天津等处产生了近代的都市,所以农村文化的古文不够用了。于是有文学革命主张,言文一致主张,就有了国语。再如因为有了许多工厂,就有许多产业工人,因此呢就有阶级斗争的发生,陈独秀方有共产主义之信仰。

从风俗方面:以吸鸦片缠小脚、纳妾做官为十足的风习,渐渐地不能避免青年的猛烈攻击了。"媒妁之言,父母之命",视为天经地义的婚姻观,现在已经给"无恋爱的婚姻,是有仪式的强奸"——爱伦凯语——之说所破。从前种种的磕头、作揖、打扦[千]、请安、祀鬼、敬神等仪式,在现在一般青年目中恶如死仇。"内言不出于阃,外言不入于阃","养在深闺人未识"的女子,现在已经可以在大庭广众之间,与男子握手、跳舞、接吻、拥抱了。"女子无才便是德"的名训,现在无用了,即使八十岁的老太太也知道,不给她的孙女上学是给不着好人家的。花翎、红缨、顶子、朝靴的装饰现在除了赛会外不得一见。女子衣饰的变动更是剧烈,色色都变换——不论生活方式与风俗习惯。

帝国主义的侵略,摇动了全国的经济基础,引起了全国上层产物(政治、学术、文化、风俗……)的变动,已经是无疑的了。那么全国的变动,是否要影响到无锡?其实这是一个不成问题的问题!当然全国的变动是全国包含的各分子(无锡当然在内)的变动。难道现在无锡人,还可以尊宣统为皇上自甘臣仆与众独异么?江浙之战,难道无锡可不受影响么?

许多的农夫已经给资本家打破了自耕生活,投入城市里的工厂里去了——"到上海去","做厂去",差不多已经普遍到一般民众间。因此产生了几十家新式工厂黑烟缭绕;小学抛了八股,读洋书了。十七八岁的妙龄姑娘,也在街上乱跑,同男子们一课堂上课了。三清殿,改建了图书

馆。皇清圣上改变为中华民国。这许许多多是不是足以证明无锡的民众,一样也不能离开世界与国家,而异军突起?

  我不再把许多例子一一列举,因为每个人都能够明白的,只要他静静的闭目一想,全国与潮流,怎样的汹涌在四边。无锡人哟!我可爱故乡的民众们哟!醒来吧!

  现在我们可以得出一个结论:经济的变动必然引起上层产物(政治、学术、文化、风习等)的变动;世界潮流,一定要促动中国的变动;中国的变动,一定要影响到其所包含的各处(无锡当然在内)。八十年来的历史,便是其最好的例证。

瞿秋白
现代中国所当有的"上海大学"

> 原载上海《民国日报》副刊《觉悟》1923年8月2日、3日。现选自《20世纪20年代的上海大学（上卷）》，上海大学出版社2014年版，第64—71页。
>
> 瞿秋白（1899—1935），江苏常州人。无产阶级革命家，中国共产党早期领导人。1923年7月任上海大学教务长、社会学系主任。1927年"八七"会以后，任中共中央临时政治局常委、主要负责人。1934年在中央苏区历任中华苏维埃共和国教育人民委员、苏维埃大学校长。1935年6月18日在福建长汀就义。

远东四五千年的古文化国，现在反而落后，学问艺术无不要求急速的进步，方能加入国际学术界的文化生活。这并不是什么"国粹"问题——而是因为中国旧式的宗法社会经济遇着欧美帝国主义，所不得不发生的适应作用。只看中国近几年来采纳迎受所谓"西方文明"的态度和顺序，便可以知道了：首先是军事技术、交通技术，进而至自然科学、数理科学，再进而至社会科学。可见现时中国社会生活受外来的影响，骤至复杂，求解释它的需要，已经非常急迫。由浮泛的表面的军事技术之改进，而不得不求此技术之根源于自然科学、数理科学；由模仿的急功近利的政治制度之改变，而不得不求此种制度之原理于社会科学。

前此中国未尝没有家族、没有土地制度、没有政治组织，然而不但未

发生什么真正的社会科学,并且连相当的术语多没制造出来,可见当初社会现象之简单。等到骤然遇见"西洋人",一二十年间,钱店变成了银行,商铺变成了公司,"不知道哪里活见鬼似的"跑出个外国银行团来,暗中把持着中国的国家经济生活,几万里外的伦敦、纽约,可以左右中国商界的金融,此等"捞什子"的背后便是世界资本主义——现代社会最复杂的现象。于是中国的思想界里不期然而然便要发生所谓"改造社会"的思潮。然而以这等简单的头脑(连社会现象的名称都不完全的),去研究这种复杂的对象——连这对象是什么都不知道——怎能不起恐慌呢?

近几年来由空论的社会主义思想进于更有系统的社会科学之研究,以求切确的了解其所要改造之对象,亦即为实际行动所推演求进的结果——这确是当然的倾向。

不但如此,因有上述的原因,亦就今中国旧式的文化生活渐次崩坏,文学艺术方面发生许多新要求——个性的发展、学术的民众化等,所以"文学革命"居然三分天下有其二,实因社会现象的日益复杂,不得不要求文字上的革命,以应各种科学之需要。文字原为一切科学的工具,此等工具的改良实是中国新式社会生活的必要条件,只看中国对于外国语,由学习而翻译而引用其原素于中国文,便可知道其需要程度日益增高,至于艺术也是如此。

中国文艺之中"外国货"的容纳取受,并不是"国粹沦丧,文化坠绝"之表征,而却是中国文化命运之转机,中国新文化生活(复生)的端倪。数年以来的运动,自然始则散漫传播,继则渐次广泛,征取新领域,至今已渐就集中,渐就分化,将形成一新系统,这亦是一种当然的倾向。

切实社会科学的研究及形成新文艺的系统——这两件事便是当有的"上海大学"之职任,亦就是"上海大学"所以当有的理由。

上海大学之组织的预定计划,应当是:

一、社会科学院

A. 社会学系　　B. 经济学系　　C. 政治学系

D. 法律学系　　E. 哲学系　　　F. 史学系

二、文艺院

A. 文学系

a. 中国文学系	b. 英文系	c. 俄文系
d. 法文系	e. 德文系	

B. 艺术系

a. 绘画系	b. 音乐系	c. 雕刻系

《上海大学概况》上的预定，社会科学院下本尚有心理学系及教育学系。然我个人的意见以为心理学是更专门些的分类，在现代学术界中它的位置介于自然科学及哲学之间，还没有确定。在中国则五年十年中想要有这些人材担任教授使别成一系，似乎可能的分数很少。至于教育学则为社会科学中之偏于应用方面的，以实际的能力而论，上海大学一时或不能兼及——过四五年再说——不必订在计划上。

文艺院中当分文学及艺术两系。文学系即中国文学系——以中国文学为主体。英俄等系其实不称"文学"亦可，因为在中国研究此等外国文学，并不真能到"文学士"的程度，而是预备赴英、俄等国入文学科的。其实此等毕业生到英、俄去研究文学的职志，当然还在于对中国文学有所贡献的分数居多。艺术系下再分科的理由，则在于三科（画、乐、雕刻）之理论方面的主要科学相同，其异点仅在技术方面的科学及实习。

就以上所定计划之中而论，社会学系、文学系、艺术系三系最重要，所以今年就预备开办（除此以外还有英、俄两系）。以后的计划，凡能力所及，当然要努力创办，然大致当注重于已有的，竭力为质量的改善，而可不必只贪多而不好。

一、社会学系

社会学是幼稚的科学，我们现代的中国居然能创一学系，这是很难能的事。一八九七年欧洲国际社会学者第三次大会时，社会学方才脱离所谓"有机体派"，而约略得离生物学而独立——当时辩论见国际社会学学馆年鉴，其驳论最有力者为答尔德的"社会之有机体说"。然而到一九〇〇年，社会学家还大半以社会心理学与社会学相混（所谓心理学派），如意大利人罗西（Rossi），一方面分别群众心理学与社会心理学为二，一方面却又混社会学与社会心理学为一（见其所著《社会学及群众

心理学》Sociologice Psicologia Colleetiva）。可见当时社会学及其他科学的界限还是没有清楚。不但如此，直到一九一五年，以所谓"社会学最盛的美国"，还是没有一定的社会学之结构为材料，所谓"一切杂七八搭无所归的东西都推入社会学"——详见史梅尔的《美国社会学之五十年》(Small Fifty years of Sociology is the United States The Amoes journal of Sociology May 1916)。欧战后数年间，俄德学者，承大陆派学术之"系统性"，精密研究之结果，方使社会学成一系统。中国后起，反能省力得此硕果。

如俄国之莎洛经（Sorokin）及蒲哈陵（Bukhrih），他们的见解虽各有不同，而系统的建立，大致如下：

社会学——理论的——（一）社会的分析（La nalgtique）；（二）社会的构造（La micanique）；（三）社会的生机（La geuetique），或称"动律"（Agnanique），或代以"变律"（Dialectique）。

实际的——社会政策（La Palitigue）。

以前的社会学（如中国前数年的旧译本），因为"历史"（社会学之材料）本缺于原始社会的研究，所以往往偏于叙述的、描写的——其实即是社会学之预备时期而已。社会学之系统，当定于其能抽象研究一切人类社会现象的公律之时，我们现在当然已可不偏于那叙述的社会学，亦并不遗忘它（社会进化史及社会学史），然而必以一有系统的为基础，方能为真正的各方面之比较研究。研究之最后期，并当以此社会学的方法整理中国史料（所谓"乙部"的国故——直至于志书等），以期切于实际。因此约略定社会学系之必修课目如下：

	第一学年	第二学年	第三学年	第四学年	学分总计
一、社会学	三（学分等于三小时一周）	三	四	四（中国史料）	十四
二、社会进化史	一（通论及欧美）	四（欧美及中国）	一（中国社会史概述）	〇	三
三、社会学史	〇	〇	一	一	二

(续表)

	第一学年	第二学年	第三学年	第四学年	学分总计
四、社会问题	二（劳动等）	二（农民等）	一（妇女等）	一（其他）	六
五、社会运动史	三	二	一	○	六
六、社会思想史	三	二	一（宗教附）	○	六
七、经济学原理	二	二	二	二（经济地理附）	八
八、经济学史	○	○	一	一	二
九、政治学大纲	二	二	○	○	四
十、政治学史	○	○	一	一	二
十一、法学通论	○	二	二	○	四
十二、法制史	○	○	○	二	二
十三、政治史（世界、中国）	二	一	一	○	四
十四、生物哲学	○	二	二	○	四
十五、人类学及人种学	○	○	一	一	二
十六、历史哲学	二	二	○	○	四
十七、心理学及社会心理学	○	○	一	一	二
十八、第一种外国语	二	一	○	○	三
十九、第二种外国语	二	三	四	四	十三
每周小时数	念六	念六	念五	十八	

（注）每周钟点初看似乎太多，其实中间外国语占去四点，这是没有法想的——在中国现在要研究学术，非有两种外国语不够。假如中学里外国语留心的学生，则第一外国语可以经试验免去——以阅读书报流畅为标准。至于今年则因新生外国语程度太差，只能暂停第二外国语，而以钟点并归第一外国语，这是万不得已的办法。

社会学系选修课目如下：

A组	一、现代政治（中国及世界）	四年全有
B组	二、国法学概论及各国宪法略史	第三年
	三、民刑法通论	第四年
C组	四、财政学通论	第三年
	五、统计学通论	第三年
	六、银行论	第四年
	七、货币论	第四年
D组	八、政党论	第四年
	九、社会政策及经济政策专论	第四年
E组	十、哲学概论	第一年
	十一、伦理学概论及科学方法论	第二年
	十二、哲学史大纲	第一年
	十三、中国哲学史大纲	第二年

二、文学系

中国自从"文学革命"以来，文学之中，当然已开始一新时期。我已说及此种新文字运动正在渐次集中形成一系统之时，然这不过指文字学方面而言。至于文学作家的流品方面，本不在于有范式或系统，各人有他的创作力。然而学术上所能助文学家的（大学教育的职任）却多半在于文字学（或言语学，更广泛言之即"语言文字的科学"（Science Phlopi fue））。文字学不但能助文学，并能助社会科学、自然科学——如"语族"与人种学的关系，金石考据与历史学的关系。值此白话代文言而兴的时代，整理中国旧有的这种科学，却是大学的重任。"言语学"本来包括甚广（下列课表中"文字学"三字单指中国小学而言，其实只是言语学中之一部分）：

一、语音学（la phenetique）……………………………音韵
二、字形学（lety nologie）……………………………形体
三、语原学或字典学（la lecicologie）……………………训诂
四、字法（la moiphelagie）……………………………（中国无）

五、句法(ia agntace) ……………………………………（无旧名）

六、叙述的言语学 ………………………………………（普通文法）

七、历史的言语学 ………………………………………（小学考证）

八、比较的言语学 ………（方法……于外国文中研究"语族等问题"）

我们看一看在这白话文学的初期，中国语言文字是不是要这种方面的研究，尤其是句法，以及修辞学中"诗的技术"等。工具不良，怎么会有好东西做出来呢。其他世界文学的取资，文学评论（英语）的研究，美学的兼习，伦理、心理及社会科学的常识，却是新文学运动中的基础。

因此文学系的必修科目可以约略规定如下：

一、文（群经诸子附）	四年	
二、诗词	四年	
三、戏曲	四年	
四、小说	四年	
五、修辞学	第一、二、四年	
六、历代文评（并及世界文学）	第三、四年（诗话等亦当包括在内）	
七、文字学	第一、二年	
古籍校读法	第三、四年	
八、言语学	第三、四年（中国言语之系统的科学的研究）	
九、文学概论	第一、二年	
十、美学概论	第三、四年	
十一、中国文学史	第一、二、三年	
十二、世界文学史	第一、二、三年	
十三、现代世界文学	第四年	
十四、中国文化史	第一、二年	
十五、世界文化史	第一、二年	
十六、伦理学及科学方法论	第一、二年	
十七、心理学及社会心理学	第三、四年	
十八、历史哲学	第二年	
十九、社会学概论	第一年	

外国语第二种。

文学系的选修课目亦可暂定如下：

A组	一、现代政治（中国及世界）	第四年
B组	二、艺术史	第三年
	三、中国金石学及书画史	第四年
C组	四、经济学概论	第三年
	五、社会进化史	第一年
	六、社会思想史	第二年
	七、教育学概论	第四年
D组	八、哲学概论	第一年
	九、哲学史大纲（世界及中国）	第二年

A. 英文系必修课目

一、散文

二、诗歌

三、戏剧

四、小说

五、演说及辩论

六、修辞学

七、文学评论

八、言语学

九、英美文学史

十、世界文学史

十一、英美文化史

十二、世界文化史

第二种外国语。

B. 俄文系（俄文课目）

一、散文（读本）	第一、二年
二、诗歌	第三、四年
三、小说	第二、三、四年
四、戏剧	第三、四年

五、会话	第一、二、三年
演说	第四年
六、文法	第一、二年
修辞学	第三年
七、文学评论	第四年
八、言语学	第四年
九、俄国文学史	第三、四年
十、世界文学史	第三、四年
十一、俄国文化史	第三、四年
十二、世界文化史	第三、四年

第二种外国语。

英、俄两系除上列必修课外，尚有文学概论、美学概论、中国文学史、中国文化史、论理学、心理学、历史哲学、社会学概论八门功课，亦是必修的，但与文学系（中国文）设共同讲座，以中文讲。

英、俄两系选修科，亦与中国文学系相同，亦用共同讲座制。

（注一）：共同讲座制之理由：（一）教员可以与学生共同用出一种优美的中国的"科学的用语"出来，不致因用外国文教科书而助长彼此之依赖性。英、俄两系若纯粹用外国语，则无此练习机会——像许多留学生，用西洋眼睛、西洋舌头读得懂外国科学书，而往往用中国嘴巴却讲不出来——中国语言中本来缺乏此等术语及语调。（二）不论是仅仅四年的俄文程度，就是连中学已经学过六年的英文程度，拿来读外国文的伦理心理学等，"必须的等着用的"高等常识，实在还枉费工夫而又赶不上。当那时以外国文读一页伦理学的工夫，至少要花读中文十数页的工夫（查字典等）。因此，此等科学决不能用高深的讲义。（三）若说学英、俄文须知各门科学的术语，那末，有文学史，有言语学，有文化史（尤其是文化史），足以大致够用。况且教那些共同的理论功课的教员，必将注外国文术语于中文之下。（四）文学系中各科得以贯通，学生常相切磋，学英、俄文的人不致于抛荒中国文字。

（注二）：外国语与中学部。研究理论的学系为一种外国语多占时间去是很划不来的，最少也须有两种能看科学的书。会话可以暂且不管，凡

有了四五年外国语程度的人，若真用心，到外国去的时候不消四五个月，话便可以说得畅快。所以最好中学时期多注重外国语，并于高级中学添第二种外国语作为必修课，以便入大学时再略温习第一种，便侧重第二种外国语及科学。如此，则三五年后的大学一年级就比现在方便多了。

（注三）：俄文系现在设否？现在设俄文系，只能从字母教起——略懂俄文的又未必能插真正大学二年级——因为中国只有哈尔滨式（等于洋泾浜）的学过俄文的人，科学程度太差。至于北京俄文法政专门学校（我是很知道的），大半文学知识（中俄两方面）太差，差不多只学公文程式；北京大学俄文科又很幼稚——总之，此等程度稍高而到上海大学来的，一定凑不满五个人。所以我定的俄文课程已极迁就。现在还有些踌躇——究竟开中学班呢，还是大学班？中学班的理想，要索性另开一以俄文为第一外国语的初中一年级，或高中一年级——以年龄关系两者比较，相差不远。然而这恐怕办不到，因为一则太迂远，二则中学生愿入俄文班的恐不多。至于英文班的高中一年级，我想必须设俄文为第二外国语。然而这不过预备他们升入社会学系或中英文系，令继续以俄文为第二外国语，可以补读参考书。要他们入真正俄文系大学（至少要如当有的英文系大学程度者）还是不够，这仅是解决此问题的一方面。第二方面就是暂设大学俄文科，作为试办（照上列课程）。可是有一条件——就是必须请中国人俄文文法好的教员——只能以中国语教文法，拼命赶一赶，以"Berlity 的方法"——直接的——教会话。每星期至少十八小时俄文。照此试去，教员是很吃苦的了，成绩如何，我不敢说有把握。不过因为俄国文学发达，社会科学最近二十年来亦在国际学术界中占一特殊位置，所以决计如此。（还要看教员请得到请不到）

三、艺术系

艺术系课目，其主要的理论科学如美学、美学史、艺术学、世界艺术史、中国金石学或书画史等，可以由绘画、音乐、雕刻三科用共同讲座制，其余各添其专门技术的科学及实习（音乐科的第二外国语最好能用意大利文——这恐怕是梦想了）。此外文学课目当选几门作为必修课，因为他和艺术关系太密切了,社会科学及哲学的常识亦必不可少。艺术实习的设备最费,恐怕一时不能就添音乐——其实音乐及歌术,是艺术中最接近民众、有益社会的,于中国现时的文化程度之下,尤其必须提倡整顿(小学里大半唱日本谱,中国"词儿",绝无音律字声之谐调,歌剧仍在"科班"传授,绝无乐理之说明,新剧有演无唱,仅有 Drama 尚且不好——真是中国文化的末日)。虽然没有办法——限于经济,只得暂就绘画系认真办去,救救"月份牌艺术图"的恐慌。

四、自动教育——"现代政治"

上列社会学系、文学系(英、俄)、艺术系都应当有"现代政治"的选修课——其实是每星期一次的自由讨论研究的集合,各系共同的。学生亦可以自己组织其他的研究会,与此同样请一导师,担任分配材料及题目,讲解答辩。这种"研究会"的制度,有几种好处:(一)不是搬着死教科书背的;(二)学生自动的以其现在所知科学方法就应用到实际生活中去;(三)全校学生共同一堂可以锻炼青年的"集合意识";(四)不是"书房里的"少爷生活,而是社会里的公民生活。此种研究会的导师必定要慎重精密分配自己的讲题,使每次或每两次自为起讫,容易引起听者兴味,要于中国政治、世界大势的当时问题作有系统的说明论断,要多与学生机会自己发抒意见、讨论答辩。

至于课目上特定"现代政治",而不及其他的"研究会",乃是因为人是政治生活的动物,最迫切最普遍的——其他的问题比不上他,俄国诗人聂克拉莎夫(英文)道:"人人不一定是诗人,做一个'公民'却是你所应当的。"上海大学即无此种教授法及此种科目,他那英文名字上的 People's College, N. People's 一字也可以取消了。

这是我个人一时想及的——所以各系课目有详有略,还待大家讨论呢。

一九二三年七月二十三日

瞿秋白
自民族主义至国际主义：
五七—五四—五一

> 原载《上海大学周刊》第一期（1924年5月4日出版）。现选自《20世纪20年代的上海大学（下卷）》，上海大学出版社2014年版，第541—542页。

五月七日日本对中国提出的二十一条，是中国近年来爱国运动——民族主义运动的出发点。二十一条以前，中国所受的侵略侮辱也不止一次：鸦片战争、五口通商、丧失关税管理权、允许外人的治外法权、割地抵押等等，早已变成列强的殖民地。何以独有日本的二十一条和侵占青岛便能引起这样的热烈的爱国运动呢？

诚然不错，五四运动以前——从甲子、戊戌、庚子以来，中国对于外国的侵略，也每次都有些反应，然而那种反应作用，最初只限于满洲朝廷（李鸿章）——他想造军舰办铁路挽回他的国运；后来虽然引起更广泛的"士气"，——始终还不过限于士大夫之间（康梁），这种对外反抗的运动，在满族专制之下，对于平民群众却只有一条路：摧覆满族，所以国民党的辛亥革命得以成功。当时国民党主观上虽然有三民主义，而客观上的成功却只在平民群众内的一种民族主义的感觉。在民众的主观上虽然只限于排满的狭义民族主义，而客观上这一排满的民族主义确有反抗列强的精神在内。因此，可见民国落入反动派袁世凯等北洋军阀之手后，革命的伏流不期然而然预备着更广泛、更伟大的民族运动。到了五四，这种革命的巨潮早已成熟，贸然的暴发起来。

五四运动：第一，能综合中国资本主义发展的结果，合普通平民反抗帝国主义的本能感觉（义和团的精神）与第三阶级进步的民主要求为一；第二，能在初开始时便倾向于接近民众（五四及六三时的讲演运动），用耶各宾式的革命手段为平民奋斗。这两点是以前时运动所没有的。梁启超等妄想以他们的"公车上书"来比拟，真可以说是脸皮厚到极点，五四运动的精神，正在于学生群众虽然仍是知识阶级，却已可以上高运动自限，而且他烧曹汝霖宅，打章宗祥——破坏现存法制而创造"革命的法庭"——确有几分革命的独裁制的意义。因此，表面上五四运动仍旧不过是排日的民族运动，而内容上却实现了民权主义的真原则（革命的独裁制）。五四运动的发展，摧残一切旧宗法的礼教，急转直下，以至于社会主义，自然决不限于民族主义了。

帝国主义的侵略积渐而至五四运动的大反抗，仍旧从外交而内政，中国群众运动第一次发露要求民权的革命的方式，可是以世界的观点看来，中国平民的仇敌，不但在北京政府的"卖国贼"，甚至于不但在北洋军阀，而在列强的资产阶级。中国五四运动之后，社会主义运动的新潮，开滦、海员、安源、京汉的劳工运动也是自然的趋势。世界社会主义的革命运动不但对于中国工人是当然的同盟军，就是对于全中国都是民族解放的唯一的最好的友军。中国的仇敌是列强资产阶级——而各国内劳工阶级的五一运动正是反抗这些资产阶级的国际运动。中国的解放，如果没有世界无产阶级援助，无论如何不能达到的。中国平民的民族、民权主义，没有国际的民生主义是决不能实现的。所以中国的民族主义根本上是国际主义。

从五七到五四，从五四到五一：中国的一星期已经尽情显露世界平民的革命阶段了。

瞿秋白
致胡适的信

> 这是瞿秋白于1923年7月30日写给胡适的信。选自梦花编《瞿秋白自传》,江苏文艺出版社1996年版,第141—142页。

适之先生:

前日寄上两本书(《新青年》及《前锋》),想来已经收到了,——先生暇时,还请赐以批评。

我从烟霞洞与先生别后,留西湖上还有七八日;虽然这是对于"西子"留恋,而家事牵绊亦是一种原因。自从回国之后,东奔西走,"家里"捉不住我,直到最近回到"故乡",就不了了。一"家"伯叔姑婶兄弟姊妹都引颈而望,好像巢中雏燕似的,殊不知道衔泥结草来去飞翔的辛苦。"大家"看着这种"外国回来的人",不知道当做什么,——宗法社会的旧观念和大家庭真叫我苦死。先生以为这并不是仅仅我个人的事,而是现在社会问题中之一吗?——大家庭崩坏而小家庭的社会基础还没有。

到上海也已有十天,单为着琐事忙碌。商务①方面,却因先生之嘱,已经答应我:"容纳(各杂志)稿子并编小百科丛书以及译著。"假使为我个人生活,那正可以借此静心研究翻译,一则养了身体,二则事专而供献于社会的东西可以精密谨慎些。无奈此等入款"远不济近",又未必够

---
① 商务,指商务印书馆。

"家"里的用,因此我又就了上海大学的教务,——其实薪俸是极薄的,取其按时可以"伸手"罢了。

虽然如此,既就了上大的事,便要用些精神,负些责任。我有一点意见,已经做了一篇文章寄给平伯①。平伯见先生时,想必要谈起的。我们和平伯都希望"上大"能成南方的新文化运动中心。

我以一个青年浅学,又是病体,要担任学术的译著和上大教务两种重任,自己很担心的,请先生常常指教。

谨祝
康健精进。

瞿秋白

---

① 平伯,即俞平伯。

瞿秋白
致王剑虹的信

> 此是瞿秋白于1924年1月14日在广州写给妻子王剑虹的信。当时瞿秋白正在广州参加国民党第一次全国代表大会的筹备工作。选自瞿独伊、李晓云编注《秋之白华——杨之华珍藏的瞿秋白》,人民文学出版社2018年版,第109—110页。
>
> 王剑虹(1901—1924),四川酉阳(今属重庆)人。1923年夏进入上海大学学习。1924年1月,与瞿秋白成婚。同年7月病逝。

梦可:

寄给你"十二月里的花瓣"。就恐怕寄到上海的时候,它已经和我的心花一样的蔫了。那也无法。我吻它,可怜它:我心花虽然闭了蔫了,不过一个月,就要开了,它却不能再开的了。可是它带我的吻印归去,我谢谢它,谢谢它。

呵,广州的花草还正茂盛呢。蕉叶都还绿着。

……

我向来不信宗教,然而我知道有宗教的人的心境。我现在每每"祷告"——是一种奇绝的境界。我有个高高在上的明镜,澈映我的心灵。我昨晚想了一夜:或者这是所谓"幸福"罢?

梦可!再过几天,你若还是没有信来,我便要发疯了。……

上海成了什么样,上大有搬的消息么①?(我这方面没有成功,哎!)……

你的宿心
十四,一,一九二四②

---

① 指上海大学搬到西摩路(今陕西北路)新校舍之事。
② 即1924年1月14日。

瞿秋白
致鲍罗廷的信

> 这是瞿秋白于1924年2月12日写给鲍罗廷的信。选自梦花编《瞿秋白自传》,江苏文艺出版社1996年版,第145—147页。
>
> 鲍罗廷,国民党政府顾问,苏联驻广州国民政府全权代表。

亲爱的鲍同志:

二月七日我才到上海。当天即见到维尔德(Вилъд)同志①,并将信件交给他了。但是到达上海后我就病了,躺了两天,所以至今还没来得及把所有情况了解到。不过我还是将大会②情况报告了共产党中央,中央对大会深表满意。

至于国民党在上海的工作,则一切如故。看来,只要不建立上海执行部,工作就开展不起来。

我到《民国日报》编辑部去过几次。但汪精卫和胡汉民尚未到来,因而许多问题无法解决。我们估计,"改组"的第一期大约三月一日才能出刊。而改组的技术工作已大致就绪。大会材料这几天在《民国日报》上刊载。

需要制订上海大学党的工作的计划,找到教"政治常识"课的教员,

---

① 维尔德,共产国际驻中国代表。
② 大会,指国民党第一次代表大会。

还有其他一些事。但我还不能多走动，外出对我是不利的，因为我还怕受风。所以我决定从明天起试试在家里翻译大会的材料，其他需要我在上海各处奔走的工作暂时放一放。

您和汪精卫、胡汉民何时到达？工作正等待您和他们来处理呢。

我尚未能见到您的孩子们，不过我听说他们都很健康，并经常给您写信。

我在五天前就想给您写信了，但因病未动笔。请原谅！

祝好！并致共产主义的敬礼！

衷心为您的 瞿秋白

叶和邵①告诉我说，我们只有先了解到有多少钱可由我们支配以后，才能去订购印报机器、改组编辑部和聘请新的人员。

向您夫人、K同志及其他各位俄国同志致意。

---

① 叶和邵，指叶楚伧和邵力子。

瞿秋白
致鲍罗廷的信

> 这是瞿秋白于1924年5月6日写给鲍罗廷的信。选自梦花编《瞿秋白自传》，江苏文艺出版社1996年版，第147—149页。

鲍罗廷同志：

我又有很久没有给您写信了，因为维经斯基[①]同志来了，在他的参加下，我党中央不断地开会。不久要召开党中央全会，我们期待您的到来。全会上将讨论我党对国民党的态度问题。

国民党上海执行部的工作很有成效，虽然还不太活跃。我们多次提议组织群众游行，反对帝国主义的进攻。但部分地由于国民党在上海的组织基础不够强，部分地因为领导人害怕群众性的行动，我们的提议没有被采纳。不过我们还是争取到开展"一周运动"（从五月一日到九日）。这次运动表现在：国民党领导人（胡汉民、汪精卫等）五月一日在大会上发表演说；五月四日（学生运动纪念日）组织了纪念大会，成立了上海学生联合会；五月九日还将召开一次规模很大的群众集会。还应该争取在这一天（五月九日）以国民党的名义发表一篇宣言，阐明国民党纲领的对处政策。如果领导人不同意，我们就不经过他们，自己采取行动（当然，不能授他们以口实来责备我们违反纪律）。此外，我们正在《民国日报》

[①] 维经斯基，共产国际驻中共中央代表。

上加紧反帝宣传:

一、已出版:

1. "五一"专刊;
2. "五四"专刊;
3. 将出"五九"专刊。

二、正在撰写好几篇反帝国主义的文章:

1. "揭露华盛顿会议"(陈独秀同志);
2. "对《字林西报》一篇文章的回答",由维经斯基执笔,由我署名;
3. "关税问题"(瞿秋白);
4. "列强侵略行为一览"(恽①);
5. "治外法权"(申同志),等等。

《民国日报》稍见"起色"。左派对我们很友善。五月五日马克思诞辰纪念时,我们在上海大学组织了一次纪念会,汪精卫在会上发表演说,声称国民党同马克思主义有许多共同之处云云。

但另一方面,右派似乎在有组织地活动。上海报纸上登载过一个国民党员致国民党中央的几封信,抗议在代表大会②上通过的宣言中增加了几个新的段落。这种说法在新闻报道中也出现过,甚至提到了您的名字,说是"鲍罗廷强迫孙中山把这些东西加进去的"。此外,我们收到了广州的报纸,其中有一张报上说,《民国日报》已经成了共产党的报纸了,因为它在俄中谈判时"维护俄国人的利益"。还说这是由于瞿秋白参加了编辑部,同时这张报纸把我叫做"俄国共产党在国民党中的执行委员"。

这些都表明,右派正在进行有计划的煽动,不仅是反对我们,而且也反对国民党左派。

新机器已经运进《民国日报》报馆,但还不能立即使用,因为电线还

---

① 恽,指恽代英。
② 代表大会,指国民党第一次代表大会。

没有装好,不过这只是几天的事情。

购买机器的钱已经收到。但每月的经费(四月份,三千元),因为没有您的命令,还没有发来。廖仲恺给我们写信说,他已经同您谈妥,每月经费今后在上海按时发给,所以编辑部就无需每次向广州查询。编辑部同人期待着您的答复。

您什么时间来这里?

您的　瞿秋白

瞿秋白
致鲍罗廷的信

> 这是瞿秋白于1924年6月20日写给鲍罗廷的信。选自梦花编《瞿秋白自传》,江苏文艺出版社1996年版,第149—152页。

鲍罗廷同志:

您临行前同叶[①]谈过,他告诉您,在国民党员内部没有任何分歧。不过正如您所知道的,这纯属"中国式的客套"。事实上,右派早已开始准备公开反共反俄。有个叫周颂西(上海大学教员)的,是区分部书记。有一次他叫学生用英语作文,出的题是"苏俄是国民党的敌人,因为它和北京政府签订了协议"。在会上(还是这个上海大学的区分部会议),共产党员向他提问,他答复道:广州的《民国日报》——关于这个报纸您也曾对我们提起过——就是这样写的,该报就在孙中山本人所在地的广州出版,可见孙中山是支持这种看法的。总之,在上海国民党员(右派)中,这种看法很普遍。

您大概还记得,叶曾经问过您,俄中协议中有关宣传的条款是否同国民党的工作有关系。今天,我们在上海报纸上读到,张继和于右任向孙建议,正是根据这一条(协议第六条)同俄国断绝关系。这一切都使我们懂得了,以张断为首的国民党右派分子正在上海和广州进行一定的准备,以

---

① 叶,指叶楚伧。

便同共产党人决裂。根据报纸消息,孙答复张继说,此问题待您返广州后解决。

关于孙本人实际上持何看法,我党中央需要尽快了解到,陈同志①请您告知。

从本月十四日开始,上海丝绸业女工开始罢工。现在已有六千人参加,包括十四个工厂。我们向国民党建议散发传单,支援罢工工人。国民党拒绝了。叶仅仅同意在《民国日报》上刊登我们的一篇文章。

这次罢工是自发的,我们(共产党)过去和这些工人几乎毫无联系。不过,在罢工开始后的第四天,我们和几个女工代表联系上了,组织了一个行动委员会,由党中央领导,这个委员会将领导这次罢工,并帮助女工组织工会。罢工工人提出如下要求:一,将每日工资提高到四角五分(过去是三角八分到四角);二,将劳动时间缩减到每天十小时(过去是十二小时);三,承认组织工会权。由于罢工开始时有九人被捕,所以第四点要求是释放被捕工人。目前,获胜的希望还很小,但是女工们表现得很坚决,我们在这次运动中也许会有所收获。只是由于我们动手晚了些,可能在我们还未把工人组织好以前,资本家就把罢工给破坏了。"新办的"周刊(您和陈同志谈到过它)的概算,党中央已经制订出来。

开办费:

1.房租和照明	二百美元
2.购置家具	二百美元
3.刊登广告	一百美元
4.其他支出	五十美元
	合计:五百五十美元

固定开支(以月计):

1.纸张和印刷费	二百八十美元
(每月四期,每期五千份)	
2.邮资	二十美元
3.订报纸杂志	六十美元

---

① 陈同志,指陈独秀。

4. 房租	五十美元
5. 编辑工资（一个主编，两个助手）	一百八十美元
6. 稿酬	一百二十美元
7. 特派记者（驻北京、广州、汉口）	一百八十美元
8. 一般记者	五十美元
9. 职员工资（三人）	一百十五美元
10. 照明	五美元
11. 其他支出	二十美元
	合计：一千零八十美元

收入暂时难以确定，不过，既然此周刊不能刊登广告，所以收入有限。总之，按上述概算，每月需一千美元。

至于将为我们的各种机关刊物服务的情报室，中央认为有必要和图书馆一并建立。情报室将翻译（中译外和外译中）各种资料和必要的书籍。中央制订了这个室的概算。

开办费：

1. 房租	一百美元
2. 家具	一百美元
	合计：二百美元

每月固定支出：

1. 房租	三十美元
2. 翻译人员工资	二百八十美元
3. 购书和办公用品	五十美元
	合计：三百六十美元

请您对这两个概算作出答复，以便为创办周刊和情报室开始作准备。

您的　瞿秋白

瞿秋白
致鲍罗廷的信

> 这是瞿秋白于1924年10月21日写给鲍罗廷的信。选自梦花编《瞿秋白自传》,江苏文艺出版社1996年版,第156—158页。

鲍罗廷同志:

大概已经十天没写信了,只是从报纸上了解到广州事变①的大概情况:商团军已被解除武装,工人方面牺牲不少,等等。今后情况会怎样呢?……

上海也发生了不小的事件,而且就在广州商人开始罢市的同一天,即十月十日。

在十月十日中国革命纪念日以前,某些国民党右派分子(童理璋和喻育之)受卢永祥指使,准备召开"国民"集会。这个消息传到国民党上海执行部宣传部(那里有"我们的人"工作)以后,宣传部制定了行动计划,准备了传单,但是上海执行部书记叶某②将此事"束之高阁",使右派可以为所欲为。

于是反革命派在双十节召开了大会,会上他们殴打了左派国民党人(包括共产党员),原因是:有人发言反对一切军阀和一切帝国

---

① 广州事变,指广州商团叛乱事件。
② 叶某,即叶楚伧。

主义者,有人为这样的发言鼓掌,有人嘲笑了一个称卢永祥为"正义斗士"的发言者。共青团员黄仁——上海大学的学生——受重伤,翌日死亡。事情发生的经过是这样的:我们的一位同志作为全国学联的代表发言反对帝国主义,大会主席团成员童理璋和喻育之上去把他抱住,强迫他停止讲话,由于这个信号立刻出现了大批"职业流氓"。他们向所有为发言人鼓掌和后来去援救发言人的人们大打出手。有三个人从七尺高的讲台上被推下来摔伤。警察只逮捕了挨打的人,却把打人的人放跑了。后来几经交涉,被捕者才在几小时以后获释。

于是上海大学国民党区分部召开会议,作出决议:一,请上海执行部将章理璋和喻育之开除出党;二,责令上海大学讲师何世桢——上海右派首领之一,在打手打人时他未采取任何行动帮助左派——作出书面说明,解释他为什么不援救被打人;三,抚恤死者家属。

叶只接受第三点要求,前两项要求是上海执行部开会时接受的。但通过决定后,叶突然声明,他认为有必要把开除童和喻的决定的公布时间推迟一天。但是与会者一致反对,认为他们的叛卖行径证据充分,应该开除出党。于是叶便回家"睡觉"去了,同时却给《民国日报》编辑部送去一个纸条,说他已向广州国民党中央打电报要求辞职。这样我们便掌握了《民国日报》,让邵①工作到现在。

上海大学那个姓何的讲师纠集了他的几个学生反对我,反对一切左派,在我的名字上冠以"上海共产党首领"的称号。校长于右任这次很同情我们,在执行部他也坚决主张开除童、喻二人,所以在大学里,尽管何世桢及其同伙几个英文教员罢教,于右任宣布:如果何和那几个教员(教英语的)继续罢教,他就另请别人来教。这次共产党和共青团各支部工作得很努力,现在仍在作工作。

目前,上海执行部没有一个负责人员,必须立即派廖仲恺或汪精卫来。

《民国日报》新的编委会名单必须尽快呈送孙中山,否则我方在该报

---

① 邵,即邵力子。

的威信将丧失,叶某一回来,该报就会完全成为右派报纸。

您的 瞿秋白

　　于右任请您以私人方式借给他一万或八千元,作为上海大学经费,因为中央没有按照预算给他资金,他只好个人负债。如没有这些钱,则大学在右派的打击下必将解体。他保证在明年内归还(这是他个人的意见)。又及。

瞿

沙文求
致陈修良的信

> 这是沙文求于1927年8月22日写给陈修良的信。选自马静编《革命烈士书信》,吉林人民出版社2010年版,第5—7页。
>
> 沙文求(1904—1926),浙江鄞县(今属宁波)人。1925年春进入上海大学学习。1926年初回到家乡沙村开展革命活动,成立沙村第一个党支部,并任支部书记。1928年8月被敌人杀害于广州红花岗。
>
> 陈修良(1907—1998),女,浙江宁波人。1927年加入中国共产党,并于同年和沙文求的弟弟沙文汉结婚。

道希[①]:

来函收到可有三天了,前日动笔作复以诸事之纠缠不曾竟功,今天也不去继续了,还是另写一回畅快!

没有接到你这一次来信的前几天,我已经写好了一封信拟寄武昌,但因邮费无着不能不搁在抽屉中,等到你"跳到上海"[②]的消息传来了,我才知道即使把前书已经付邮也是空劳。你到上海了,去年今日你也是在上海。去年今日的上海和今年今日的上海不过是半斤八两,但是去年今

---

① 道希,即陈修良。
② "跳到上海",暗语,指1927年7月15日武汉政府叛变革命,陈修良根据党的指示赴苏联学习,离开武汉途经上海。

日的你已不是今年今日的你了,——你自己也承认的,出洋以后有多方面的进步。这一点是我为上海而惆怅,为你而庆幸的。

来书说我还希望在大学读书那句话不对。我记得很早已经对你申辩过了,为什么你还不曾明白我的意思?在我自省时,我还以为自己恐怕太轻视学校生活了,不过细想起来又觉得不至于。忠实地告诉你,我自出效实后很相信自学要比进一个普通的大学有价值,只因有种种的掣肘所以不能毅然见诸实行。入"上大"是哥哥重视社会偶像的作用;进"中大"是生活萎枯时的一种流转。只有投考复旦理科是自己严格决定的。那时的愿望是想由复旦转学"北大"去研究最渴望的理论物理学。请你不要笑!我对你说,我生平很想把人生求得一个美满的根本的解答。但是这又不能不先有一种正确的宇宙观,而宇宙观只能从科学的方面尤其是物理的方面去努力方能正确。我在中学时代,因生活中很多激刺心神常在一种激荡的状态中,所以虽然对于数理学有酷爱的性情也不能有殷勤的努力。所以我在中学毕业后,实际上,数理的根底很是薄弱。但是我那时的思想既如上述,同时又于社会科学毫无研究,同时又对于一般的漠视宇宙人生而役之于金钱生活的人们发生了强烈反感,因此分外使我坚信自己当时的思想而去实行。在复旦的半年可说是不顾"手足"之赤寒而作辛苦(精神方面的)之战争。这样忍心的苦战只是因为认科学(狭义的)为最不朽的学问而作"向太阳"之"飞"。这也算是我根据理智而不肯苟且的努力,虽然在今思之,那时的认识事物是有很多的疏忽;但是我终是忠于理性并且与理性融而为一。并且,我现在还深信太阳是飞得到的。不过现在因有新增的认识因之志愿不能不受其影响。现在的志愿,与其直接飞向太阳毋宁先向火星。所谓新增的认识主要的,不消说,是社会的认识。在从前我只觉得认识社会的重要决不亚于认识宇宙的重要,但是不曾有认识;现在敢说有了相当的认识了。生活不过是应付事物的一种运动,如果事物能够认识得清楚,应付的方法就算不得什么大问题。现在"太阳"和"火星",在大体上我已认识清楚了,因此我的应付方法,在大体上也决不至于错误。当我飞向"太阳"的时候,我觉得非借助于学校不可;当我飞向"火星"的时候又觉得非脱离学校不可。飞向"火星"时之毫无踌躇地屏弃学校,只于拟向"太阳"时之忍痛苦争地走入学校,都无非为服从理智的判断,决不为世俗偶缘所籍囿。我自信如此,问道希能信我否?

(知,情,意之类的名词都是唯心的哲学家所最喜道的,但是我们在说明个性的时候采用之自有充分的价值,虽然我们不是唯心哲学的信徒)

我早已,不只决心出洋,实行出洋了。但你赴柏林,我赴康士坦丁堡,所以出洋期中的进步,即使你我的天资相等,我决不能和你相比拟,何况你的出发期又要早过于我。道希你老顺风!我祝你顺风!我想你也必定会祝我的顺风,可怜我恰不顺风!但是无妨,不顺风由它出洋由我。鹞子要是畏风,还能飞渡大海搏击鱼雁吗?!

啊!且休大意!要达到不畏风的目的毕竟要有御风的技俩才胜。在目前这样暴风雨之下究竟用怎样的技俩去御驶呢?

我不主张立时回浙。因为,(1)有许多有用的书籍不能不委弃(你的,我的,姜君的,张君的都有);(2)又要向大哥索旅费,我从前已郑重对他说明以后不再拿钱;(3)有一部分乡是不能重见;(4)在回来后未必有多大的工作可干(这一点比较不重要),不回乡有两条路,入伍和另找职业(自然他方面还要干些事)。在前周我本已决意入伍,但是现在这个主意不能不放弃,因为当局对于入伍生猜疑异常,前几天已彻底地缴了军械。所以现在的办法是在找职业。如果能够找到,最低限度要积聚一笔回沪的旅费;或者,工作能顺利时就向前赶去;或者,工作不甚顺利也就暂留此间看些书,看以后局面如何再立主意。目前我新的职业还未找到仍在康矛中学当教职。近数日来我们是分专责教授固定的部分,不像从前互相通融。

文求 八,廿二[①]

[①] 八,廿二,即1927年8月22日。

上海大学学生会
致胡汉民函

> 这是1925年4月2日上海大学学生会为将上海大学改名为国立中山大学而致胡汉民的函。廖仲恺代表国民党中央执行委员会复函。原件藏台北中国国民党中央委员会文化传播委员会"党史馆",编号为汉口档案第14970。现选自《20世纪20年代的上海大学(上卷)》,上海大学出版社2014年版,第408—409页。
>
> 胡汉民(1879—1936),国民党早期领导人之一,时代行大元帅之职。

展堂①先生钧鉴:

　　此次我军奋勇杀敌,陈逆潜逃,潮汕得以一举肃清。遂听之余,胪欢无既,敝会谨代表同学向先生及前敌诸将士致诚恳之贺意。兹恳者,本届敝会第一次全体大会,曾议决向革命政府请求,将敝校改名为国立中山大学,用志孙公之盛名伟业于弗谖,并添设政治、经济、教育三系,以孙公学说为研究之对象。此外更设三民主义讲座,请中央执行委员会派员主讲,为全校必修科目,在全体同学以为非如此不足以纪念孙公。故一致主张,誓达目的。曾一度电商北京于校长,当蒙复电赞同,并谓已电致中央执行委员会征求同意云云。敝会以先生曾任本校讲席,且对于此永远纪念孙

---

① 展堂,胡汉民字展堂。

公之诚意,必能格外赞助。兹特肃函上达,敬乞大力主持一切,俾此议得成事实,则此后敝校同学顾名思义,定能益加奋勉,以期毋负孙公四十年来奔走呼号之苦心。而敝校且成为国内唯一宣扬孙公精神与主义之学府矣。尚恳先生于短时期内赐以满意之答复。临颖不胜翘企之至。肃此。

  敬请

崇安。

上海大学学生会谨启
四月二日①

附：国民党中央执行委员会复上海大学学生会函

径复者：

  案准胡展堂同志转来贵会请将上海大学改名为国立中山大学,并增设政治、经济、教育三系,以垂孙中山先生永久之纪念等由,函一件,当即提出本会第七十五次会议,决议改名为中山大学,俟有切实改革计划,然后实行等因准函前由。相应录案,函复贵会查照为荷。

  此复

上海大学学生会

中央执行委员会
廖仲恺②

---

① 四月二日,即1925年4月2日。
② 廖仲恺(1877—1925),中国近代民主革命家,国民党早期领导人之一。

上大附中
非基同盟宣言

> 原载《圣诞节的敬礼》(1925年12月25日出版)。现选自《20世纪20年代的上海大学(下卷)》,上海大学出版社2014年版,第718—719页。

我们为什么要反对基督教?

我们为什么要组织这个非基督同盟?

我们现在很简单地宣布出我们的理由来给社会人们看:

我们明白:现在是二十世纪科学昌盛的时代,从前我们的老祖宗们一切不能并也不知解决的宇宙和人生的谜,如今都由科学解决得十分确实了。从前我们的老祖宗们因为不能并也不知解决宇宙和人生的谜,相信冥冥中有个主宰支配着宇宙和人生,这才产生了宗教的仪式;如今什么宇宙和人生的谜既已不成为问题,那末,宗教也就无继续生存之余地是无疑了。自然,宗教盛了,科学便不能发达;科学发达了,宗教便也会自然的消灭下去!宗教是保守的,科学是进取的;宗教是迷信的,科学是理智的;宗教是糊涂人、胆小人借以求安慰、解烦闷的(其实何能求一点安慰?解一丝苦闷?);科学是有知识的聪明人拿来解决宇宙和人生的谜儿,并还给全社会全人类造幸福的……据此,我们就可知道宗教和科学是两个绝对不相容的大冤家了!所以我们相信科学当反对宗教!基于反对宗教的理由,我们也当要反对现代的基督教。这是我们的第一个理由!

我们又明白：今日的社会，完全是资本主义的社会。而这所谓资本主义社会的特征，就是一方面是少数不劳而获食的压迫阶级——资本家；他方面是多数劳而不得食的被压迫阶级——劳动者。那就是说，在上是有产阶级争斗掠夺和压迫劳动家，在下是无产阶级却完全受有产阶级的掠夺和压迫，而现代基督教，恰是"帮助前者，掠夺后者；扶持前者，压迫后者"的吃人魔鬼！可是我们确认这种资本主义的社会是残酷无人道到了极点，非得根本打倒另图建设一个自由、平等、博爱的（人的社会）不可；所以我们先要打倒这个（助桀为虐）的吃人魔鬼、现代的基督教。这是我们第二个理由！

我们还明白：帝国主义的国家如英、美、日、法等，都是因这残酷资本主义造成的，因为他们自己国内商品或资本过剩，经济闹恐慌，于是□□□方法、用完手段，把他们的过剩商品或资本，到我中国来找市场、找销路；于是才生出那破坏我国的旧手工业与挤倒我国的新兴工业，经济侵略种种毒汁了；而现代的基督教，又是那经济侵略的先锋队。所以我们要打倒帝国主义者在华所行的经济侵略的种种毒汁，还先得打倒这替帝国主义做走狗的先锋队——现代的基督教。这是我们的第三个理由！

我们又还明白：帝国主义者的走狗——现代的基督教，在中国各地设立了许多学校、医院、青年会、慈善机关，并没有别的特别好意在那儿，不过想借此迷惑中国一般易骗的父老和青年来讴歌资本主义、拥护资本主义、欢迎资本主义，换句说，就是帝国主义者对我实行文化的侵略毒汁，制造和训练出大批不知反抗而甘为贴耳摇尾恭顺洋奴——帝国主义者的走狗。这点，我们只要在中国的基督教中以往成绩和事实上看来，已有许多确实证据被人指示出来过的，所以要增加打倒帝国主义的革命力量起见，还先得打倒这制造和训练洋奴的出生地——现代的基督教。这是我们的第四个理由！

学生们！青年们！工人们！我们姑不论因为少数农民杀了几个不法的洋教士而国家曾受赔款、割地等等的痛史，我们也不问现在基督教在中国干的是什么勾当；我们只知道已经到了半殖民地地位的中国，只有从事反抗帝国主义以达民族解放，才是生路；所以陷入于迷梦天国而消磨我们反抗性的基督教，不能不认为仇敌，有志和觉悟的学生们！青年们！

工人们！时机迫了，我们应该起来组织非基督教同盟，从事反基督教运动，救出我们应负救国的人来。起！起！！起！！！大家一同起！

反对基督教运动万岁！

中国民族解放万岁！

非基督教同盟万岁！

上海大学
致五卅牺牲学生何秉彝家属的信

> 原件藏中共"一大"会址纪念馆。原信信笺上注明此信为"民国十四年五月初一接",可推断家属收到此信的日期为1925年6月21日。现选自《20世纪20年代的上海大学(下卷)》,上海大学出版社2014年版,第1174页。

径启者:

令郎念兹君于五月卅号(又四月初九日)在沪南京路与上海学生一千余人分途讲演,致与英巡捕房用武弹穿背入肺受伤,异入仁济医院

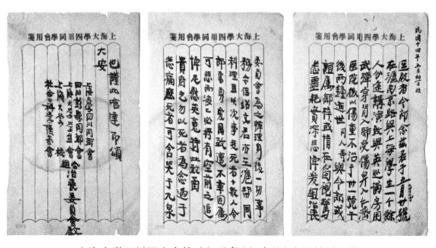

上海大学四川同乡会等致何秉彝(何念慈)家属的慰问信

后,以伤重不治,于卅一号午后两钟逝世。同人等与令郎或谊属乡梓,或情在窗砚,惊悉噩耗,实深悲悼,爰组治丧委员会为之办理身后一切事务。令侄绍文君亦在沪帮同料理,且此次事变,死者十数人,令郎奋勇爱国,致遭不幸,固属可悲。而海上必将有空前之追悼,足慰英魂。特此致函贵府,乞勿以死者为念,过于悲痛,庶死者可含笑于九泉也。谨此唁达。

  即颂

大安。

  上海大学四川同乡会、四川彭县同乡会、上海大学学生会、上海大学校、社会科学读书会合组治丧委员会启

上海大学
致林伯渠、毛泽东、恽代英函

> 这是1926年4月10日上海大学为自建校舍,催讨国民党中央执行委员会所允之补助款洋二万元而写给林伯渠、毛泽东、恽代英的信。原件藏台北中国国民党中央委员会文化传播委员会"党史馆",编号为汉口档案第7516.1。选自《20世纪20年代的上海大学(上卷)》,上海大学出版社2014年版,第350页。

伯渠、润之、代英[①]诸先生鉴:

敝校建筑校舍,曾由中央执行委员会补助洋二万元,迭函催取,延展经年,迄未汇下。现地基正在江湾购定,于前日付款立界,正式成立契约,刻正进行建筑计划。惟经费奇绌,未便开工,深盼中央疾将此款汇来,以便资接济。

特再致函执行委员会,并派敝校在粤学生丁郁女士为代表,催汇此款。深恐执行委员会再事迁延,使经年筹备之功中途废弃,有负各界热心诸士喁喁之望,敢请诸先生鼎力赞助,敦促执行委员会将此款克日汇来,以便开工,不胜感激之至。

---

① 伯渠、润之、代英,即林伯渠、毛泽东、恽代英。

上海大学 致林伯渠、毛泽东、恽代英函

　　专此奉恳,顺候
公安。

上海大学谨启

四月十日

汪精卫等
上海大学募捐团致国民党第二次全国代表大会书

> 这是上海大学为自建校舍而组成的募捐团写给中国国民党第二次全国代表大会的信。原载1926年1月17日《中国国民党第二次全国代表大会日刊》，署名为汪精卫、邓中夏、邵力子、高语罕、侯绍裘暨全体团员。现选自《20世纪20年代的上海大学（上卷）》，上海大学出版社2014年版，第344—345页。

中国国民党第二次全国代表大会海内外代表诸君：

我们很幸运的，到广东来的时候，适逢第二次代表大会开幕，诸代表济济一堂，商决党国大事。以期打倒帝国主义及军阀，完成国民革命而达到中国民族独立自由平等之目的。我们来时逢此盛会，觉得"与有荣焉"！

我们上海大学，是在帝国主义及军阀的虎穴中，专从事于研究宣传并实行我党主义的唯一学校，我们奋斗的经过，想诸君也必知道的，二年之间牺牲生命的已有三人，受伤及入狱者不计其数，而造成由来的革命人才，正在奋斗，并预备牺牲的，更不计其数，在广东亦有许多，诸君可以随便遇到。故广东可说是革命策源地大本营，而上海大学好比是派在帝国主义及军阀的虎穴奋斗的先锋队。

我们的中部地方，革命的种子，不少是我们上海大学所散布的。我们要唤起民众，培植革命势力基础，预备着使国民政府的政治军事势力到达

之地,即我党势力永远巩固之地,非本校与中部各省诸代表回去时大家加增努力不可。

然而本校这样的奋斗,天然的成了帝国主义与军阀的仇敌,因此本校在那里实在是艰难困苦,经济上既困难万分,而尤其是校舍无着,使得经济上多受无谓之损失,工作上亦多不方便,生活的劳苦,是我们革命的人所能够忍受的,然而甚至于不能维持健康以多尽力于革命事业,则亦于效率上减损不少,至于欲求发展,则无自建校舍,更难谈到,而房屋所有者或且相率不允出借亦许可能,则维持都难了。

如此本校自建校舍之举,已一日不可缓,故已议定募捐办法,兹特派同人等来粤募捐,适逢代表大会开会期,本团敢向代表诸君请求三事:

(一)请各代表慷慨解囊,以资集腋成裘。

(二)请各代表回去时为吹嘘劝募,尤其是要请求海外诸代表帮助,因为海外同志是以踊跃捐资扶助革命事业著名的。

(三)请各代表回去后,努力介绍本校于各处,使同志或同情者能够接踵入本校求学,多多造就革命人才。

即此祝
诸代表健康!

上海大学募捐团汪精卫
名誉团长邓中夏、邵力子暨全体团员　谨启
团长高语罕、侯绍裘

上海大学行政委员会致国民党中央执行委员会函

> 这是1926年4月24日上海大学行政委员会为自建校舍,催讨国民党中央执行委员会所允之补助款洋二万元而致国民党中央执行委员会的公函。原件藏台北中国国民党中央委员会文化传播委员会"党史馆",编号为汉口档案第7515.3。现选自《20世纪20年代的上海大学(上卷)》,上海大学出版社2014年版,第351页。

径启者:

窃上海大学去年于五卅惨案中横被帝国主义者压迫摧残,遂图自建校舍。八月间曾由邵前代理校长力子向贵会呈请补助建筑费,当蒙议决拨给二万在案。兹上海大学对于建筑计划业经积极进行,于本年四月间,购得上海市外宝山县属江湾乡校址一区计地二十余亩,拟即日开工建筑。但估计校舍工程约需银七万余元,而一年以来募得捐款不过一万二千元,以之购地尚不敷二千余元,建筑所需仅有贵会指拨之二万元可认为的款。现动工在即,需款孔殷,特由敝会议决推定韩委员觉民[①]为代表,前赴粤垣支领贵会允拨之建筑补助费二万元,仰祈从速拨给,即交韩代表携回,以便即日兴工。抑更有请者,上海大学此次建筑校舍需费在七万元以上,现除贵会指拨之二万元,暨募得捐款一万二千元外,不敷尚属甚巨。敢请

---

① 韩委员觉民,即韩觉民,上海大学总务主任、行政委员会委员。

贵会俯念上海大学以反抗帝国主义者最烈之故,去年受祸亦最酷,既被迫而赁居民房,诸多不适,非亟图使校舍落成,不足使学子安心学业,以备救国之用。特准于原定拨给二万元外,再予增拨一万元,以助其成。此敝会所以为上海大学请命于贵会者一也。上海大学自成立以来,虽就学者日众,而经费支绌,无岁不亏。历来均由于校长右任捐募借垫,借以支持。但值此民生凋敝,兵祸频仍之际,捐借两途,均生窒碍。历年积亏,既达一万余元。本学期预算,又不敷四千余元。点金乏术,支柱为难。伏念贵会前曾允给每月经常费补助银一千元,嗣以度支未裕,中途停拨。兹值国民政府财政统一,经济状况较佳,敝会虽不敢望仍照原案继续补助,敢乞贵会特准给予一次补助计银一万元,以纾上海大学目前之困。此敝会所以为上海大学请命于贵会者二也。迫切陈词,统祈鉴察。除一切详情概由韩代表面陈外,相应备函。奉达贵会查照,核准施行,实为公便。

  此致
中国国民党中央执行委员会。

上海大学行政委员会上
四月二十四日

邵力子
邵力子启事

> 原载1925年1月11日《民国日报》。现选自《20世纪20年代的上海大学（上卷）》，上海大学出版社2014年版，第271页。
>
> 邵力子（1882—1967），浙江绍兴人。1922年10月23日起任上海大学副校长、代理校长。1925年离开上海大学赴广州任黄埔军校秘书长兼政治部副主任。1927年后历任国民党宣传部部长、国民参政会秘书长等职。新中国成立后，历任全国人大常务委员会委员等职。1967年病逝于北京。

敬启者：

鄙人此次被控，已奉会审公廨讯明取消，其理由为原控引用新刑律第一百二十七条错误，及报纸条例已于五年七月奉大总统令废止。此足征公庭尊重言论自由，鄙人极为钦佩。惟关于出售《向导》周报之事实的真相，当庭未及陈述，报载又甚简略，恐各界误会，不得不再说明梗概。

鄙人并未发售《向导》周报，上海大学尤非《向导》发行机关。此次捕房据人报告，饬探在校内书报流通处购得九十二期《向导》一份，遂据以控诉。惟书报流通处系学生自动的组织，借以便利同学间之购阅。凡近时出版之新文艺新思潮书报，大致略备，半向大书店批购，半由各出版人托为寄售。《向导》亦系由广州寄来，每期三十份，托为代售而已。真相如此。鄙人实与《向导》周报完全无关，未敢掠美（某报谓鄙人组织《向

导》报,尤误)。特比据实声明。

邵力子谨启

1925年1月11日《民国日报》刊登的《邵力子启事》

邵力子
致淞沪警厅长书

> 原载1925年3月25日《申报》。现选自《20世纪20年代的上海大学(上卷)》,上海大学出版社2014年版,第272—273页。

大主笔鉴:

鄙人本日致淞沪警察厅常厅长一函,录奉原稿敬求大报赐登,来函栏为感。

邵力子谨启

采园①厅长钧鉴:

敬启者:顷见《时事新报》载贵厅长训令案,据警察长呈称据报上海共产党云云。内称西摩路上海大学校长邵力子(字仲辉)总秘书为一组,阅之不胜诧异。报纸所载时或未确,鄙人未敢确信贵厅果有此训令。惟既与鄙人有关又涉及上海大学,不得不据实声明仰求察照。上海大学校长为于右任先生,鄙人仅于去年十一月下旬受托代理,因于先生尚未回沪,迄今未能卸职,然在此代理期间绝不知校内有所谓共产党之组织。二月初,奉公共会审公廨堂谕禁止共产计书及宣传共产,即经弥谕布告全

---

① 采园,常采园,淞沪警厅厅长。

校,迄今犹张贴壁间。至鄙人自身更敢誓言无担任共产党总秘书之事,穷思清季及洪宪时代侦探每任意指人为革党乱党,其动机即非倾陷异己,亦系轻信传闻而结果皆足以促进社会之不安。今世尊重自由,在君主立宪之英国,共产党亦能公开组织且为选举活动,凡人非触凶刑章,皆不至遂被捕禁。我国政体共和约法尤规定人民有集会自由之权,鄙人果为共产党员,本亦不必讳言,惟实不愿受莫须有之诬指。伏冀厅长本尊重法治,扶植民权之精神,勿轻信侦探之报告,郑重处理,则感德者非独鄙人已也。

谨此上陈,伏希公鉴。

邵力子

三月二十四日

沈观澜
谈谈教育

> 原载《上大附中》第五期（1925年11月10日出版），署名"观澜"。现选自《20世纪20年代的上海大学（下卷）》，上海大学出版社2014年版，第608—610页。
>
> 沈观澜（1902—1965），原名沈志远。浙江萧山（今属杭州）人。1925年8月进入上海大学中学部任教，同年加入中国共产党。新中国成立后，任上海社会科学院经济研究所研究员。

开宗明义说几句，教育底本身，应以"人"为对象的；教育底目的，应该是扩大并丰富"人"底生活；教育底性质，应该随着时代、环境、潮流之变迁而变迁；换一句话说，教育底实施，应该是适应时代、环境、潮流的。就它底对象和目的说，所谓以"人"为对象，以扩大并丰富"人"底生活为目的，就是说它是为"人"而存在的；是为要使"人"底生活，由单纯进而为复杂，由冲动进而为理智，由粗蛮俗陋而为优美文明，由扰攘残暴而为和平亲爱，由黑暗悲惨而为光明幸福，而发生它的需要的。就它底性质说，所谓随时代、环境、潮流之变迁而变迁，就是说实施教育时，该先从根本上把这个世界底已往的历史、目下的现状、未来的趋势，用科学的头脑和方法考察一个明白，然后再决定有适应这时代、环境、趋势并能促进之的性质的教育。明白些说，一个国家底教育的性质，要认识了这个国家底地位，认识了世界底状态，认识了国家应由之道，并认识了世界应由之道

之后,才能决定的。这样的教育,才是为"人"的,才是创造的、前进的,我们所认定的真正的教育。否则终不免是盲目的、冲动的、无意识的。

因为教育是以"人"为对象的;以扩大并丰富"人"底生活为目的的;其性质,是应该适应时代、环境、潮流的;所以,一切"非凡人"的、"奴隶"的、少数特殊阶级的人所占有的和为他们利用的教育以及复古的、保守的、空想的、反动的教育,都不是真正的教育,都是用不着的教育。以"修身齐家治国平天下"为目标的人才教育,以上帝底意志为意志以造成"上帝之骨"的宗教教育,和英国、日本、法国对于印度、高丽、安南所设施的奴隶教育,果然不是教育;从前的帝王以至于近来的统治阶级——军阀、官僚、士绅阶级——对于他们脚底下的人所设施的顺民教育,何尝是教育?贵族阶级所提倡用以装饰门面的教育,国家主义者所提倡用以牢笼人心、齐一天下的教育,和资本主义者所提倡用以培养帮助他们掠夺劳动者生机的走狗教育,何尝配称到教育?专讲君臣、父子、礼义、廉耻的教育,果然不是教育;空想派的"新村"教育,"书生"气息的人格教育(我果然不否认人格的重要,但是近来有一批教育家,不留意到社会纠纷的根本原因,只是一味地提倡人格教育,以为解救纠纷的不二法门,我认为是十二分地不适合于时代与环境),和依赖军阀、官僚为行业的走狗派所提倡用以实现在军阀、官僚、富商脚底下吃他们底唾余为苟活的梦想的职业教育,何尝是适合时代、环境、潮流的真正的"人"的教育?他如店铺式的买卖教育,养成"社会之花"的"园丁"教育,更是不在话下了。因为这般教育专家,不是以培养"超人"为目的,便是以制造奴隶为目的;不是为少数特殊阶级的人而设,便是为少数特殊阶级谋利益的人而设;却从没有以教育整个的"人"——人类的"人"——为目的,也从没有为这个"人"而教育。

我对于教育是门外汉,我不敢高谈而且不会高谈什么教育底精义和高妙的哲理。不过无论如何它终不能跳出"生活"(这里所谓"生活",并不是昏迷、畏怯、苟安、偷生的"生存")圈子以外。可是生活是不绝地变迁的,是不绝地随着人类经济、政治底组织和制度而变迁的。我们因为要实施教育,所以先要明白生活底现状;我们要明白它底现状,又不得不考察现社会的经济、政治底组织和制度,因为惟有这经济、政治,才决定了人底生活。所以我上面说,先要认识了国家底地位、世界底状态和国家世界应由之道,才能决定一种教育底性质。不但教育者自身应该明白这些;就是对于被教育者,也应该竭力负使他们及早明白这些的责任。这样的教育,才不至于与人底"生活"风马牛不相及,才不至变为"超人"、"奴隶"……的教育。

现在要考察——考察我们底国家地位和世界底状态。我们底国家是不是处于世界资本帝国主义和国内军阀的双重铁壁包围中,任他们宰割鱼肉的半殖民地的地位?现在的世界是不是呈一种凶暴压迫和平,强权压迫公理,统治者压迫平民……坐享的资产阶级压迫劳动的无产阶级,而成两大阶级对垒的现象?现在的中国,是不是应由打倒国际帝国主义,推翻横行不法的国内军阀而得到生活底自由和幸福?和现在的世界,是不是应由一切被压迫的和平的无产阶级,打倒压迫人的残暴的统治阶级?这些都是事实的问题,都有它们历史的背景和应运而生的现状,来做我们眼前的铁证,谁也不能否认的。自来由教育的力量所建筑成的知识阶级,在人类社会上造了许多善,同时又造了许多恶。因为他这底地位,向来是处于治人者或助治人者——帮助着少数上层阶级的人谋利益幸福;所以由知识产生的法律、道德、制度等,都是片面的,一部分人的。他们所造的善,尽归了少数人,恶,都加到与他们不相干的多数人身上去了。现社会底二大阶级,便从此造成。所以现在如其要提倡为"人"的教育,为"人"底生活的教育,为适应并促进时代、环境、潮流的教育,只有提倡打破旧时知识阶级为少数人所作的一切,而重新建设为人群公共有利的一切的替被压迫者向压迫者革命的教育!只有提倡为和平、劳苦的平民群众底自由而杀出重重包围的铁壁的反抗教育!

现在国内一般的教育大家,他们多数都是喝过西洋的"文明汤"的;他们看到国家社会的纠纷,终摇头甩尾地叹着说,"中国教育实在太坏了,以至于国家弄到这般糟!"有的以为西洋之所以富强,由于失业者少,因此要提倡职业教育来救中国;有的以为欧、美、日本之所以雄踞世界,是由于国民能够一致爱国,能够实行富国强兵的主义,能够振兴实业征服他邦;所以要提倡国家主义的教育;有的以为社会的一切混乱,是由于"人心不古,世风日下",遂来高呼人格救国的道德教育;也有的全凭着自己

的空想,以为人类始终应该互助互爱的,一切现社会的罪恶之沟壑,使他们十二分厌弃而不忍再睹的,因此他们集合同志主张另造一个新天地,以"爱"来感化人,好像不吸人间烟火似地提倡所谓"新村"主义的教育,以享受个人精神上高洁的幸福为主旨的(这派要算最少数,而且是比较得簇新的一派)。此外还有以养成几个顾维钧、施肇基为主旨的人才教育,也不在少数。

总之,他们不是要培养"机器"便是培养"君子"、"国家柱石";不是教育"顺民"便是教育安分的优秀分子。这是中国教育的现状。

教育界的先生们!抬起头来看一看国家社会底根本病源吧!在不平等条约紧紧束缚着,海关及其他经济大权皆操诸外国帝国主义者之手,发展经济的咽喉已被人一手执住的中国,还梦想提倡实业挽回利权吗?每年数万万的被掠夺,加以国内年年月月的战争,小百姓的生机,成千成万地被灭绝;补漏洞式的职业教育还用得着吗?支配世界人类的生活的经济、政治制度,已经把国家的墙打破了;这一国家的多数人所要打破的,也便是那一国家的多数人所要打破的;富了国、强了兵、振兴了实业,利益是谁享?所以要想用了"爱国"的美名来号召的国家主义的教育,来救多数人,是可能吗?讲到所谓人格教育、新村教育,更是"空中楼阁",他们像居在另一个地球似的,一天到晚只是讲些人道、互助和什么精神上的慰安……,我觉得都不是被鱼肉的中国民族,被戕贼的大多数劳动群众所需要的教育!教育界的人们!你们如要赎你们过去用了知识去帮助懒惰的少数人掠夺多数人的罪恶,除了从速觉悟过来,站在被压迫阶级底地位上,鼓吹反抗,提倡革命,助他们解脱枷锁的革命的教育以外,没有第二条路!

临了,我还得简括地申述几句。我们需要革命,因为惟有它,才得把支配着"人"底生活的现有的经济和政治制度推翻了;从少数人特利的,变为人群共利的制度。我们需要革命的教育,因为惟有它,才能促进扫除人类社会中少数强盗残害多数和平群众的那种乌烟瘴气的革命事业,而把真正的"人"底生活扩大丰富到无止境的地步。这样,真正的教育目的,才会有实现的一天。

一九二五年一月二日

施存统
林钧被打之报告

> 原载《向导》周报1924年第87期,署名"存统笔记"。现选自《20世纪20年代的上海大学(上卷)》,上海大学出版社2014年版,第387—388页。
>
> 施存统(1899—1970),又名施复亮,浙江金华人。中共早期党员。曾留学日本。1923年秋到上海大学任教。1924年10月以后,任社会学系主任。1926年4月,离开上海大学到广州黄埔军校任教。新中国成立后,曾任劳动部副部长等职。

今年双十节在天后宫开的上海国民大会,谁知竟是帝国主义与军阀的走狗所合开的!许多爱国的国民,贸然赴会,竟被打得头破血流,伤者无数,有的竟有性命之忧,被打的国民,大半是国民党的同志,其中以黄仁、林钧、郭寿华、郭伯和诸君受伤最重。黄仁君竟因受了一顿毒打,脑部胸部,均受重伤,已于今晚因伤殒命。林钧君,现在宝隆医院,我以同志同学的关系,今天下午去省视他,林的话一字不改地记录如下,使我们未参与此次走狗国民大会的人能从林君所报告的话中知道此次的内容。

一、林君说:"此次我们被打,童某等应负责任,因为他们是发起人,童某是大会主席,不但不阻止打人,并且在台上大呼打'打!打!'"

二、"打我的人中,有两个人身上挂有国民大会的徽章,可见此次打人,完全是筹备国民大会的人主动的。"

三、"全国学生会代表郭寿华君大演说,刚开口说我们国民,要一致起来打倒帝国主义、打倒军阀……主席童某便走出来阻止,台下流氓即一哄而上群打郭某;可见台下流氓,完全受童等之指挥,预先设下的毒计。"

四、"一些流氓打了我们之后,并且把我们交给警察关在一间小房子里,声脱我们身上的手枪,搜遍我们的身体;后来童某对我的朋友徐君说:'今天场上有穿西装的少年拿手枪扰乱秩序。'其言与流氓如出一口,显然可见那些流氓之搜抢手枪,并由于童某等所主使。"

五、"童某把我们关在一间小房子之后,便由童某出面要我们签字,他一见了我们的名单,便说'对不起,误会了'。试问所谓'误会'是什么?可见童某等早已决心做帝国主义与军阀的走狗,来摧残国民的正当运动了。"

六、"童对我们说:'刺花党打你们,是奉命令来的,他们目的在维持秩序;你们既不是扰乱秩序的人,那实在是打错了。'请问这是什么话?"

七、"童对我们说'此事已报告上海县公署来了,现在专待上海县公署回电,如果回电说要人,只得把你们解上去;如果说不要,那便可以马马虎虎过去',请问这又是什么话?"

八、"学生总会被打的人对童说:'我们是你们国民大会要我们来的,为什么叫我们来了却来打我们,把我们关在这儿?'童回答他们道,'既然是办事人,那么你们回去吧'。这便是说非办事人是不能回去的。"

九、"童对学生总代表郭寿华君说:'我叫你不要多讲,你不听我的话,所以自然要被他们打了。'请问这种话包含些什么意义?"

十、"有人演说:'卢永祥、何丰林是拥护正义的,我们是应该帮助卢永祥战争。'我受良心之驱使,哼地冷笑一声,他们便立刻把我痛打了,幸亏我稍知拳术,所以内部还没有十分受伤,只有背部和头部被痛打了几十下。"

以上完全是林钧君负责对我讲的话,我已得到他的同意把他这番话在报纸上宣布。同胞们!我们看了林君这一番话,应该作什么感想?这一次的所谓"上海国民大会",到底是一个什么东西?我们应该认识童理璋等背后帝国主义及军阀之势力!应该认识这是中国法西斯蒂运动之发端。

施存统
新年的第一件工作　努力促成国民会议

> 原载1925年1月1日《民国日报》副刊《觉悟》。现选自《20世纪20年代的上海大学(上卷)》，上海大学出版社2014年版，第405页。

去年一年当中，帝国主义国内军阀加于人民的压迫虽然依旧而且加重，然而人民的觉悟和反抗，亦显然已经增进，"反对帝国主义及其工具军阀"这一个革命的口号，已将多数被压迫民众鼓舞起来了，国民革命的怒潮已涌现于全国了。

自从国民党改组发表宣言，高揭反对帝国主义反对军阀的大旗以来，全国被压迫的民众顿时得了思想的和行动的指针，一致认国民革命为救济目前中国的唯一道路。"五一"、"五四"、"五五"、"五七"、"五九"，诸纪念日的热烈的国民运动，"九七"的反帝国主义大运动，以及最近的国民会议运动，都是我中华民族不甘奴服的表现，都是解放运动中的好气象，亦是去年一年努力的成绩。

去年这一些的运动，我们今年都要继续下去的，一直达到我们最后的目的为止，可是在我们的目前，尤其要注意国民会议运动，一致努力促成国民会议的实现，这是我们政治奋斗必由的道路，亦是此刻千载一时的良机。

国民会议如果开得成功，能够很顺利地解决对外对内的许多重大的

政治经济问题,那当然是再好没有;即使开不成功,不能解决各种困难的问题,民众亦可以得到两种效果:一是将自己锻炼成一支强大的劲旅,获得未来胜利的保障,一是彻底暴露帝国主义与军阀的罪恶,总之绝无妥协迁就之余地。所以只要我们努力宣传国民会议,努力做促成国民会议的运动,无论国民会议开得成功与否,都是于国民解放有利益的,都是接近国民解放的第一步。

施存统
介绍秋白著《社会科学概论》

> 原载1925年1月1日《民国日报》,署名"存统"。现选自《20世纪20年代的上海大学(上卷)》,上海大学出版社2014年版,第222页。
>
> 秋白,即瞿秋白。

我常常盼望有通俗的社会科学书籍出版,常常希望的研究的朋友做些有益的小册子来供给我们,而同时亦常有朋友以研究社会科学入门书籍见询,总苦于无书可答,以为是一件憾事。现在有了秋白兄的《社会科学概论》出版,实在觉得非常高兴。

秋白兄此书刚做成时,我曾经看过一遍,我那时便对秋白兄说:"你这本小册子真做得好,说理明显,文字通俗,很合许多青年朋友的需要,出版时我非大大替这本书介绍一下不可。"可是现在书已经出版了两个月,我为许多事情所牵累,到今天才能提笔写几句介绍的话。

今天是新年的第一天,我特来介绍这本书,自己觉得很适宜,比做一篇空文章要有意义得多。这一本书,分量虽少,只有三万多字。可是内容非常充实,可说是中国社会科学界中空前的著作,在过去的中国社会科学书籍中,没有一本书还比它更有意义。读者不信,需买一本来与其他大部的社会科学书籍来对照看一看,究竟哪一方面所得的多些。

这本书解释唯物史观,清晰异常,娓娓动听,不但我们相信唯物史观

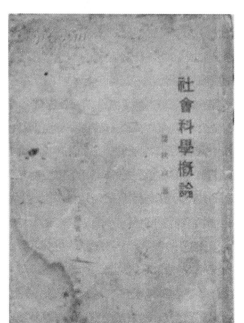

瞿秋白所著的《社会科学概论》

的人看了格外了解,即向不知唯物史观或反对唯物史观的人(尤其是文学家、哲学家)看了亦不能不"点头称是"。我们看了这一本书,可以扫除许多关于唯物史观的误解。

这本书对于弱小民族的国民革命运动与世界无产阶级的社会革命运动,都给予一种科学的解释,并且提示被压迫者一个有效的斗争武器。一切被压迫民族、被压迫阶级,如要脱离自己受压迫的地位,首先便须明了社会科学所指示的道路,争得自己独特的思想的武器。不然,闭眼瞎撞,一定要弄得头破血流的。

这本书对于社会、经济、政治、法律、道德、宗教、风格、艺术、哲学、科学等现象,都曾给予一个正确的定义和解释,并且指明其相互之关系,使我们对于这些日常的现象能有一种科学的认识,我们看了它,至少可以明白我们所生活的社会是什么东西。

社会改造的需要一天迫切一天,社会科学的智识亦便一天有用一天。没有社会科学的智识而欲改造社会,犹如没有指南针而欲航行大海。至少在这个意义上,我愿以十分的热忱将此良著介绍于一般亲爱的青年朋友之前。①

---

① 原文后面还抄录了瞿秋白《社会科学概论》之目次,兹从略。

施存统
悼孙中山先生

> 原载1925年3月13日《民国日报》副刊《觉悟》，署名"存统"。现选自《20世纪20年代的上海大学（上卷）》，上海大学出版社2014年版，第409—410页。

中国被压迫民众的领袖，中华民族解放运动的导师，始终为国民革命而奋斗的孙中山先生，竟于昨日上午九时弃我们而长逝了！这是中华民族何等的不幸，国民革命中何等的损失！只要是一个被压迫的中国国民，谁不对于这样一位伟大无比的自己的领袖的逝世涌发出哀痛悼惜之挚情！民众丧失了自己的领袖，还有什么比这个可痛惜的呢？

中山先生是中国历史上第一个伟大的人物，是中国历史上第一个代表民众利益而奋斗的伟大的领袖；全部中国历史中，只有他是领导中国被压迫民众向真正解放的道路前进的，只有他是始终为被压迫民众的利益而革命的，所以只有他值得我们民众的崇拜敬仰。什么尧、舜、禹、汤、文、武、周公、孔子，谁曾有中山先生这样伟大？

中山先生指导中国被压迫民众走解放的道路，创造革命的三民主义作民众行路的南针，建立革命的国民党作民众团结的基础，大胆地勇敢地指斥中国民众的仇敌——外国帝国主义和国内军阀而与之宣战，务期达到国家独立民族解放自由平等的目的而后已。民众之有中山先生，正如船员之有舵手。现在这样一个良好的舵手，竟弃我们而去了！

我们哀痛中山先生，哀痛民众失了自己的领袖；所以我们格外觉着自己责任的重大，自己努力的重要。中山先生虽然死了，中山先生的精神和事业是要我们继续下去的！我们要与俄国民众一样，列宁虽然死了，列宁的精神和事业仍旧由他们继续下去！

可是我们的敌人却很欢喜了，他们正在庆祝高兴这位革命伟人的死亡（也许假惺惺地赞扬几句，但即是伪善的表示呵！），他们以为中山先生死了，中国便没有人了，便用不着怕了，便可以高枕无忧了！其实他们是在那里做梦，他们不知道：

中山先生虽亡，革命的中国国民党仍在，

中山先生虽死，革命的三民主义犹存！

只要有了革命的三民主义、革命的中国国民党，即使中山先生的形骸死了，而中山先生的精神是决不死的！我们中国的民众，在中山先生指导之下的中国民众，一定会因丧失了自己的领袖而格外努力振作精神来奋斗的！

全国被压迫的同胞们！全国最亲爱的同志们！我们的革命的领袖死了，我们的责任格外重大了。我们以后要一致努力：

强固革命的中国国民党！

继续中山先生的革命事业！

施存统
中国学生在民族革命中的地位与任务

> 原载《上大五卅特刊》第四期（1925年7月7日出版），署名"光亮"，作者具体情况不详。现选自《20世纪20年代的上海大学（下卷）》，上海大学出版社2014年版，第671—674页。

这一次的五卅运动，青年学生占一个重要地位，是谁也不能否认的。自从"五四"运动以来，几乎每一次大的民族革命运动都有学生群众或□□分子参加，也是实在的事实。学生在民族革命运动中很显出勇敢的急进的精神。即在将来，他也是一支重要的劲旅。

有些人看见这种情形，就很乐观起来，以为中国可以不亡，还有青年学生来救中国，只有学生能救中国，至少亦可以说学生是救国运动的中坚；而我们自己，亦有很多是以革命中坚自负的，欲以学生领导全国民众的解放运动。这一种的奖勉、希望与自负，在或一程度内是可以激发我们的精神，促动运动的前进的；但是超过一定的限度，就会养成我们的夸大狂，使我们认不清事实，以致妨碍或贻误我们民族解放运动的正当发展。明显些说，少数人以此为感情的奖勉，以此为感情的自负是可以的（也只应限于一时），若真以为学生是民族革命的中坚，可以领导全国民众实行民族革命，那便是对于学生的地位、势力与任务，没有明确的认识，不但要导学生于歧路，并且要导全国民众的革命策略于错误，以阻碍民族革命的早日成功。

　　一种革命运动，必然有一种革命理论与它相应。革命理论虽由革命运动中产生，然而能影响到革命运动。如果指导革命运动的革命理论是正确的，便可以促进革命运动的急速发展与早日成功；不然，便可以延缓或贻误革命运动。所以我们当进行革命运动时，必定要注意那指导运动的理论，看它是不是正确的，换句话说，看它是不是科学的，是不是在科学上能够证明它的真实性。现在已经不是"一夫高呼，揭竿而起"的时代了，"成则为王，败则为寇"的观念固然不应该有，"成败利钝，非所逆睹"的盲动亦不应该行。我们须知：我们的民族革命，敌人的势力是很强大的，自己的战线是很广阔的，我们绝对没有侥幸成功的道理。我们应该"知己知彼"，然后才能"百战百胜"。要能"知己知彼，百战百胜"，必须要有一种正确的理论——战术（战斗的学问）来指导我们。因此，我们必得要仔细研究我们的理论（战术），我们学生尤其要明白我们自己的地位、势力与任务。

　　革命是一种战争。战争是力与力的比赛。自己有多少力，如何组织自己的力，这是我们当前的切迫问题。笼统地说，民族革命是被压迫民族反抗压迫民族帝国主义的革命，被压迫民族全体都是受帝国主义的压迫的，所以这一种革命是应该被压迫民族全体都一样地参加的。然而事实绝不如此，我们不应该只有笼统的观念，我们尤其要有抽象分析的头脑。

　　一般地说，中华民族全体都是受帝国主义的压迫的，每一个中国人都是外国帝国主义者的奴隶，照理，每一个中国人都应该反对外国帝国主义者，都应该参加民族解放运动；然以此次"五卅"运动的事实来说，便有些中国人处在旁观的地位（例如大部分知识分子），有些中国人公然做帝国主义的走狗（例如段祺瑞、萧耀南、赵恒惕及奉天、吉林、直隶、山东诸当局军阀），有些中国人暗底里帮助帝国主义（例如上海总商会等大商买办阶级和余日章、梁启超等教徒名流即外人所谓"高等华人"），真正始终反抗帝国主义的却只有工人、学生和大部分中小商人（农民除广东外，多数还不知道，那是另一问题）。即以始终反抗帝国主义的民众来说，其反抗的精神与程度亦不一样，以工人为最勇敢最彻底，学生次之，中小商人又次之。这是摆在我们面前的明明白白的事实，我们对于这样明白的事实，是不应该闭着眼睛不去问他，而应该张亮了眼睛去认一个明白，研究他究竟为什么会这样的。

原来帝国主义侵略我们,必定要有多少"土人"(我们的"同胞")做他们向导,方能长驱直入,毫无阻挡,并且必要有多少"土人"做他的走狗,才能肆无忌惮,为所欲为。这一些帝国主义的向导和走狗,虽然是中国人,虽然名义上是我们的同胞,但他是依附帝国主义而生存的,他的利害已与帝国主义的利害结在一起,他已忘了自己是中国人,所以他们也必然地为我们的仇敌,应为我们被压迫的民众所一致反对。我们应该从全民族中,全中国人中,认出这些帝国主义的走狗,一致加以反对。我们不要希望他们来爱国,尤其不要希望他们来保护我们的爱国运动,因为他们的生存环境绝对不会许他们这样做。他们虽然亦受帝国主义的支配,但同时又是我们的支配者,到处剥削我们,压迫我们。他们对于帝国主义的献品,是可以取偿于我们的。帝国主义的剥削我们,他们又可以从中取利。所以他们不会爱国,反去做卖国贼,亦是毫不足怪的。

其次,我们还要明白:帝国主义对于我们中国民族的压迫虽然是整个的,可是我们各阶级民众所受的压迫程度却不是一样的,因之各阶级民众的反抗的精神与程度也不一样。工人阶级受帝国主义压迫的程度最甚,所以他对于帝国主义的反抗也最勇敢、最猛烈、最坚决,做了反帝国主义运动的先锋与中坚。农民受帝国主义的压迫亦是很利害的,将来一旦觉悟,亦必然成为反帝国主义运动的健将。中小商人亦很受帝国主义的压迫,亦一定能支持反帝国主义运动。学生一方面是直接受帝国主义的压迫,一方面又从理论上明白了帝国主义的罪恶,所以亦能在反帝国主义运动中占重要的地位。所以这次"五卅"运动中各阶级所表现的反帝国主义的精神与力量,都不是偶然的事,实有其必然的因果关系。

"五卅"运动,起因于日本纱厂的工人罢工,与日本帝国主义者在上海青岛任意枪杀中国工人(根本原因自然不在此),爆发于英帝国主义者在南京路无故屠杀讲演学生及听讲市民。工人与学生的勇敢的反帝国主义的精神,是已由他们所流的血充分证实了的,谁亦不能加以否认。商人就比较差些。南京路惨案发生之后,中小商人(如各马路商界联合会)虽大多愤慨异常,即欲罢市以示反抗,然而那些大商巨贾如总商会者,却实在万分不愿意罢市,只因当时被逼于几千学生市民群众,出于无奈,才不

得已答应了罢市。后来总商会远离民众，背叛民众利益，阻碍民众团结，显示出反革命的色彩，更足以使中小商人气馁。所以中国商人之不能领导中国民族革命，是很显然的事。此刻能成为问题者，只是学生与工人二者，究竟是谁能做民族革命的领导者，我的回答是工人，不是学生。

有些人以为工人知识幼稚，不配做民族革命的领导者。自然，我们的民族革命是要有充分的知识做武器的，现在工人的知识的确还嫌差些。但我们要明白，革命运动固然少不了知识，但还有比知识更重要者，那便有经济的力量。工人知识幼稚，可以借助于学生，可以请学生（个人）去做参谋，不足以摇动他领导民族革命的地位。我们试看：近年来的大的反帝国主义运动，如香港海员罢工，开滦矿工罢工，"二七"京汉路大罢工，去年沙面华工罢工，历次上海英日纱厂烟草厂工人罢工，以及这一次上海、香港、沙面等处几十万华工大罢工，那一次不是工人阶级的举动？此次"五卅"运动，学生虽然有很大的力量。然而足致帝国主义死命，使帝国主义寝食不安的还是工人的力量。英国领事说："商人罢市，与我们没有什么关系，我们倒不怕他；工人罢工，直接给予我们打击，我们实在不能安心。"可见帝国主义者是懂得工人的力量的，他是认清工人是中国反帝国主义运动中的主力军，所以千方百计地要将新兴的工人的势力压伏下去，不许工人有"组织工会及罢工的自由"。我们中国人若还不认明工人的势力，不帮助工人势力的发展，不认识工人阶级是民族革命的领导者，不在这一个认识之下去决定我们战斗的策略，那么，我敢断言中国的民族革命决无成功的希望。我们还可以详细点说，工人阶级能够领导民族革命的理由：第一，工人有一定的经济基础和地位，他的经济基础和地位，根本不能与帝国主义相容，所以他必然地要反对帝国主义到底，决无中途妥协之可能；第二，工人阶级与国际无产阶级的地位与要求完全一致，只有它领导民族革命才能增厚国际运动的色彩与力量，才能急速消灭帝国主义；第三，工人阶级的地位环境大致相同，容易团结一致，能够成立强大的集中的革命组织，以严格的纪律督促革命的进行；第四，工人阶级在数量上比学生众多，在质量上比学生勇敢而纯洁。有了这一些原因，所以中国民族革命的领导地位，必然地要落在工人阶级身上，不管现在有没有成熟。

至于学生,既不是一个阶级,又不是一种职业,其本身并无一定的经济基础与地位,只不过是在青年时代求学的一个阶段,过了求学时期就失了学生的资格;所以即在这一点来说,亦可以完全明白学生绝无领导民族革命的可能。再就学生本身的力量来说,简直没有什么,全国学生的总罢课(我们学生唯一的最大的武器)决不能妨及帝国主义的毫末,亦不能如罢工罢市一样的引起社会的重大注意。再来看一看自己地位的摇动不一,许多领袖的变节迁志(我亲眼看见"五四"运动以来"爱国学生"投拜在帝国主义和军阀的脚下),那里还有资格来领导全国的民众运动呢?

然则我们学生究竟能不能革命呢?我们学生在民族革命中处在什么地位,能尽什么任务呢?我以为大多数学生都有革命的可能:第一,大多数学生毕业后都有生活的威胁(这是帝国主义造成的),都不能得到相当的职业,若要得到相当的职业,除非投降帝国主义与军阀;第二,从报纸杂志、书籍等文字上面渐渐会明白帝国主义的罪恶与真相,知道中国除了实行反帝国主义的民族革命外再无他道。可是也有一小部分学生,如那些军阀、官僚、政客、大商买办的子弟,必然地有反革命的可能性。一般地说,家庭较贫的学生比那较富的学生是容易倾向革命、投奔革命的。这一些有革命性的学生,在民族革命中是占一个重要地位的。这一次的"五卅"运动,便是一个极显著的例子。

但是我们要明白,学生的重要,并不在于他的本身,而在于与一般被压迫民众——劳苦群众结合在一起。此次"五卅"运动中学生的重要地位,便在于与工人结合一起,他的力量亦在于与工人结合一起。学生本身虽没有很大的力量,但他若与其他劳苦群众结合一起,加入一般被压迫民众中去,便会发出很大的力量。这是什么道理?因为学生比较是有知识的,容易了解民族、国家的危险,和帝国主义的性质,可以把他所晓得的这些道理告诉一般民众,使一般民众也一样地了解帝国主义侵略中国的真相,一同起来做反抗帝国主义的革命运动,成立强大的反帝国主义民众组织。换句话说,学生在民族革命中的地位与任务,就是在于宣传民众、组织民众,而自己处于附属劳苦群众的地位。比方说,我们去宣传工人,组织工人,我们便应该以工人为主体,一切言论行动均须合于工人的利害与要求;我们去宣传农民,组织农民,我们便应该以农民为主体,一切言论

行动均须合于农民的利害和要求,其它都应如此。这样,才能造成真正的民众的革命力量,中国学生才能在民族革命中尽伟大的使命。不然,如果妄想以学生为主体,以学生去领导民族革命,结果一定会毫无所成。

全国亲爱的同学们!我们要赶快认识自己的地位与任务,我们要赶快跑入劳苦群众中去!革命的真实力量是在劳苦群众身上,我们要投身到劳苦群众中去才能显现出我们自己的力量呵!

施存统
我们底战斗方略

> 原载《上大五卅特刊》第五期(1925年7月14日出版),署名"光亮",作者具体情况不详。现选自《20世纪20年代的上海大学(下卷)》,上海大学出版社2014年版,第677—681页。

我们底目的是很简单的:要求中国民族底完全解放,脱离帝国主义的剥削与压迫。可是我们要达到这个目的,须经过长期的勇猛斗争,在这斗争过程中必须注意战斗方略;若没有一种良好的战斗方略,我们底目的是决不会达到的。一种革命运动,鲜明的目的固然必要,然而良善的战斗方略更加要紧。空有很好的目的而没有适宜的方法去达到它,对于我们有什么用处呢?

我们这一次反帝国主义运动,提出打倒一切帝国主义、废除一切不平等条约的口号,是不错的。这是指明我们应走的康庄大道,提防我们误入歧路。这不是因为我们犯了笼统的毛病,正是因为我们认清了前途是什么。整个的帝国主义,压在我们底头上;全部的不平等条约,缚在我们底颈上。我们底目的,是要解除帝国主义的锁链,脱离不平等条约的束缚,回复我们底自由与平等。凡是帝国主义,都是剥削我们、压迫我们、拿不平等条约来束缚我们的,所以我们要主张打倒一切帝国主义、废除一切不平等条约。只有根本废除了一切不平等条约,根本打倒了一切帝国主义,我们中国民族才能得着完全解放,才能得着真正的自由与平等。

　　我们在这一次反帝国主义运动中,特别用力反对英、日帝国主义,亦是不错的。从根本上说,帝国主义是整个的,各国帝国主义都有同生共死的命运,它对于全世界无产阶级及弱小民族的剥削与压迫,生存在这二重掠夺之上,亦是一样的。可是同时,各国帝国主义,又因本国资本主义发展底条件与程度,使它对于本国无产阶级及弱小民族的剥削与压迫,在形式与程度上,与他国发生多少的差异,而各弱小民族所受的各国帝国主义的剥削与压迫,其形式与程度亦不一样。我们中国,受了许多帝国主义国家的压迫,一切帝国主义国家都利用不平等条约来压迫我们,"五卅"南京路底大屠杀,六国委员团(英、日、美、法、意、比)一致地承认中国人自己"该死",英、日、美、法等帝国主义国家,到处联合压迫我们底民族解放运动;所以我们应该毫无迟疑、毫无踌躇地反对一切帝国主义国家,不论英、日、美、法。可是我们在反对时,亦不能不分一个轻重:目下应该特别反对英、日帝国主义,稍稍放轻美、法帝国主义。第一,这一次的运动,英、日帝国主义对于我们的压迫特别利害,英帝国主义之于上海、汉口、沙面、重庆等处底任意肆行惨杀,日帝国主义之于上海、青岛等处首先屠杀我爱国工人,都是使我全国民众义愤填膺、热血沸腾,认为奇耻大辱,誓欲拼死报复的。压迫我们最厉害的,我们对它的反抗亦应该最激烈。我们对于帝国主义,每一次的新压迫事件发生,都应该唤起民众底激烈反抗。这样,才能鼓起民众反帝国主义的精神,使反帝国主义运动深刻化激烈化,引导民众到民族解放的路上去。所以我们这一次对于英、日帝国主义特别用力反对,乃是很正当的战斗方略。第二,压迫我们中国的帝国主义国家,虽有英、日、美、法、意、比等国,然而其中,意、比在中国没有什么势力,只有随声附和的能力,法国在欧洲尚自顾不暇,在中国虽有相当势力,还不甚可怕;最可怕的主要角色,只有英、日、美三国。英、日在中国已造成强大的政治的、经济的势力,美国正在猛烈地向我们进攻,其势力一天涨一天,且有很多美国化的"中国人"(留学生、教会学生及新兴资产阶级)为它鞠躬尽力。所以我们现在最大的敌人,就是英、日、美三个帝国主义国家,我们应该特别用力反对这三个帝国主义国家。可是以现在中国的经济的、政治的势力来说,以中国人过去受帝国主义压迫的程度来说,英、日帝国主义确然胜过美帝国主义(然同时要注意,美帝国主义对于我们的压迫,以后一定一天厉害一天),所以我们对于英、日帝国主义——在中国势力最大的帝国主义国家,不能不特别用力反对,尤其在此时不能不猛烈反对,给它一个打击,并给一切帝国主义者一个警告。

可是我们要注意:第一,我们反对一切帝国主义国家,并不是反对一切外国人民。国家实际上是阶级的,现今各帝国主义国家都是资产阶级的,所以我们反对列强,原只是反对资产阶级及其政府。第二,我们特别用力反对英、日二国,并不是忘记美、法等国,更不是要联络美、法来反对英、日。美、法既是帝国主义国家,亦必然地要剥削及压迫我们,我们绝对没有同它联合的可能,亦不能停止我们的反对行动。第三,我们的反对帝国主义运动,是一种确有势力的国际运动,我们的势力共有四种:一是中国工人、农民、商人(中、小商人)、学生等被压迫民众的势力,二是印度、埃及、土耳其、爪哇、波斯、高丽、台湾等被压迫民族的势力,三是英、日、美、法、德、意等国无产阶级(工人及农民)的势力,四是无产阶级国家苏维埃俄罗斯的势力。这四种势力,不论主观上与客观上,都是与帝国主义根本不相容,都是要打倒帝国主义的势力的。明白了这三层,然后我们便可以批评现在流行的一切的错误主张。

第一种错误主张,便是所谓国家主义者的主张(或者可说是醒狮派的主张)。这一派人的主张,在唤起中国民族的自信心(实际他们所能唤起的是中国知识分子的自信心与自负心,连资产阶级的自信心都唤不起来)这一点,在主观上我承认它有相当的意义。他们如果在行动上确能始终(外抗强权),"外抗强权",在客观上我亦承认它有相当的作用。所以他们的言论与行动(如果能照"外抗强权"四个大字而行动)在一定的限度内,我以为此时还用不着反对它。可是他们的真相,我此刻亦不能不顺便将它指摘出来。他们拿"国家主义"来号召,他们高呼"惟国家超越一切",他们想以笼统的"外抗强权"的口号去代替具体的"打倒帝国主义"的口号,他们妄指苏俄为"赤色帝国主义",他们反对"阶级斗争",他们劝工人不要讲"阶级利益",实际上都是代表新兴的资产阶级利益说话的(也许他们当中有些人主观上自己并不觉得),亦不仅是曾琦等几个英雄好汉所闹的玩意儿。(亦许曾琦先生自己并不明白,满肚子装着英雄主义的思想,目空一切,气盖万世,动辄赋诗示志,以中国救主自命)他们现

在还不配做一个帝国主义者,可是他们想将来能做一个帝国主义者(只要看他们所师事的是些什么人)。他们对于帝国主义,实际只有一个"希望"。他们为这未来的"希望"而努力。可惜,他们生不逢时,至少可说是迟生了三四十年。他们若生在甲午中日战争以前,或者还有一试的机会,现在可不行了。他们的主张,客观上确是代表新兴资产阶级的利益与要求的,然而他们有点冒失,没有认清中国新兴资产阶级的性质与势力,所以决得不到中国新兴资产阶级的有力的拥护,没有方法使他们的国家主义实现。中国新兴资产阶级,一部分(如大商买办阶级)是附丽于帝国主义的,不但不会革命,并且必然是反革命的,有一部分(如纱厂、丝厂等工业家)虽有反对外国帝国主义的心理,然而没有反对外国帝国主义的能力,尤其不敢冒革命的危险。况且"赤化"的恐怖,刻刻萦绕于他们的心中,更害得他们要想利用工人、学生去反对外国帝国主义而亦有所不敢(因为利用工人、学生去反对外国,一定要使工人、学生有组织,他们对于工人、学生底组织是很怕的)。我们只要看这次"五卅"运动中上海总商会底态度,以及他们历来对于收回关税自主权运动的态度,便可以知道。收回关税自主权,撤销领事裁判权,不许外国资本家在中国境内开办工厂,不许外币在中国境内流通,收回租界等等要求,实际都是代表资产阶级利益的要求。然而中国资产阶级对之却十分冷淡,反不如工人、学生远甚。这些都是眼前的事实,谁亦不能加以否认。醒狮派国家主义者很想用"全民革命"一个口号来欺骗工人、农民,可惜他们所欲代表的中国新兴资产阶级太不争气,大多数连革命的志愿与勇气都没有。国家主义运动底不足畏,便在这里;国家主义一切对于现实政治的主张之错误,亦便由这一点出发。他们对于这一次"五卅"运动,不问青红皂白,不论外国资产阶级与无产阶级,一律加以反对,不论帝国主义国家与社会主义国家,一律加以排斥,高呼"惟国家超越一切"的口号,欲将国际主义的反帝国主义运动,变成狭隘的排外攘夷运动,而又劝工人牺牲阶级利益。其主张之矛盾错误,固不必说,而其实行底可能亦等于零:中国资产阶级既不听他们底话,中国无产阶级更不听他们底话。

第二种错误主张,便是只认英、日二国是我们底敌人,希望美、法、意等国出来主持公道。这一些人是患近视病与健忘病的,或是甘做美、法等国底工具者。美国水兵惨杀杨树浦工人，法国兵士惨杀广州市民，以及他们与英、日联合压迫我们共同对付"五卅"交涉的事实，我们总不应该装做不知。帝国主义者相互间是可以有冲突的，美、法于此次事件中亦确有以空言买好于中国人之心，然而无论如何，我们若真要脱离帝国主义的羁绊，废除不平等条约，他们一定是一致压迫的。所以要求帝国主义国家来主持公道，便无异与虎谋皮。历次的上当，如巴黎会议、华盛顿会议，我们总不应该忘记。我们须知，强盗总是与强盗一伙儿的。即使我们只认英、日是我们底敌人，美、法亦不会放过我们。只要我们向英、日提出废除不平等条约的主张，美、法亦一定是与英、日联合一致反对我们、阻挠我们的。因为事实上我们若废除了与英、日二国所订的不平等条约，必然要影响到与美、法等国所订的不平等条约，亦一定要主张废除。所以我们现在反对一国帝国主义，要求脱离一国帝国主义的束缚（尤其是对于最强大的帝国主义国家），必然地就是反对一切帝国主义，要求脱离一切帝国主义的束缚的意思。因此，我们不应只认英、日帝国主义是我们底敌人，同时亦应认美、法帝国主义亦一样地是我们底敌人。

我们在这次运动中，对于美、法帝国主义，绝对不应该避掉不反对。我们若避掉美、法不反对，一则可以使民众不易认识整个的帝国主义的压迫，二则可以为美、法帝国主义者及其走狗所利用（尤其是美国）。

第三种错误主张，就是单单主张"抗英"，对于日本尚主张联络。他们以为大英帝国主义是首先侵略我们的，在中国的势力又最大，又是这一次惨杀事件底罪魁祸首，而我们自己底势力又太小，所以主张集中全国民的力量于"抗英"一点，即对于日本帝国主义亦主张让步。换句话说，他们主张"联日抗英"。他们自己声明：他们亦反对日本帝国主义的政府，但不反对日本人民，希望日本人民觉悟；就对于大英帝国，却笼笼统统地一概反对。我们对于他们这一种主张，根本不能了解：第一，特别提出"联日抗英"口号，必然是联络日本帝国主义去反抗英帝国主义的意思。第二，日本人民本有两部分，一部力是帝国主义者（资本家、地主、军阀、官僚等），一部分是反帝国主义者（工人、农民等）。日本政府就是日本帝国主义者的，日本政府底使命就是保护日本帝国主义者底利益，我们不能避开日本一部分帝国主义的人民而单反对日本政府，并且日本底帝

国主义的人民根本没有觉悟的可能，决不会因什么同文同种而退还以前侵夺我们的权利。第三，日本人民不应该反对，难道英国人民便应该全体反对吗？英国工人反对英国政府压迫我们的运动，亦是我们所应该反对的吗！所以这一种"联日抗英"的主张，实际只是做了日本帝国主义底工具，决不是什么中国底"国是"。我们不反对日本全体人民，并且应该与日本工人、农民联合是对的，但我们对于英国亦是一样，我们亦是主张与英国无产阶级联合。我们要日本国家与我们联合，我们希望日本自愿退还一切侵夺去的权利，只有在日本帝国主义国家倒灭、无产阶级国家成立以后。帝国主义底特性，不是我们底哀求、忠告、好话所能叫它觉悟的，只有我们猛烈的反抗，才能促它底觉悟，才能逼它吐出已得的权利。我们即使为爱护日本起见，我们此时亦应该猛烈地反抗日本帝国主义，绝对不应该放松，尤其不应该与它联络。何况此次"五卅"运动，近因是由于日本帝国主义惨杀青岛、上海底爱国工人；是日本帝国主义首先向我们底革命先锋工人阶级采取屠杀的政策，所以我们更不应健忘若此。须知我们对于日本帝国主义虽然是百般退让，而日本帝国主义对于我们的进攻，却毫无放松，自始至终与英帝国主义联合一致来镇压我们这一次的运动，所以我们若非坚持反抗，决不能丝毫减轻日本帝国主义底压迫。再者，"联日抗英"政策底错误，会使中国反帝国主义的民众自己乱了阵伍，消灭反帝国主义运动整个的意义，即孙中山先生临死时嘱咐我们联合全世界被压迫民族及阶级的政策，亦会完全失了作用。即退一步说，不主张联日，单主张抗英，亦不是反帝国主义的中国民族解放运动应取的策略，国民党底宣言政纲亦绝不如此。

此外还有许多错误主张，如什么召集帝国主义的国际会议呢，组织调查团呢，设立"新会审公堂"（即所谓中外合组公正法庭）呢等等，其为帝国主义者之诡计，显而易见，用不着我们去批评它了。

由上听说，我们可以做一结论如下：我们对于此次反帝国主义运动应取的战斗方略，第一，应该作普遍的反对一切帝国主义的宣传；第二，应该特别反对英、日帝国主义（不论在言论上或行动上），绝对不应放过日本；第三，应联合全世界被压迫民族及阶级，一致反对帝国主义。而我们自己应该有基本的及联合的组织，那是不待说的。

施存统

醒狮派底"排外主义"
——"国家主义"底反动性

> 原载《上大五卅特刊》第六期(1925年7月24日出版),署名"光亮",作者具体情况不详。现选自《20世纪20年代的上海大学(下卷)》,上海大学出版社2014年版,第683—684页。

"醒狮"派所谓"国家主义"底反动性,已经由所谓"中俄问题专号"中充分暴露出来了。我在上一期曾经指出他们之帝国主义的"幻想",加以很客气的很忠实的批评,还望他们勿超过其一定的限度;谁知这期"中俄问题专号"看来,其反动性太令人可惊,不能不使我们断然取反对的态度。

在这所谓"中俄问题专号"上面,有三篇文章,一篇是曾琦君的《弁言》,一篇是一卒君的《新俄祸》,还有一篇是谢彬君的《苏俄侵略外蒙详记》。关于谢君的文章,我们当另文介绍,现在只说前二篇。

简单地说:他们的中心思想只有"非我族类,其心必异"八个大字(见曾琦的《弁言》)。他们拿着这种野蛮时代的原始的简单观念,作他们一切主张的根据,不幸我们到而今才晓得他们是怀着如此反动的复古的观念。原来他们的国家主义,便是最原始的单纯的"排外主义"。不管好的歹的、红的白的,只要是"非我族类",都是"其心必异",应该一概加以排斥,这便是醒狮派的国家主义。

在野蛮时代,各个民族都怀着"非我族类,其心必异"的观念,互相实

行排斥,原是历史发展的必然事实,有他时代的意义。可是一到了交换发生,商业发达、经济流通,情形就跟着大变,一切历史上的政治的、社会的斗争,莫不直接间接受经济的影响,绝不是一个单纯的民族斗争,绝不是只有"非我族类,其心必异"八个大字可以解释。外国历史不必说,我们只要有点中国历史的知识,亦就可以知道实际上不是这么简单的。何况现在经济发展已经到了"世界经济"的时代,资本主义已经将全人类分成二大部分,造成弱小民族与列强无产阶级地位的同一(同受帝国主义支配的奴隶),逼得全世界被压迫者一致联合反抗帝国主义;而醒狮派诸先生却还建筑其主张于原始的"排外"观念之上,不但是可怜,实在亦有点可恶。他们一切主张的错误、反动,都由这根本错误的原始观念中发生。

他们利用原始的"排外"观念,根本的用意是想遮蔽阶级的观念。他们欺骗我们所有的外国是"整个"的,所有的外国及外国人是一样的;所以他们反对我们主张联络外国无产阶级,反对我们主张联络苏俄,要我们笼笼统统地去"排外",不管红的白的,凡是外国,一概反对。他们大胆宣言:"凡有倡言亲俄者,应与亲英、亲美、亲日、亲法,一律视同国贼";他们高声喊号:"无论为红为白,其为俄则一也",这些说话中,究竟包含着什么意思呢?

忠厚的人,以为不过是他们没有知识,认不清现在社会的阶级关系和世界的国际形势,所以才发生这种错误主张。其实,决不这样简单,现在阶级的与国际的形势都很明白:各帝国主义国家与中国军阀、大商买办站在一边,各国无产阶级、被压迫民族与中国大多数平民站在一边,在这次"五卅"运动中已充分表露出来,他们决不会毫无所见。有些中国人(如军阀、大商买办、高等华人等)反帮助外国帝国主义来压迫、妨碍我们的国民运动,有些外国人(各国无产阶级被压迫民族)反援助我们的反帝国主义运动,难道醒狮派诸先生真的没有看见? 这岂是"非我族类,其心必异"所能解释的吗? 为什么有些人"虽我族类,其心亦异"呢? 这不是阶级关系是什么? 所以他们的可恶,还不仅是无知,而是别有所在。

他们最大的罪恶,便是要隐蔽阶级的关系,隐蔽内内外外的阶级关系。隐蔽阶级关系的结果:第一是使我们认不清真正的敌人,放松我们对于敌人的攻击;第二是使我们找不到真正的朋友,离间我们对于朋友的联合；第三是使我们队伍中搀杂了许多内奸,扰乱了自己的战线,减少了自己的战斗力；第四是使我们感着孤立,因以丧失自己的自信力。总括一句,我们若上了醒狮派的当,结果一定只有永远做帝国主义支配下的奴隶,永远"得不到自由与解放"。他们的笼统曰"排外主义",完全违反历史发展的法则,丝毫没有科学的根据,并且客观上必然是替帝国主义与军阀等压迫者帮忙的,不管他们主观上说得怎样好听。这就是醒狮派国家主义的反动性,我们所以要反对的根本原因。

事实总是事实,思想决遮不住事实。阶级对立、阶级利益,都是明明白白摆在我们眼前的事实,并不是马克思凭空捏造的。我们的民族解放运动、反帝国主义运动,亦是一种必然的事实,并不是什么空中楼阁。帝国主义支配全世界是一个事实,中国军阀与大商买办做帝国主义的走狗亦是一个事实,我们中国大多数平民反对帝国主义及其走狗(军阀与大商买办)亦是一个事实。全世界无产阶级与被压迫民族同受帝国主义的压迫是一个事实,全世界无产阶级与被压迫民族结成联合战线亦是一个事实。我们的反帝国主义的国际运动的方略,亦只是根据着事实。只有根据事实的战斗方略,才能使我们从奴隶的境遇中解放出来。事实上是敌人,我们不能认他为朋友；事实上是朋友,我们决不能认他为敌人。我们要真正的自由,我们要真正的解放。我们不为国家的偏见所迷惑,我们亦不为"赤化"的诬言所吓倒。事实摆在我们面前,压迫我们的只是帝国主义及其走狗,所以帝国主义及其走狗是我们的敌人,我们要打倒他；援助我们的是各国无产阶级、被压迫民族以及无产阶级的国家苏维埃俄罗斯,所以他们是我们的朋友,我们要联络他们。无论国家主义者如何花言巧语,如何淆乱是非,但总不能消灭这种事实。

我们不愿意受别人的压迫,我们亦不愿意压迫别人。我们要求自己解放,我们亦要求全世界人解放。一切被压迫者,应该联合起来打倒一切压迫者,不问国界、不问种界。我们只反对外国帝国主义,我们不反对一切外国人。我们认为只有这是中国民族解放的真正道路。所以我们反对醒狮派的"排外主义"、"国家主义",认他们的主张是反动的,实际是为帝国主义及其走狗帮忙的。

施蛰存
复光复亮

> 选自张元隆著《上海大学与现代名人(1922—1927)》，上海大学出版社2011年版，第218页。题目为编者所加。
>
> 作品中的"复光"，指钟复光，四川江津人，上海大学社会学系学生。"复亮"即施存统。当时，施存统与钟复光已确定恋爱关系，施存统为了表达对钟复光的情意，改名施复亮，专门刻了"复光复亮"图章一枚，并做打油诗一首送给钟复光。1926年春天，施存统和钟复光正式结婚，成为终身伴侣。

复光复亮，
宗旨一样。
携手并肩，
还怕哪桩？

施蛰存
上海大学的精神

> 原载1925年10月23日《民国日报》副刊《觉悟》。现选自黄美真、石渠华、张云编《上海大学史料》,复旦大学出版社1984年版,第14—18页。
>
> 施蛰存(1905—2003),浙江杭州人。著名学者。1923年进入上海大学中文系学习。新中国成立后任华东师范大学教授。

上海大学,今天已举行一周纪念会了。我呢,入校还不过一个多月,然而我却自信,我知上海大学已深,今天我该讲几句话。我个人的回顾,大学生的生活,到现在也恰好满足一周年,今年暑假以前,我也曾在一所大学里做过学生;但我总觉得丝毫没有得到一点大学生的学问,也没有干过一些大学生应有的活动。我所得到的,至多只能说住过好些时的高大洋房,多记得好几个英文名词罢了。我早在报纸上和上海大学的教授的著作中,看出上海大学的精神,决不是和旁的大学一样。我相信我自己的观察是不错的,于是我毅然决然的进了上海大学,虽然有好多人劝我审慎,我总不信。现在上课一个多月了,就我的观察,愈使我觉到上海大学是有特殊的精神,但我既做了上海大学的学生,我来讲上海大学的精神,不免有〈人〉要说我太会称赞自己,所以我敢声明,这一篇文字我是写出来供给社会做考察资料的;上海大学究竟怎样,请大家严正地看看。

（一）上海大学的学生

学校当然以学生为本体，所以我第一先说上海大学的学生。我曾听见一个人说："上海大学的学生，都是自觉的青年"。我确知道，有许多人想来上海大学，而一看见简陋的校舍，便向别处去了；现在三百个同学中，从四川、陕西、安徽、广东、湖南等处来的很多，他们虽也盼望已在计划中的宋园的校舍早日告成，但平时却只注意于功课和自治等等问题，很少不满意于校舍太湫隘的。因此，我便知道，上海大学学生的精神。他们秉着刚毅不拔的勇气，从很远很远的地方赶到这上海大学来，不是来享福，不是来顶大学生招牌。他们是能忍苦求学，预备做建造新中国的工人的。

大学生所吸收的知识和学问，决不完全在书本上，也不在教授口中。但现在国内有许多大学生，他们的吸收知识学问的方法如何？课堂、自修室之外，一步也不走开去，读书之外，一句也不响；写笔记翻字典之外，一动也不动。这样偏狭而死的方法，上海大学的学生是不甘采用的。

（二）上海大学的教授

上海大学的教授，主要不是以教授糊口的教授。他们很热心地聚集在上海大学，将他们所研究到的专长，指示给他们的学生。在别处学校里，我知道教授的面孔是冷的，而大学教授尤其应当庄严，即使这位教授生性和善，也不得不在授课的时候妆几分的庄严。这样可笑态度，上海大学的教授中竟一位也找不到。

上海大学的教授，虽然都不是住在校里，虽然他们只是每天跑来上课。但他们无论如何，对于他们自己所任的学科，都能负责。不像别的大学教授，跑上讲坛，口讲指画了一点钟，便跑了，一切都不管。这样的教授在上海大学里也一位寻不出。上海大学的教授，既担任这一门学科，他总能切心的研究他将怎样使学生了解？怎样使学生研究这学科比较的容易些？怎样使学生在这学科上得到些利益？这些都是上海大学的教授所愿意为学生研究的,他们都能负担这全部责任。

上海大学教授的真精神,想读者总已在杂志报章上发表他们的文章中看出。他们并不愿意一天到晚坐在讲坛上死教学生,他们也很知道大学生——尤其是现在中国的大学生,在研究学问之外,还有许多事要做。所以在旁的大学中的教授以为应当阻止学生,压迫学生的事,上海大学的教授却偏偏都很热心地帮助学生,指导学生。

有他们这样的精神,所以我不能不对于他们表示谢意。

(三)上海大学学生所做的

上面我已曾指出上海大学学生特殊的精神。但最能够表现他们的精神的,当然要看他们所已做的或要做的事了。所以我再写这一节"上大学生所做的"。

1. 在政治上,上大学生绝对主张大学生不宜干预政治。在这样糟、这样没廉耻的北京政府之下,在这样敢说不敢做的民气之中,上大学生抱着绝大的心愿,要竭力扫除一切,要将我们现在应当归依的真正救中国的目标指示给国民。这是上大学生在政治上所要做的。

2. 在社会上,近年来,各大学中,社会学系——是很时髦的一种学科,于是有不少学生纷纷地选这门科学研究了。但就我个人所知道的,除了少数大学和少数切心研究的学生外,竟有不少的社会学系学生,他们至多只好说每天读几十页很高贵的英文本社会学书罢了。他们的教员多半是外国人,他们所用的书本,全是原文本。我们不能说他们并没有研究社会学,但他们实在不过研究那适合于外国的社会学罢了。上海大学的社会学教授,没有那些对于中国社会情形隔膜的外国人,非不得已不用不合中国社会的社会学教本。上海大学中的社会学教授,都是社会学研究者。他们将自己编的讲义授给学生,这比较那些用外国人教英文本的社会学,毕竟谁切实些啊?"我们研究我们的社会学知识,参考外国的社会学学说,预备实用于中国社会。"这是我在一位社会学同学口中所听到的。

3. 在美术上,我最不能忘记的,就是上海大学美术系同学的组织画会。在开课一星期之后,立刻就听到他们发起组织画会的呼声,再一星期

后,他们画会居然成立了。天天我总看见美术学系同学拿着画具,从事工作,我也看见了他们好几种美丽的作品。

4. 在文学上,有一百多学生的中国文学系,在上海大学或在上海任何一大学,比较上不能不算独盛了。在这一百多学生中,有的能做诗,有的能做小说,有的能做剧曲,在各文学刊物上,也常常能够看见他们的作品。现在文艺研究会也成立了,我们只拭目看他们研究所得的成绩罢。学英文系虽然只有三四十人,在别的大学里,或者要算人数最少了。但上海大学的英文系,虽然比较的人数少些,可是他的精神却不见得不佳,和美术系的画会,同时组织成立的,便是它的英文演说会,每星期我们能听到他们很流利的演说练习,虽然人数不多,但他们的精神却因此而愈显了。

以上三段文字,我写完了,我便加上了一个题目叫"上海大学的精神"。因为我曾经历过些时不像大学生的大学生活,所以一进上海大学立刻就觉得两样,虽然我是一个很冷静的人,但在这样活泼的上海大学中涵泳着,我也不知不觉地好活动起来,我觉得精神比形式十分重要,深愿注意教育的人,对于我这简略直率的文字,赐以批评和指导。

唐棣华
女子教育与上大附中的使命

> 原载《上大附中》第四期（1925年10月25日出版）。现选自《20世纪20年代的上海大学（下卷）》，上海大学出版社2014年版，第604—610页。
>
> 康棣华，女，上海大学附中学生，曾担任附中学生会副主席。

女子在受高等教育么？

现在的教育怎么样？

政治腐败教育能振兴么？

上大附中的革命精神与女子教育？

从前以为女子的天赋体力柔弱，男子的天赋体力强壮，所以自然发生"男子治外，女子治内"的区别。但考这句话的意思，大概含二点：一是说，男子生来就有家庭以外之天职，而女子的天职仅在家庭以内，所以女子无须受高深教育；第二点是说，男子身体强壮，适于外部的操作，女子身体柔弱，适于内部操作，所以女子也无须受高深教育。不过第一个理由，于根本上就不能成立，因为男外女内不过是历史上由种种原因之结果而成为习惯的事，并非天经地义、永久不变的定律。所以假使女子习惯了从事于外，男子从事于内，便可变为女外男内，想也一定可以的。第二个理由虽然有些研究的价值，可是我们看希腊故事中的亚墨孙种族，是女丈夫之群，当时的男子体力，常有不及伊们的！再看阿非利加的内地，有一

种族,女子是代男子而执政权的;因为伊们腕力比男子来得大。在那阿富汗的种族,女子从事于战争和狩猎,男子反执家庭的事务。在远古民族时代,女子曾居社会经济的重要地位,女族长制度,延续得非常之久。现在野蛮民族中如印第安土人及白林海峡东南之各种野蛮部族,至今尚以女子为社会的重心人物。所以女子的体力,并非原始就柔弱,乃是环境和习惯所造成的。那么男女的体力,不是一样么?男子可在外从事社会事业,女子也可以的,男子既可受高等教育,女子当然也可受高等教育了。

至于有人说"女子的智力柔弱,若使伊们同受高等教育,将过劳生病,或竟不能上进;这是违反教育的目的"。但是女子智力,究竟柔弱吗?

上面从事实方面考察,现在再就学理上研究,便知女子天赋的智力决不下于男子。女子的智力所以幼稚,能力所以薄弱,因为女子的教育权是一向被男子剥夺了的。现在已有科学的证明,大家公认为男女的天赋智力是一样的,没有什么高低。于是所谓"男子治外,女子治内"的旧观念也不能成立。且大家都知道男女是一样的、相等的,男子做的事情,女子也可以做的,什么职业、教育、参政等等的事,女子也可以做的,也是应该有的。男女既同是国民,国家的兴亡,女子也应担负一半重大的责任。

现在民主国体之下男女国民对于国家都有应尽之义务、应享之权利;至于义务如何去担负,权利如何去享受,这是全靠着教育慢慢的去养成的。

义务非学不会尽,权利非学不会享,全国国民,要是有一半不会尽义务,不会享权利,这个国家是断断站不稳的。所以要想建设一个健全的国家,必先要个个国民,无论男的女的都有健全人格,都有相当学识、技能、品格、体力,去分挑这公共的担子。

照这样看来,女子教育是建设健全国家的一个要素,并且女子应和男子受同等的教育。男子受高等教育,女子也断不可缺的。

所以"妇女问题"中最重要的是女子应受高等教育一问题。因为妇女没有受到高等的教育,简直谈不来"参政",也说不到高尚的"职业"、"义务"。如果占全国国民半数的妇女都没有受到相当的教育,那么国家的改造,简直没有希望的。要知道国家是男女合组而成的,国家的事情断不是仅仅男子可以担任得了的,更不是无须女子担任的;必须要男女协力去做的!这样,女子不是也应当受高等教育和男子相等么?

果然女子是应该受高等教育的,可是没有适合的学校,给女子以受高等教育的机会,那有什么方法呢?我们试举目四顾,中国的教育终于不能不引起失望之感!男子教育尚未发达,难能找得一个在功课上、思想上都合意的学校,何况女子教育!学校中的各教员苟能个抱着办教育的正确观念,于功课上可以使学生满意的,在现在的中国能找出多少?

现在的社会是黑暗的、污浊的、混乱的,学校的环境便是这个社会。所以要学校改善,不能不起引社会惊疑,更不能不引起他们反对。因此办学者非有彻底的主张、坚忍的毅力、牺牲的精神,决不能向进步之路上走。可是在现在的中国有多少学校能适合上面的条件?

学校是应社会所需要而设立的,但在过渡时代新陈代谢的时候学校不能专应社会的需要了。譬如社会尚保守旧习惯,那学校不能应了社会的需要去保守旧习惯的。学校在这个时候,要做社会的先导,要改良社会的一切恶习惯、恶道德。学校能这样,社会才能进化,才能生存在这争斗的世界上。否则学校常常跟在社会的后面,不去改良社会的恶习惯,那社会永不能进化,永不能和世界各国相斗争。可是在现在的中国,有多少学校能够这样的?

在新陈代谢的时候,学校要做社会中心分子,不能不养成那种学生——能用自己的智识见解去打破家庭和社会的恶习惯,保守着个人的人格,不顾一切和社会奋斗,不被恶社会所同化。可是在现在的中国,能有几个学校能造成这种学生的!

现在的学校,在男校里,不过造就了许多"希望骗到一张吃饭证,用来做敲门砖,敲军阀的门"的学生。在女校里所造就的女学生是"只希望读了书嫁人可以便当一些吧了,到了中学毕业吧了,人的资格够了,做起新娘子来也可很漂亮了。伊们的读书不为了读书而读的,不为了社会而读,不为了做人而读的,读书是为了嫁人所读的"。这是甚么现象?不要说没有机会给我们受高等教育,就是低等教育也不过造就了这些人才罢了。这样,我们就是应该受高等教育的,但没有给我们受高等教育的机会,我们有什么方法呢?

但是为什么我们没有受高等教育的机会？为什么教育不振兴呢？

说到这里，我们便不能不想到我们中国的政治状况了。政治本来是人民生命、自由等等的保障。在专制时代，保障人民生命、自由的权力全在君主一人手里，所谓君主有生杀予夺之权力的。有时人民幸而碰到了一位贤明的君主，生命和自由便得保障，安然无事；要是碰到了一位昏暴的君主，那人民便要受尽痛苦，无所逃命了。但民主时代就不同了，我们人民自己来做自己的生命、自由等的保障。我们举了我们的代表来规定保障我们自己的生命、自由等的章程，我们举了我们人民中的优秀分子来实行保障我们自己的生命、自由等的规律。我们现在的中国就是这样的国家，是民主政治的国家；可是在实际上，我们人民实在不能保障我们自己的生命、自由，我们的生命、自由都操在腐败的官僚和暴横的军阀手里头呀！那些军阀，那些官僚，勾结了外国帝国主义者，直接的、间接的杀害我们的生命，剥夺我们的自由。我们的生命没有了保障了，天津、山东……各地为了救国运动而被军阀惨杀的同胞，不能以数计了；我们的自由也没有保障了，上海、济南……各地为了救国运动而被军阀、政客封闭的团体也不知多少了。军阀、政客把全国的收入，人民滴滴汗、滴滴血所汇合而成的全国的收入，全放在他们自己荷包里，什么教育，什么教育经费，他们是不会顾到的。提倡教育的人，又怎能饿了肚子去提倡呢？即使你用了九牛二虎之力，使教育很发达，——这实在是不可能，在坏政治之下断不容教育得有进步的机会——可是坏政治可以用一刻的功夫，把你苦心孤诣日积月累得来的成绩，扫荡得干干净净。上海大学的被封，北京女高师的被解散，都是恶政治之下的必然结果吧！

因此我们可以知道，在恶政治之下，教育是不能发展的。我们要女子受高等教育，我们必先要有好教育；可是要有好教育，必先要有好政治。但我们怎样得到好政治呢？

现在中国政治的腐败，都为了外有帝国主义者的侵略，内有军阀的压迫；所以我们要得到好政治，非用革命的手段，打倒一切帝国主义者和国内军阀不可。

用革命的手段打倒了帝国主义和国内军阀，中国才有好政治，有了好政治，才能振兴教育；教育振兴了，女子才可达到受高等教育的目的。

所以我们女子要想受高等教育，我们便不能不去打倒帝国主义和国内军阀！

谁能负政治革命的使命的？

我们上大附中是能担负政治革命的使命，我们上大附中是领导政治革命的群众的，我们上大附中是政治革命的先锋队。我们只要翻开最近一页的学校历史来看，我们就可知道它在政治革命中是占了一个怎么样的地位了。就拿五卅运动来讲吧：五卅运动是中华民族的独立运动，是要中华民族在世界上得到独立、自由、平等地位的大运动，是实行和帝国主义者接触的战争，是中国在历史上少有的政治革命，是大革命的开始。而在这伟大的运动中，我们上大附中便是一个发动者、指导者，同时是斗争的先锋队。因此，我们可以说：上大附中目前的使命，是政治革命，然而它所以要政治革命，也不过为了要中国民族在世界上能独立，中国国民个个都有生命、自由的保障，和使中国各种事业都能发展吧了。它的最终的使命，还在政治改革后的各种事业之发展。当然的，提倡女子高等教育，也是它最终的使命的一部分了。

今天是中华民国十四年①的国庆日，中华民国已经过了十四年的长时期了，可是成绩如何？不但我们人民在政治上得不到地位，就是连高等教育也无权享受，所以我们要争求学权，我们怎能再犹疑地不奋勇而去革命呢？

---

① 中华民国十四年，即1925年。

王稼祥
致王柳华的信

> 这是王稼祥写给堂弟王柳华的信。选自中共安徽省委党史工作委员会、安徽省档案馆编《安徽早期传播马克思主义史料选》,1982年印。原注称:"'柳华弟'此信后缺,日期不明。根据内容,笔记和信笺,当是王稼祥入上海大学附属中学时所写,时间为1925年秋。"
>
> 王稼祥(1906—1974),安徽泾县人。无产阶级革命家。1925年8月进入上海大学学习。1931年到中央苏区,任中共苏区中央局委员、红军总政治部主任、中央革命军事委员会副主席等职。1935年1月,参加遵义会议,坚决支持毛泽东的正确主张,在确立毛泽东在中共中央和红军的领导地位起了重要作用。新中国成立后,任首任驻苏联大使、外交部副部长、中共中央对外联络部部长。

接读来信,得知尊意。

现在我且把我底意见,写在下面:

我们跋涉千里到外面来读书,到底为得什么?是否只想借此弄寻一个饭碗,终身做个糊涂虫呢?还是想为我们前途幸福计,去改造社会呢?欲明此理,我们必先要明白今日社会里面知识阶级(我们也在这个阶级)的地位。

今日的社会,是资产阶级与无产阶级对峙的社会,资本家日日压迫工

王稼祥　致王柳华的信

人,工人日日反抗资本家。而我们这些知识阶级是介乎资产无产两阶级之中的,一方面我们受资本家的压迫,他方面我们也在压迫工人。所以进退维难的知识阶级要想解放自己,只有两条路可走:一、我们帮助资本家阿谀资本家去压迫劳动者以图获一点余润;二、我们帮助工人去与资本家争斗,以图解放无产阶级,同时即解放我们自己。可是我们要走前一条路,在资本家欢喜我们的时候,可以赐给我们一点利润,一旦反目,即向我们大发威武了。况且资本日日集中,中产阶级渐渐落入无产阶级,我们这些知识阶级,日有破产的危险,日日有变成纯料无产者的倾向,你虽向资本家求欢,也无济于世。可见我们唯一的出路,只有帮助劳动阶级去打倒资本阶级,去解放劳动者,去解放自己。

中国今日的资本家是什么人呢?中国今日的无产阶级是谁呢?简单回答:中国的资本家是帝国主义者和买办阶级。因为帝国主义之形成,是资本家的货物太多,资本大厚,不得不到国外去侵略,所以到中国来侵略的帝国主义者都是资本家。买办阶级是欢迎外国资本家而发洋财的有产阶级。至于无产阶级就是全国的农人工人,他们受帝国主义者的剥削受军阀的摧残,已是痛苦到极点不能不起来反抗的。我们应当帮助他们,也可以说是帮助自己,去推倒帝国主义和军阀买办阶级,以图解放。

怎样才可以打倒帝国主义呢?我们必联合被压迫者,共同去革命。

怎样革命才可实现呢?我们必须加入有组织的政党,以一定政策,一定的方法,群策群力,同去干国事才可。不然,徒然说要取消不平等条约,要关税自主要打倒帝国主义和军阀,谁也不敢相信这是可能的。柳华,你以为然否?

现在还有几个零碎问题解答如下:1. 国民党现分左右两派,左派是革命的,是反帝国主义的;右派是妥协的,勾结帝国主义的。大半青年,都是左派的分子,国民党的唯一目的,是解放中华民族,是使中国独立于世界之上,本没有什么可怕的地方,请你注意。2. 青年是国民之一,尤是国民的优秀者,自然应该负救国的责任,既要救国,就必须加入政党,不过加入政党去活动去救国是一件事,专心读书以备将来之用又是一件事,二者是并行不悖,相互而行的,并不是说加入政党,就不读书。至于要加入何党或何团体(有组织的大团体就是政党),那就凭你选择了。

　　最后,我还要说几句话:可怜我们受环境的压迫,婚姻不得自由,求学不得自由,择业不得自由,而且一盼前途,就觉茫茫,毫无把握,不知自己的生活,怎样才可解决。唉,这样的环境,难道不能或不应当把他打碎吗?不过这不是局部问题,乃是政治问题。政治改良,环境自不求自善。柳华,"人是政治的动物",我们应当负改革中国政治的责任。

王稼祥
致王柳华的信

> 这是王稼祥于1925年10月1日写给堂弟王柳华的信。选自中国革命博物馆党史研究室编《党史研究资料（第三集）》，四川人民出版社1982年版。

柳华：

　　来沪即入上大附中，人地生疏，乏善可述。近闻吾弟赴通入纺织专校，欣喜之至。实业之发展，纺织之改良，吾弟应负一部分责任矣。久长来沪入大夏，通函可直［寄］上海胶州路大夏大学。

　　上大为革命之大本营，对于革命事业，颇为努力，余既入斯校，自当随诸先觉之后，而为革命奋斗也。

　　社会险恶，愿自珍重，书不尽意。

　　敬祝

进步

嘉祥
八月初十日午刻（1925年9月27日）

　　来函可直寄上海上海大学附中，前上一函，谅达雅鉴，迄今未见复音，念与时积。久长今季肄业大夏附中，前已函告，想早得知矣。社会之腐

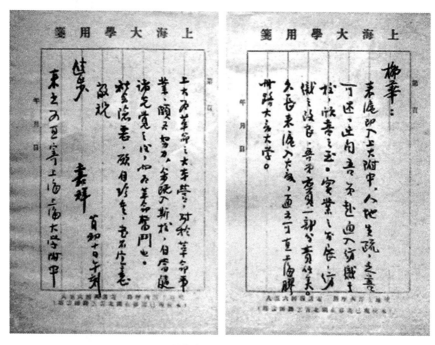

王稼祥致王柳华的信手迹

败,至今日可谓登峰造极,我辈青年,置身斯中,不受其同化,不受其压制,盖亦难矣。欲解放青年,必自改革社会始。事理昭然,不可否认,愿你三复斯意,决定做一有用改造社会之青年。

匆匆,望复。此祝

进步

嘉祥

十四

(1925年10月1日)

王环心
幻游曲

> 原载《海上棠棣》。现选自《江西革命烈士诗选(下卷)》,江西人民出版社1979年版,第19—23页。
>
> 《海上棠棣》是王环心与堂兄王秋心合作出版的诗歌戏曲集。
>
> 王环心(1901—1927),江西永修人。1922年初,进入私立东南高等专科师范学校。10月,转入上海大学中国文学系。1924年4月,加入中国共产党。1827年12月英勇就义。

太阳已经西沉了,
威炎之群魔已经消灭馨尽了。
蔚蓝的天宇,满结着灿烂星朵;
月殿中的嫦娥都在拍手高歌。
我披着斑斓的云衣,
衣外环挂着芬芳兰芷①。
驾起紫云的凤辇,
向那月宫之中奔驰。

可爱的月里嫦娥,
姿态何其美妙绰约②。
云鬓披盖了楚楚霓裳,

绵腰深系着丝丝女萝。
我感谢着她们的爱敬——
她们的盛意美情；
佩我以琪花瑶草，
绚我以玉蕊金英。
伴奏着仙乐妙舞，
示我以欢悦殷勤。
领罢她们的乐舞，
我不禁喜欣融融，
携着她们的手儿，
周游览乎月宫。

走到月宫东方，
东方有一所精用的楼房，
室内陈设着瑶席玉几，
室外环植着金桂银桑。
有一对少年夫妻，
在那轻歌漫舞。
有两个亲爱的母子，
在那偎倚傍欢。
鸡犬在户外安眠栖息，
童孩在廊下嬉戏荡玩。
我只觉遍地都是爱美——
爱美中充满着愉悦欢畅！

走到月宫西方，
西方有两个花圃林场。
灵芝在炫耀锦色，
玉兰在撒布芬芳。
冬青树间的绿鹦在戏语，

杨柳枝头的黄鹍在歌唱。
葡萄架下,
有二三花童休憩;
凉亭之上,
站着双双窈窕之女郎。

走到月宫南方,
南方是座广大的市场。
琼瑶为街石、瑾瑜为垣墙。
满目尽是秀丽之色、和平之歌,
有许多男女,
在那里勤恳的工作;
有许多男女,
在那里货物交换,
从不见一点半点儿诟骂争夺,
好像是把"各尽所能,各取所值"的精神表扬!

走到月宫北方,
北方是一片高山、一片海洋,
悠悠的白云,在那山间回转;
翩翩的水鸥,在那海中浮荡。
山风吹动了山巅的青草,
海风织起了海面的纹浪。
山光接着水色,水色映着山光,
好一片明坦!莹泽、清朗的景象!

我遍游了月宫四方,
心头顿起了无限哀伤;
我俯视那不幸的人群,
遍地都是骷髅!

满目尽是痍疮!
走窜原野,横倒郊荒!
来者惊惧,去者徬徨,
可怜他们不思振作,
甘心把青春葬送!
可怜他们不图自强,
坐任着虎噬豺伤!

我的哀伤未已,
我不禁泪下浪浪。
承着嫦娥们的爱念,
深深慰我那悲思哀想。
她们既送我以双睇,
继又吻我以芳唇。
万斛尘念不禁疾愁消逝,
我亲亲地拥抱着他们深深!

哦!群星已散,夜色将阑,
早令御者驾起龙车凤辇,
准备明夜遨遊那月外之乐园!

玉兔已经西沉了,
灿烂之繁星已经逃遁。
朝日在东海之隅照映瞳眬,
群鸟在树林之中歌唱飞奔。

一九二三年六月二十二日　上海大学

王秋心
自己跑上十字架

> 原载《文学》第二期（1925年5月11日出版）。现选自《20世纪20年代的上海大学（下卷）》，上海大学出版社2014年版，第584—566页。
>
> 《文学》是上海大学中国文学系编辑，作为《民国日报》的文艺副刊之一随报发行。开始为半月刊，自第三期起改为周刊。自1925年4月27日创刊，至五卅运动爆发后停刊，共出六期。该报宗旨为发表作品、研究文学各种问题，并介绍外国文学。
>
> 王秋心，江西永修人。1922年初，进入私立东南高等专科师范学校，10月，转入上海大学中国文学系学习。在校期间，曾和堂弟王环心合作出版诗歌戏曲集《海上棠棣》。

去秋①奉总理中山先生命令赴长江一带宣传"国民会议"，道经故乡，乘便归省，抵家，而我年老病多之母亲，因尽瘁于家事，劬劳于儿孙，觉至头糜脚烂、皮脱骨落、长年咯血、终岁呻吟，为状至惨，目睹心酸！虽然"为国者不顾家"，我家固破败荒凉，无足顾惜，然母亲顾深爱我，连此爱者，一并抛弃，岂复人情？思之，不禁悲从中来，哀不可抑。成长诗一首，敬呈我母，以白游子辜负恩情之深。但诗中言不知是血抑

---
① 去年，指1924年。

是泪!

我并不是在做着噩梦,
也不是幻想什么奇景,
但是我的母亲呀!
我却明明看见你,
陷在梦幻一样奇怪的
这般可怖的情境:
黑魃魃的鬼蜮,
阴森森的四邻。
你局促着当中哭泣,
匍匐着地下呻吟。
那些狰狞似的恶魔,
魑魅魍魉之群。
啾啾地围绕着你,
好像在索你的残命?
嗳嗳,我的母亲呀!
你入人间地狱了!
已陷入地狱深深!
你看!你的头儿,
已被恶魔戳穿了!
苍苍的白发,
染着鲜的血星。
你看!你的手足,
已被恶魔折断了!
残废的肢体,
扶杖已很难行。
你的老脸,憔悴得
如黄枯了的落叶。
你的声息,微弱得

如负伤的小羊哀鸣。
你的身子,磨折
干瘦得如棉条!
你的心血,几从
你的口中呕尽!
嗳嗳,我的母亲呀!
你真是个神圣的牺牲者!
自己跑上十字架
自己向着苦海沉沦。
但是母亲你太痴迷了,
你太痴迷不醒呵!
你的牺牲是没有代价的;
只有你心头的痛苦的结晶。
你说你是维系的家庭,
可是你的家庭——
你的家庭已是破败凋零!
你说你是爱护的儿女,
可是你的儿女,嗳! 他们——
他们是些骗子呀!
孩提之时缠绵着你,
好像群雏围着老鹰,
长大成人便把你抛撇,
好像出巢的小鸟各自投林!
你只是落得个零仃孤苦!
你只是落得个孤苦零仃!
嗳嗳,我的母亲呀!
你被情爱的魔障拨弄了,
因为家庭情爱的面帕,
已被有产阶级撕尽!
你被家庭制度牺牲了,

　　这不是你不幸的命运呀,
　　是现代社会冷酷无情!

　　　　　二四年①之秋归省之日作于破败荒凉的家园

---
① 二四年,指1924年。

王文明
《新琼崖评论》一周纪念感言

> 原载《新琼崖评论》第二十五期。现选自冯衍甫、谢才雄著《王文明传》，海南出版社2010年版，第47—48页。
>
> 《新琼崖评论》是王文明与陈垂斌、黄昌炜等于1923年创办的刊物，王文明是该刊的主要撰稿人。
>
> 王文明（1894—1930），广东乐会（今海南琼海）人。1924年秋，进入上海大学学习。1925年1月赴广州担任"琼崖革命同志大同盟"领导工作。1926年6月，在海口市主持召开中共琼崖第一次代表大会，任中共琼崖地方委员会书记。9月23日领导打响了琼崖暴动第一枪。1930年1月17日病逝于母瑞山根据地。

可爱的《新琼崖评论》已奋斗过一周了！在这个一周纪念当中，我觉得有二层感想：

一、琼崖近年来的出版物，前起者有《琼岛日报》《琼崖旬报》《海南潮》《琼声》《觉觉》《良心月刊》……后起者有《南语》《琼崖青年》《琼崖新青年》……而前起者除《觉觉》定期出版外，其余都因种种困难，陆续停版了！后起者乃产于《新琼崖评论》之后，将来成绩如何？尚难逆料。惟《新琼崖评论》承继前者而生，为后起者之"先觉"，有主张、有组织，一定能够由一周而十周，而百周，"老当益壮"，永为我琼崖言论界之中心！

二、琼崖近年来的革命空气，日益浓厚，而明了革命起义的，可以说

绝无仅有！军阀则利用革命以升官，土匪则利用革命以发财，得势者则借革命以资保护，失势者则借革命以谋报复，所以革命！革命一被伪革命与反革命所假借，便酿成无意义的斗争，弄出满地疮痍，不堪寓目！幸得《新琼崖评论》是时代的产儿，树起鲜明旗帜，领琼崖的革命同志逐渐走上轨道，它《新琼崖评论》的年华方及一周，正如"旭日初升"，一定能够继续不断地奋斗，成为一个"革命健儿"，永为琼崖革命之向导！

末了我重说一句：

祝《新琼崖评论》永为琼崖言论界之中心！永为琼崖革命的向导！

一九二四，一二，二五，于上海大学

吴霆等
致国民党上海本部函

> 这是在上海大学学习的国民党党员吴霆等20余人致国民党上海执行部的函。原件藏于台北中国国民党中央委员会文化传播委员会"党史馆",编号为环龙路09947。原件没有署明年月,但根据吴霆在上海大学求学的时间和信函的内容推断,此信写于1924年10月左右。现选自《20世纪20年代的上海大学(上卷)》,上海大学出版社2014年版,第373—374页。
>
> 吴霆(1905—1937),字晓天,安徽凤台人。1923年进入上海大学社会学系学习。1924年加入中国共产党。1926年5月任奉天(今沈阳)党、团支部书记。1937年病逝。

国民党本部诸执行委员先生:

中国国民党上海大学区分部从去年开过一次大会以来,除了几个热心同志介绍几个新同志入党外,不但没有干过什么工作,就是例有的两星期一次常会也没有开过一次。至于干事会,更是他们几个干事私人谈笑的场所,到底干了些什么勾当,局外人虽无从而知,但以他们这样不负责任的人,也决不会干出什么令人可钦佩的事来,这是谁也可以断定的。固然我们承认在办事方面难免有许多阻力和反动,使他们不得不敷衍了事;但国民党不是其他的团体可比,国民党是革命党;革命党的对象在打倒一切的阻力和反动,那有堂堂为国民党其本组织的区分部的执行委员,

倒被阻力和反动所屈服了呢？除了丧心病狂的人，决不会说这种人佩做国民党党员、这种人佩做革命的事业！

现在我们学校开学已将一月了，他们仍是没有动作。上星期我们聚了十几个同志署名出了一张布告："上大区分部执行委员诸先生：本校开学已三星期了，诸同志俱已到齐，例有的常会，何以至今未开一次？致本党应讨论的俱党务，概未进行！请于两日内召集大会，否则，以白答复！"布告贴了几天，他们仍是不采。不得已，我们又去人当面要求他们召集大会，他们不是说执行委员未到齐，就是你推我我推你的敷衍。致平民学校，至今未办一所；就同志想入党也没地方去填誓约书；其他关于党的工作和活动，更是不容谈了！现在呢？我们不再祇望他们了！不再和他们讨怨了！但我们干革命事业的人，始终是不顾忌讳的干下去，绝不因他们几个人不负责任，我们大家也照他们一样地去敷衍！我们没有派别，也没有以公报私的成见，我们的动机，全是本着良心的驱使来把期间的黑幕呈报先生们，并请先生们给我们一个圆满的答复！

上大执行委员曾伯兴、周颂西、冯子恭（在广东）、冯壮恭表示敬意。诸同志热忱尤可感佩！现已以传达上大分部委员，令其即日召集全体会议以促党务之进行。

上大国民党党员

刘移山　谢硕　俞鼎传　刘一清　赵冶人　吴霆　张湛明　陈铁盦　王弼　梁□□　许侠夫　姚天宇　丁路　陈垂斌　许乃昌　王一知　徐鹏高　傅超雄　徐生义　杨言华　吴震　郭别岑　戴炳宣

同启

吴　熙
"条约神圣"？
——斥张东荪君

> 原载《上大五卅特刊》第四期（1925年7月7日出版）。现选自《20世纪20年代的上海大学（下卷）》，上海大学出版社2014年版，第670—671页。
>
> 吴熙，简历不详。

"五卅"惨案发生以后，研究系的先生们，屡自暴其丑，上至梁启超，下至张东荪，所发的一言一论，均以洋大人的利益为前提。他们所竭力拥护的，不是中国的主权，却是中国人卖身给洋大人的章程与条约！

张东荪在六月廿七日的《晨报》上曾说："暴动是不合理的，当然不必论。派兵到租界，亦须恪守章程与条约，在未宣战以前，章程、条约是国际信义所关，当然有效。"

什么叫做"国际信义所关"？比方一个强盗逼勒我签了一张借据或其他契约，我们有恪守的义务吗？假使我不去恪守强盗逼勒我们签订的契约，东荪君却要跑来责我不顾信义，这岂不是混帐[账]么？

中国人所受到不平等条约的害处，真是罄竹难书！所以中山先生大声疾呼的要废除它；所以中山先生有收回海关的举动。列强威迫我们订立种种不平等条约，这条约的本身，本只等于强盗逼勒人而得来的一张契约，有何神圣可言，而必须去恪守它？幸亏东荪君会曲意奉承洋大人的意旨而虔诚肯定的说出"当然有效"的话来！

　　东荪君所着意的是"国际信义"，退一步说，那些条约是"国际信义所关"的，难道因为如此，我们就忍辱含垢以终古，而不敢作废除之想吗？俄国十月革命以后，不顾"国际信义"的将以前一切对外的条约——甚至于债务的条约都废除了，也没有人奈何他得！我们受了不平等条约的创痛，如此其深，何以还要这样依回瞻顾！

　　在全国一致主张废约运动时，独东荪君高唱其"国际信义"说，来维持不平等条约的神圣，来替洋大人保镖，这真是我们意想不到的怪事！我真不解研究系中人，何以丧心无耻，至于此极！

　　也许东荪君要狡辩说，废约运动，我是赞成的，只是在未宣战以前，我不能不承认它神圣。可是他那篇文章接着又说："最后说到宣战，实在太可笑了！"并说出许多万不可宣战的理由。那么，未宣战以前，要顾全"国际信义"；而宣战又势所不能，中国难道就这样眼睁睁地看着卖身条约束住身子，一点不得自由，直到亡国之一日么？东荪君其何以自解？

　　也许东荪君又要狡辩说，我是主张用不合作手段来达到废约目的的。这未免也可笑了！甘地在印度所提倡的不合作主义，可曾使横暴的英国人屈就范围呢？这种主义，原是亡国士大夫的一种柔弱的反抗思想之反映，认真要拿它来做武器，以冀达到废约的目的，真会要使帝国主义者哑然失笑！东荪君也知不合作的方法，效力有限，所以很克己的说："须知我们的目的（不合作的目的），只是使他们感着痛苦，遂有求速了之心（这是多么"伤皮不伤骨"的办法啊！），求速了自不能不让步。所谓实力（做外交后盾的不合作的实力），亦不过用到这个地步，不能再进，亦绝对不必再进（再进就要不顾"国际信义"了！）"既然不合作的实力，只能用到使帝国主义者稍为让步而止，不能再进，那么，究竟有什么方法可以废除不平等条约呢？还是那些条约可以不必废除呢？东荪君其有以语我来！

吴　熙
"纪念"之心理的起源

> 原载《上海大学三周年纪念特刊》(1925年12月23日出版)。现选自《20世纪20年代的上海大学(下卷)》，上海大学出版社2014年版，第709—710页。

大概人类在野蛮时代，就有一种好矜夸与卖弄的心理。这种心理作用所表见出来的特殊举动，是他种动物所没有的。至于这种心理现象的特征，可以说是"自我行为的认识"的结果。何以说这种心理是他种动物所没有的呢？因为他种动物的一切行为，都是属于纯粹冲动的，一种行为完成之后，并没有什么概念或感想发生、遗留，所以不会有矜夸、卖弄的心理表见。人类便不然了：在初民时代，比方某甲曾有过什么冒险的行为，或偶然战胜了一种野兽，他事后必觉得很是得意，而矜夸与卖弄的心理，便因之油然以生，也许他更要"张大其词"的时常向人家"津津乐道"，于是别人对于他这种行为，更掺入一种惊叹与倾慕的心理，辗转以述于他人。后来若有同样的事情发生，他们便会立刻联想到关于某甲的传说，而发生一种更亲切有味的感想了。这种初民的心理现象，我们不要忽视了，因为这就是现在一般人举行纪念会之心理作用的最初的起源。

经过若干时间以后，因人类生活之进步，而夸张的心理，也随之扩大了。于是个人行为之纪念，更进而为团体行为的纪念。试举一例：我们从历史上可以看到，从前的民族，此群战胜彼群，虏了许多的物品和奴隶

来来往往大家团聚在一起,会餐掠夺来的食品,欢呼、跳跃而后散去。并且他们很喜欢将这些事实作为谈助,以告后生。于是几次有声色的行为,便成为富于奋斗性的有趣味的民间传说了。不过初民之时间的和空间的观念,非常薄弱,他们重到那个很可纪念的行为发生的时候和地点,却不能兴起一种很强烈的回忆和感想。但是时间的过程中,这种心理的作用,跟着进步了,所以当我们泛舟游于赤壁之下,便可以更亲切的想见曹孟德当时"舳舻千里,旌旗蔽空,酾酒临江,横槊赋诗"的豪举,便不由的赞叹道:"固一世之雄也,而今安在哉!"

当我们到了十月十日那一天,便更兴奋的想到当时无数的志士仁人,弃父母、捐妻子而不顾,肝脑堕地而不惜之"大雄无畏"的精神!这种更强烈的"纪念"心理,不是时间的空间的观念所助成的吗?

吴云 吴震
为求解放伟业中

> 这是上海大学学生吴云、吴震在1924年暑假期间回到家乡传播革命思想时所作。选自吴云著《无言的奋斗——吴云回忆录》,大众文艺出版社2010年版,第29页。题目为编者所加。
>
> 吴云(1903—1978),安徽凤台人。1923年夏与弟弟吴震、吴霆一起进入上海大学学习。同年加入中国共产党。1930年12月任安徽凤台县委书记。1978年逝世。
>
> 吴震(1904—1931),安徽凤台人。1923年进入上海大学英国文学系学习。同年加入中国共产党。1931年在鄂豫皖苏区被张国焘杀害。

天似空,地似空,芸芸众生怀抱中。
田似空,屋似空,世代更迭主人翁。
金似空,银似空,赤条来去冥冥中。
今出生,明入死,生生死死若彩虹。
且投笔,去从戎,为求解放伟业中。
抛头颅,洒碧血,马革裹尸一笑中。
天地间,寰宇中,唯有太公千载颂。
英魂去,精神在,何言人生黄梁梦?
真情在,唱五有,一息尚存效愚公。

为人道,灵性通,身外之物该放松。
空非空,金科律,人生应如酿蜜蜂。
不谋私,勤为公,一生供奉乐融融。
似空谣,韵味浓,到此打住茶一盅。
老哥嫂,小友朋,朝霞绚丽夕阳红。

吴稽天
中国人赤化就该死吗？

> 原载《上大五卅特刊》第二期（1925年6月23日出版），署名"稽天"。现选自《20世纪20年代的上海大学（下卷）》，上海大学出版社2014年版，第661页。
>
> 吴稽天，安徽安庆人，1924年春以前进入上海大学社会学系学习。

我们每一个忠于民族革命的人——抱了以铁血染成民族革命史的人，对于一切谣言，自无"闲情逸致"去理它，决不会因我们的敌人加我们以一个不好听的名词，便放下我们神圣的工作，而"奔走骇汗"的去做那无谓的辟谣的勾当。

这次帝国主义者于大屠杀之后，轻轻地送了些"过激"、"赤化"的头衔给我们，惹得我们窝里炮，闹个翻！而一般高等华人，更像罪孽深重似的哭哭啼啼的大发其冤卑，一若中国若犯"赤化"嫌疑，则"臣罪当诛"一般！这真不知道是一种什么心理？

鲁迅先生有一段话说得极其沉痛：

我们的市民被上海的英捕击杀了，我们并不还击，却先来赶紧洗刷牺牲者的罪名，说我们并非赤化，因为没有受别国的煽动；说我们并非暴徒，因为都是空手，没有兵器，我不解为什么中国人如果真使中国"赤化"，真在中国暴动，就得听英捕来处死刑？记得新希腊人也曾用兵器对

付过国内的土尔其人,却并不被称为暴徒;俄国已赤化多年了,也没有得到别国开枪的惩罚。而独有中国人,则市民被杀之后,还要皇皇然辩诬,张着含冤的眼睛,向世界搜求公道。

今后我们对于帝国主义者的狡猾手段,切不要再去理它了;当勇迈直前不顾一切的向民族革命的坦途上走去!他们说我们是"赤化",是"过激"吗?好!我们甘心承受这个头衔,看他们还有什么诡计没有?

许侠夫
告琼崖诸同胞

> 原载《南语》(1925年5月20日出版,具体期数不详),署名"侠夫"。现选自《20世纪20年代的上海大学(下卷)》,上海大学出版社2014年版,第642—643页。
>
> 许侠夫(1901—1927),广东文昌(今属海南)人。1924年4月之前进入上海大学学习,1925年加入中国共产党。1926年任中共琼崖地委组织部长和宣传部长。大革命失败后任文昌县委书记、琼崖工农革命军第五路军党代表。1927年12月牺牲。

快联合起来!

反抗邓本殷:

琼崖今日的政象,用一句简单的话表现出来,就是邓本殷压迫琼崖人民,吞噬琼崖人民。

看呀!请看邓本殷的德政!第一勒饷派捐,第二烟赌遍地,第三纵兵殃民,算了算了,只这数件也吃不尽了。勒饷派捐,无微不至,今日文昌十万,明日琼东八万,……什么猪捐、牛捐、盐捐、铺捐、地捐,都是加倍征收,瘦如骷髅的琼崖人,怎能受此剥削?因此,琼崖人民现在过的日子,敢说极悲惨的日子。现有好几县中米卖四千余钱一斗,盐卖一二百文一斤,日常用品,没有一样不腾贵起来,中等以下的家,没有不饿着肚皮的,结果便有许多人流为兵、匪、盗、乞丐,或致于死亡(琼东县有些乡饿死的人很

多)。除此没有别的路了,其种种伤心惨目的情形,简直非我一支秃笔、几滴墨水所能形容出来的。

烟赌呢,海口交城加积等处,有数十间鸦片烟馆。听说每个最小的市镇,起码也有五六间呢。贩摊一门,海口、交城、加积等处当然很多,即最小的东阁市、头宛市也有好几场。据各方面的报告,海口、加积、交城三处,每门的烟赌饷至少有十几万的收入,内地各市镇,还不知多少,邓本殷的腰包可饱极了。

我们邓本殷纵兵殃民,并不冤枉他,可有事实证据他的罪恶,就是前年陈风起在文章、加积二处所干的那一回事,想大家都不能健忘的。再来说上八老爷的特行,第一是抢:凡上八老爷所走过的地方,银钱、衣物、食品都要拿得去的都被一搂而空。第二是奸淫:上八老爷经过路(如加积市一节乡村)按门搜索,稍有姿色的妇女无可幸免,甚至害病的妇女也不饶恕。第三是凶横:凡经过某一市镇买东西吃不给钱是没有人敢问的,无论何人误撞者他走路便要挨打,其凶横可想见了。

总之琼崖自邓本殷霸占以来,随处都见邓逆杀害琼崖人民的性命,随处都见邓逆吮吸琼崖人民的膏血;遍琼崖的境内,都有人民的泪痕与血痕。

邓逆良心丧尽,今竟火上添油,滥发纸币八十万,强迫商民通用,在邓逆总觉得安适,可是我们社会经济发生危机,人民痛苦日加厉害。这几天来,上海、北京、香港等各地登载:"邓本殷勾结北政府改琼崖为特别区,谋攫督办高位,向美银团借款三千万元,以琼崖的商埠、港口、森林、矿山……为抵押。"我们早明白是怎么的一回事。邓逆这种行为,自然另有用意,因为东门战争,陈炯明失败涂地,现在广东势力完全入革命政府之手,邓逆失去靠山,穷无所归,始勾结北京政府,改琼崖为特别区,谋居督办高位,以达其继续宰割琼崖之目的。并且欲为其注意陈炯明作死灰复燃之斗,乃私向美银团借款三千万的巨金,各为振兴实业,实则用作捣乱革命政府的资料,屠杀我们人民的性命。唉!邓逆横暴之极,罪无可恕!

琼崖诸同胞呀!今日的形势有邓本殷必无琼崖人,有琼崖人必无邓本殷,邓本殷正用凶恶的手段,屠杀琼崖人,我们琼崖人还是联合起来反抗邓本殷呢?还是漠不相关坐而待毙呢?

我敢大声说：处这水深火热之中，反抗要死，不反抗也要死，一样要死，与其不反抗而死，宁不如起来反抗给邓逆枪毙，倒还爽快十倍。其实，我们有这样奋斗的精神，邓逆虽然凶恶，决没有力量把我们个个枪毙，最后胜利，当属我们。

琼崖同胞呀！

快联合起来呀！

反抗邓本殷！

薛卓汉
皖北寿县的农民生活

> 原载1924年10月15日《中国青年》第53期。现选自马启俊主编《名人与寿县文化》，北京师范大学出版集团、安徽大学出版社2016年版。
>
> 薛卓汉，生于安徽安庆，祖籍安徽寿县。安徽早期党组织的创始人和革命运动领导者。1923年秋季进入上海大学学习，同年11月加入中国共产党。1931年任中国工农红军第一军政治部副主任，1931年牺牲。

寿县在淮河的南岸，淮河是寿县和凤台县的界线。沿淮河各县，风俗习惯和经济状况是大概相同的。今把我所调查寿县各事，报告给关心农民生活的作个参考：

一、风俗

寿县农民仍旧守着那种忠臣、节妇、良妻、贤母等宗法社会的思想。但多数都具骁勇强悍的性质与豪爽的气概。他们不惯于忍辱，在交际中或贸易时，或为田土之界限，灌溉之争执，都可以发生冲突，使枪弄棍，酿出人命。他们若能得人指导，很容易为国民革命效力的，现在他们却诉讼频兴，盗贼遍野，反转为地方之害了。

二、经济状况

要知道寿县农民的经济状况,先要知道农民中哪等职业的人数居多。请看下表(十方里内之调查):

业 别	家 数	人 口		人口之百分计算
		男	女	
地 主	3	17	15	百分之九弱
自耕农	5	47	17	百分之十八
佃 户	19	95	60	百分之四十三
住 户	24	66	46	百分之三十强

照上表除占人口百分之九的地主是剥削阶级以外,其余的自耕农、佃农、住户等占人口百分之九十一,都是被剥削阶级。

地主的剥削方法不外两种——租田给佃农的苛刻条件;债务的重利盘剥。佃农对于地主,要纳收入的半数给他,地主可以坐在家里收得每个佃户底收入的半数。至于地主放债底手段,更加残酷了!没有产业的人,纵然饿死在他们门前,也引不起他们一点恻隐之心;但那般略有产业的,地主们便借重利的债务给他们,等到他们所负债的本金利息的总额,和他的田产底价格相等的时候,立即向他们要求还债,他们若无法,便只得将田产贱价让地主。所谓住户,大半也靠借债于地主而生活,他们的抵押品,就是卖力佣工的工资。

有多数地主和少数自耕农们在乡间充当绅士,他们一方面挑拨人家争讼,一方面借官厅的势力,以满足他们敲诈的欲望。官吏的浮征租税;放纵差役,下乡苛索百姓;军队的征差征役,派草派粮,亦是加害于农民的。外国货充满了乡镇的市面;一方造成许多没有工作的住户;一方又增高了农民的生活程度。因此,农民经济地位,一天天更艰窘了。

寿县农民已经从自耕农底地位,降到佃农的地位,从家庭手工业底地位,降到失业的地位了(从前表佃农和住户人口之多可以看出)。所以致此的原因:一、地主的剥削;二、士绅的敲诈;三、官吏的苛暴;四、军队的勒索;五、外资的压迫。这些农民的敌人都是相依为命、互成其恶的。

姚天羽
国家主义者之谬妄

> 原载《上大五卅特刊》第七期（1925年8月6日出版）。现选自《20世纪20年代的上海大学（下卷）》，上海大学出版社2014年版，第691—692页。
>
> 姚天羽，江苏吴县人，上海大学社会学系学生。

国家主义者底机关报《醒狮》，最近出了一期"中俄问题专号"，我在朋友处借来拜读了一遍，觉得他们所言所论，荒谬得真岂有此理，实在教人看了要笑破肚皮，其中最好笑的是一卒君的"新俄祸"。我现在把他们这一期内错误之处，指点出来给大家领教领教（恕不抄原文）并加批评。

"醒狮派"以为现在人人主张的"打倒帝国主义"的口号是共产党的标语，其实他们不曾懂得"帝国主义"是什么东西的缘故（虽然他们有他们的解释，但也不对）。要晓得所谓"帝国主义"，原是指凡靠他们自己政治上、军事上优越的势力，对弱小国家与弱小民族施行其经济侵掠政策之谓。我们受国际帝国主义者之侵略可谓达了极点，国家的地位早已成半殖民地了，我们受他们压迫的苦痛也不知怎样的厉害呵！倘使我们再不起来打倒他们，那么我们底国家就要完全沦为殖民地了！打倒帝国主义，是我们全民众的责任（也是任何一个被压迫民族的责任），并不是共产党的专责，而因共产党也是被压迫民族中之一分子，自然也要和我们共同合作，决不可以因为共产党也主张打倒帝国主义，遂武断说是被共产党所化。在"醒狮派"的意思,好像以为凡是主张"打倒帝国主义"的,不管他们是共产党与否,一律以"共产党"三字之头衔加上去,所以他们对于此次事件上海帝国主义底工部局所硬指我们"赤化"(共产党都是"赤化"的)亦同声附和;甚至侮蔑此次牺牲者之中也有梦想"赤化"者的分子在的话,这可见他们大有帮助帝国主义者之作用在,"司马昭之心,路人皆知矣!"其次,"醒狮派"以为"打倒帝国主义"的口号之能普遍全国及国民党主张打倒帝国主义是受苏俄利用的,这真是愚蠢无识之想,不值识者之一粲,我也不愿去理会他!

此外他们说凡是倡"亲俄"及实行"亲俄"的,都是"国贼"和"亲英"、"亲美"、"亲日"等视同一律;那末现在国内倡"亲俄"及实行"亲俄"的大有人在,是否均要赐以"国贼"之头衔? 这真是笑话!

凡是世界上抛弃他侵略政策、取消不平等条约的国家,我们都可以和他亲善,引为好友;现在的苏俄,是第一个抛弃他侵略政策、取消不平等条约的国家,所以我们要和他亲善;只要有些见识,不管他是三尺小孩子,都知道现在的俄国不如从前的俄国了,他们甚热切的希望我们能早早脱离国际帝国主义的压迫,成为世界自由独立平等的国家,所以无时无刻不在帮助我们,这正是被压迫民族间应有的互助(国家主义者以为这是他们正在努力赤化我们,岂不可笑!)。帝国主义者们因恐他们唯一的优良殖民地中华民国将来必定可以脱离他们的压迫,于他们的侵略政策有碍,所以不住地在拿"赤化"两字来恐吓我们,并且还大造谣言说苏俄侵略我们。观于此次五卅事起,国内民气激昂及他们本国人民的责言,无法可以掩盖其罪过,故造出大批谣言,以便欺朦我们。不料醒狮派也在此时做排斥苏俄的勾当,想帝国主义者们知道了,一定要欣然色喜,引为"良善华人",并要予以大宗巨款给他们作帮忙的酬劳费了!

末了,他们把办理中俄会议的中国代表王正延、国民军领袖冯玉祥以说有赤化之嫌疑,殊不知这两位先生老早厌恶"赤化",且要极力防止他哩! 其余国民党及广州国民政府,上海大学、北京大学、广东大学,他们不但加以"赤化"之头衔,且说其学生受有苏俄之津贴,这不知他们从何而知,证据安在? 老实说,这都无非他们的侮蔑造谣的手段,和帝国主义者帮忙罢了,有何理会之价值!

我们不怕他们的诬蔑,还是要势力打倒帝国主义!

叶楚伧
悼黄仁同志

> 原载1924年10月13日《民国日报》,署名"楚伧"。现选自《20世纪20年代的上海大学(上卷)》,上海大学出版社2014年版,第384页。
>
> 叶楚伧(1887—1946),江苏吴县人。1922年10月上海大学成立后,任上海大学教授、教务长。1927年以后,历任国民党中央宣传部长、江苏省政府主席等职。

我们底勇烈的同志黄仁先生,他原是中华职业学校的学生,现在是上大的社会科学系[①]学生;他曾在中国国民党任过极能尽职的职员;他在中国国民党青年中已有莫大的成绩;现在竟在天后宫里成了一个为主义而牺牲者,成了一个青年的模范。

三重四重的压迫,向中国民族,向平民头顶上直压下来,死原是极寻常的,尤其是有志反抗一切压迫的,这些人,在地位上,在志愿上,都应该先众人而死,过去的黄花岗上英雄,京汉路上的烈士,都是这样。今日活着的有志者,又怎能独居例外?黄先生之死,在他自己是早预备了的,在我们则除哀悼以外,尤应由惭愧而生磨砺;为民族平民而奋斗,不应避一切的危险。

---

① 社会科学系,即社会学系。

天后宫之于中国于世界,何止太仓一粟。然而黄先生竟死此,要改革中国要改造世界的,其牺牲之过于此,又何止千万亿倍,我们瞻望着中国民族的前途,见了目犹未瞑的黄先生,怎能不自勉!

双十节是年年过的,这次,有黄先生以血染之,越见得炳烈有光,他无异告诉一般群众说:

要有中国吗?须如此!

于右任
《上海大学一览》弁言

> 原载《上海大学一览》，1924年5月4日出版的《上海大学周刊》又予以全文刊登。现选自《20世纪20年代的上海大学（上卷）》，上海大学出版社2014年版，第79—80页。
>
> 《上海大学一览》出版于1924年4月，其内容除于右任校长的"弁言"以外，还包括上海大学校历、上海大学章程、各种学程、各种细则、学生组合简表、职教员一览表、学生一览表、毕业生一览表等。
>
> 于右任（1879—1964），陕西泾阳人，出生于三原。1922年10月23日任上海大学校长。1928年起，历任国民党中央执行委员会常委、国民政府审计院长和监察院长等职。1949年去台湾，1964年11月在台北病逝。

今之教育家盈天下，愚以不学之身，夫何敢言教育；虽然，为新教育界之走卒，则窃有志焉。昔余从事报界者十年，自宋案[①]起，国民党失败，而《民立报》与之俱尽；继走西北，驰骋疆场者五年，复以正义不张，舍而去之，只身出陇蜀，间道来沪。失败之后，回念生平，非敢言觉悟也；因思

---

① 宋案，指宋教仁被刺案。1913年2月，国会选举接近尾声，国民党取得重大胜利。3月20日，国民党领导人宋教仁登程北上，欲到北京组阁，在上海火车站遇刺不治身亡。

以兵救国,实志士仁人不得已而为之;以学救人,效虽迟而功则远。故曾宣言"欲建设新民国,当先建设新教育,欲建设新教育,当自小学教育始"。讵意莘莘学子,环而请业,拒之无方,而上海大学之名,遂涌现于中华民国之教育界中。此十一年①十月廿三日事也。

本校初设"文学"与"美术"两科。文科分"国学"与"英文"两组。美术科分"图音""图工"两组。并设"普通科"。十二年四月教职员全体会议,决定进行计划,并订《暂行校则》。九月秋季开学,根据《暂行校则》,改"国学组"为"中国文学系","英文组"为英国文学系。——"美术科"仍旧——并新招"中国文学系""英国文学系""社会学系"各一班。附设之"普通科",改为"中学部"。除"高级中学"一班外,并新招"高级中学""初级中学"各一班。其时学生总数达三百一十二人。评议会亦于是时成立,为本校议事最高机关。

十二月,评议会见本校规模粗具,《暂行校则》不足以应需要,遂重新颁布正式《章程》,并标明宗旨为"养成建国人才,促进文化事业",并改评议会为行政委员会。

十三年二月,因学生渐多,闸北民房,颇不敷用,遂迁至西摩路。中学部除事务仍总属于大学部之校务处外,其教务、训育皆由该部独立主持。又添设"英数高等补习科"。现全校人数已达三百九十余人。

行政委员会见本校逐渐发达,有自行建筑校舍之必要,爰勘定闸北宋园(即先烈宋教仁先生之墓园)余地,为建筑校舍之用(计该地除宋公墓园占约四十余亩外,尚余六十亩)。一面延聘工程师制定图样,一面进行校舍建筑募捐。又察社会状况,有广开学系之必要,决议下学期起,拟添设"政治学系"、"经济学系"、"法律学系"、"商学系"、"教育学系"五班,举定筹备员负责筹备。

以已往成绩计之,校史虽短,进步则速:此皆前评议会与今行政委员会暨职教员诸君子努力之所致也。至将来能达到建学之目的与否,固视同人之继续努力如何,而尤赖社会先知先觉之匡助。"合抱之木,生于毫末;千里之行,始于足下。"右任不自量,愿随诸君子后,竭毕生之力以赴

---

① 十一年,民国十一年,即1922年。

之。倘贤哲不弃,进而教之,使有遵循,则尤幸之幸矣!

于右任
十三年①四月

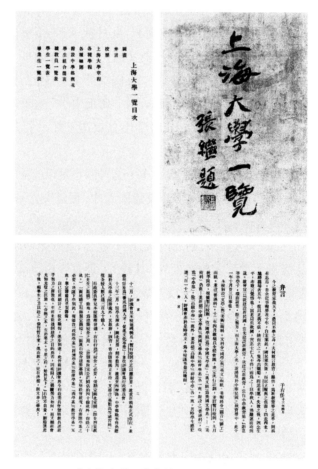

《上海大学一览》封面、目次和弁言

---

① 十三年,民国十三年,即1924年。

于右任
致国民党中央常委会执行委员会函

> 这是上海大学校长于右任于1924年7月致国民党中常委执委会的函,原件藏台北中国国民党中央委员会文化传播委员会"党史馆",编号为汉口档案7499.1。现选自《20世纪20年代的上海大学(上卷)》,上海大学出版社2014年版,第105—106页。

径启者:

敝校创立两年,规模确具。社会之属望渐□,而时誉亦日益归附。凡国内外向慕本党主义及有志建国事业之优秀青年,无不靡然从风争光趋附。计去年春,敝校学生尚只一百六七十人,入秋便增至三百人,今年春又增至四百余人。一年之间,几增三倍。即此一端,已足证明敝校颇有进步。此后如再发育孳长,不难于海内大学中让吾革命党所力之大学屹然独占一席也。同人等用是更图黾勉,以求殊效。惟是校务,虽日有发达,而经费则更为支绌。往往心得而手不应,遂不免有巧妇无米为炊之叹。本年一月起,虽承中央准予每月津贴洋一千元,建设诸端,颇资挹注,究竟杯水车薪,无济于事。上年度竟亏至九千余元之巨。况下年拟添设经济、政治、教育、商业四系,范围既已扩大,开支当更增乎。第念十年教训,国安攸关,百舍重茧,不容不附。所有敝校扩充所需,除一面努力筹备外,恳中央自八月份起,每月津贴增为五千元,另附理由书及预算案,务乞立予审核批准是幸。多难兴邦,其道百出,宏兹教育,更与有成。中央必能

乐于逾量掖助,俾策进行。敝校前途实利赖之。

此致

中国国民党中央执行委员会。

校长于右任

附：上海大学请求增加津贴理由书附预算

窃惟吾党欲早日完成国民革命之工作有三事项须留意。一曰阐明主义提高学说也。吾党之三民主义与总理所发之学说,其陈义至为博大精深,皆应经精密之研究与讨论深入显出,方易引起民众之深切了解。二曰养成人才资为党也。吾党革命至今尚未成功,其原因虽伙,而人才不敷即其一。应多量养成尽瘁主义有抱负而又热心党务之党员,使吾党势力日益充实。三曰创为风气树之范则也。方今风气萎靡颓废极矣。不为遁世之瘾君子,则为祸世之反革命派。吾党应力求挽救,允党中人格高尚信仰坚固之领袖,得于事业之外,对品格学问与国内有志青年作坛坫之周旋,不难收兴感之大效,如俄、德大学之所为。使国民思想界有一中心之势力。欲求此三者之实现,盖有一必要之机关焉。机关惟何？曰党办大学是也。旷观各国政党,凡欲有所建树以造福民生者。莫不斤斤以此为念。况呼我党丁兹宋国多艰之会,外有帝国主义侵凌,内有封建军阀之横暴。欲其拨乱反正之任,有十百倍艰巨于他国之政党者。使于此阐明主义、养成人才、创为风气之三大要点不加之意,则将何恃以勘平大难、建树宏业乎？此所以吾党党办大学有设立之必要。

夫吾党于此既有所筹及矣。如改组广东大学,即其一证。惟同人等默察形势,有不得不为进一步之希望者。窃以广东僻在东南,人才所聚究只限于一方。若规换全盘以收巨效,则上海党办大学之设立,实更迫切于广东。盖上海为全国之中心,舟车四达,交通称便,莘莘学子,咸萃于斯。现今沪上大学虽有十余所之多,而或则为孵育帝国主义之机关,或则为反革命派绅士军阀之势力。处全国重要之地,当才俊荟萃之区,吾乃拱手让之敌人盘踞利用,而不□起设立大学,以抗敌势,以张吾军,使青年误入迷途陷阱,岂非失计之甚者乎。此所对党立上海大学更有更迫切之需要也。

同人不敏,亦曾竭其绵薄,并创上海大学。迄今已有两年矣。今年春改归党办,当蒙中央批准。兹就本党在此大学以往之成绩,谨惟中央诸同志略陈之。

先就教授方面而言之。本校教授完全以宣传主义为中心,故所设科系虽杂,在在留意以党义导掖学生。社会学系固勿论矣,即中国文学系所授之国文一门,亦曾采本党此次大会宣言为教材。英国文学系之散文一门,亦曾采本党总理所看之发展实业计划英文原著为读本。此外并添现代政治一门,为全校共同之选科。□年来由本党同志胡展堂、汪精卫诸先生担任讲演、宣传党义。其效果益甚佳也。

次就学生入党方面言之。此半年内先后加入本党者已有一百四十余名之多,占全校三分之一以上。沪上诸大学大多禁止学生入党,即无禁例入我党者,数亦寥寥,决未有如本校之发达者。且此等党员,因熏陶渍渐之功,类能充分明了党义,热心为党派服务。于党务之发展上,皆可为主动而有力之分子。苟假以时日,使本校完全党化,故亦意计中事也。如此数载,益以党员之滋生不已,吾党又何难于短时间内,得数千明了主义之党员及热心党务之青年生力军。深入民众,鼓吹革命,使吾党二三十年来未竟之功旦夕立现耶。

本党在上海大学之成绩既如上述,即此可觉两者相互之关系至深且巨。同人等为图大学之前途发展起见,爰竭虑殚思,拟定计划如下:

一曰学系宜增设也。本校原有学系三:中国文学系、英国文学系、社会学系是也。外此有美术科与英数高等补习科两科,更附以中学部。夫社会之需求至繁,而个人之禀赋有殊。仅此三数学系,其何能济。即置社会需求、个人禀赋于不论,而为吾党养成多方面人才计,尤应广开学系。学生毕业后,出而任事,可以散处四方分布各业。学生多一方面之活动,即吾党多一方面之势力。语曰:种瓜得瓜,种豆得豆。今日耕耘如此,他年收获可知。此增设学系所以为必要也。

学系增设,当无定限。然为目前经济人才所限,不得不区别重轻,定为先后。同人爰议决下半年增设政治、经济、教育、商业四系所。以先设此四者,其理由可略言之。吾党揭橥主义,为民族、民权、民生。标题虽

简，涵义实深。年来国内之谈政治经济者，众喙纷然。苟无依着是丹非素，淆乱可虑，致国政日紊，民生日蹙。是皆由于不以三民主义为指针，世界潮流为参证，以致于此。吾党负先觉之责任，尽提倡之力。自宜特设政治经济专系。庶几学不离宗，有所归宿。而学者所习乃得真切，贡献于国利民福，不备吾党之所企图也。至教育、商业二系，亦各有其迫切之理由。在凡吾党所主张者，一方面宜为普遍之宣传，一方宜从国民教育下手。使深切种根于少年人之心脑，而对于党义根本信仰，不易摧拔。欲达此的，盖有二途。或多收教师为本党党员，或由本党大学设科施教，造就教育人才。则出而服务，其效方宏。况年来教育界中，教会势力，反动势力，在在可见。而借口教育独立，置身事外，苟安自全，不问国难之风方渐滋而暗长。力矫颓风，本党大学于此实负有全责焉。又世界经济侵略，所恃者工之造作、商之经营耳。对此潮流，惟有迎战，决难闭锢。而所当此战者，厥为商业人才。使本党大学不为施教，则颓流所趋，惟有资寇媚敌之奸商。而无抱负主义洞明政策之商业人才，其危险孰大于是？故商业一系，实与政治、经济、教育处并重之地位，而宜同时开办者也。

二曰学生学费宜减少也。国内大学皆渐有贵族化之趋势。考入大学者类多殷富子弟，而贫困后生，卒致向隅。以贵族之子弟受贵族之教育，其骨力之脆弱，志趣之卑微，自无待言。以革命救国为责职之本党，岂可步武此辙，自毁基础。故上海大学应宜减少学费，以便多量吸收贫寒子弟，期以艰苦之身肩负艰巨之任。此看不到则以上所述种种企图、种种计划皆无异浮沙筑室，有见其顷刻倒败耳。绳枢瓮牖，实产英雄；文绣膏粱，终成饭袋。本党为善选人才计，尤不可不于此点再三致意。案本校学费，大学部每学期四十元。专门部每学期四十元，高级中学每学期三十二元，初级中学每学期二十二元，其他杂宿诸费，索取亦不在少。以与国内各大学较，虽不能说超过逾量，然寒士当此，已觉奇重不堪矣。故减少学费，实万不容缓也。

三曰教职员薪水宜增多也。教育为清高事业，本党大学又为宣传主义培养人才之机关，其间教职员宜如何清苦自励，以求教育之实效。然现当外资之势力日涨，货物之价格日高。有志革命而任职大学，诸同人多系中产之资。一家数口，生计维艰。即就校长而论，前不支薪，本年上期方支月薪百五十元。教务长兼主任仅支一百元,总务长仅八十元,其余职员月薪益少。更就教职员言之,大学部每小时一元五角,专门部每小时一元二角五分,中学部一元。全校教员之月薪,无一过百元以上者。以此教员,为个人生计所迫,遂不得不在他处兼事而精力于以分散矣。使能经济充裕,以重价聘请专任教授若干人,其他讲师月薪至少每小时二元。如是则教员无生计之虑,而能专于所事,校务日进可预卜也。

四曰图书馆宜扩充也。口耳之学,昔人病之。大学生研习必广,尤非师生授受之间,所可尽意。故大学设备,应以图书为首要。且吾党人才,非仅求其广博炫学已也。尤贵能抽绎思绪,独创有为。各国大政治家宏成其学说思想者,端夺数年之图书馆生活。凡我同志,于思想方面,尤宜取多用宏,力资深厚。是则图书馆之设,不仅借学生之阅览,实亦便党员之研究,其可缓图之哉。

上述计划,容有未周。而荦荦大端,要皆为谋学校功能之发展,以达发挥党义,造就人才树成风气之三大要点图。惟计划实现至艰且巨,总非有饶裕之经济不能。夙念诸同志服膺主义,热心建国,悯同人等无米难炊之窘,为同人等作邪许攘臂之躯。众议签同,巨功立奏。忠忱可纳,掖助竞输。同人等不胜企盼之至。所拟下年度预算一通,并行呈缴。敬希裁夺。①

---

① 原件此下还附有上海大学"民国十三年度上学期(十三年八月一日至十四年一月三十一日)预算案",兹从略。

于右任
致北洋政府外交部驻江苏交涉员函

> 这是上海大学校长于右任针对6月4日英国巡捕和海军陆战队非法闯入上海大学搜捕事件致北洋政府外交部江苏交涉员许沅的函。原载1925年6月11日《民国日报》。选自《20世纪20年代的上海大学(上卷)》,上海大学出版社2014年版,第325—326页。

径启者:

顷据敝校行政委员会暨学生会代表面称,本月四日上午九时许,突来中西探捕及荷枪实弹之英兵一大队,约百余人,将敝校包围,强令员生等排列,高举两臂,不许稍动。有询来意,非持手枪迎面作欲击状,即被拳足交施,旋向各人身畔,逐一检查,至再至三。复侵入校内外男女生宿舍,破毁各人之箱笼,已乃勒令寄宿员生百余人,十分钟内,一律出校,违则枪毙。续又将职员韩阳初捕去,拘留三小时,始行释出。按说英兵等闯入搜查时,学生见其每捡一物或一书,手辄成慄,未知何故,旋该英兵等遂将敝校全部占领。此当时敝校被侵害经过之实情也。因思敝校学生素守秩序,绝无轨外行动,讵可任意搜捕,不法占领?侵害人之身体住居自由,似此强暴,达于极点,公理、法律何存?试使相率效尤,尚复成何世界?查敝校缔造经营,所费不赀,今无故被英兵等恣意蹂躏,侵入驻扎,有形之损失固属不少,而优美之校誉,亦被破坏殆尽。试问该英兵等究奉何人命令,而发命令者究根据何项法律?如此蛮横,中外罕见,除损失确数,俟该英兵等退去，始可调查，再行续请要求赔偿损失应暂保留外，所有敝校横被该英兵等强占情形，理合先行迫切报告，请求执事速向该加害之当事严重交涉，立饬将该兵等撤退，赔偿敝校一切损失，并向敝校登报道歉，以申公理而维主权，是为至盼。

于右任
呈国民党中央执行委员会文

> 这是于右任于1925年6月18日呈中国国民党中央执行委员会文,原件藏台北中国国民党中央委员会文化传播委员会"党史馆",编号为汉口档案7507.1。现选自《20世纪20年代的上海大学(上卷)》,上海大学出版社2014年版,第336—337页。

径启者:

顷阅报章得悉,中央军完全胜利,反革命余孽尽数扫除,实深欣慰。沪上各校学生,因参加追悼工人及演讲唤醒民众事,为彼帝国主义者所嫉视。英捕竟于五月卅日枪杀多人,敝校学生何秉彝亦遭惨杀,全市民众愤激异常。乃彼英人犹不悔祸,复以武力将敝校员生迫散,霸占校舍。此盖弱小民族处此强权世界中应有之事实。非遭际之偶然,亦非徼幸之可以获免。窃念革命之人才,固有赖于革命之教育,而革命之教育,尤非托足于强权者势力范围下可望其成功。故决定在宋园自建校舍,以巩固革命教育之根基,而后徐图发展。但建筑校舍需款甚巨,现据工程师计划,小规模之校舍约需十二万元。务恳贵会竭力设法帮助。俾校舍早观厥成,免使数千学子流离失所,则不独革命之教育得以维持,即吾党革命之前途亦当受不少之帮助矣。

贵会究能筹措若干?请即示知,以利进行,是所至盼。此上

中国国民党中央执行委员会公鉴

上海大学校长于右任谨启

回信请寄上海大学建筑校舍募捐委员会韩觉民收

中华民国十四年①六月十八日

---

① 民国十四年,即1925年。

于右任
致张静江函

> 这是于右任于1926年6月26日写给张静江的信，原件藏台北中国国民党中央委员会文化传播委员会"党史馆"，编号为汉口档案7951。现选自《20世纪20年代的上海大学（上卷）》，上海大学出版社2014年版，第355页。

静江同志转中央执行委员会各委员公鉴：

敝校建筑校舍补助费，曾由敝校代表韩觉民先生亲领小洋一万元，其余之数尚未领下。现投标已告截止，开工在即，需款甚殷，其尚未领下之补助费，请贵会迅催财部拨交侯绍裘先生具领汇沪，以应急需。顷当中央筹备北伐财政紧急之际，权衡轻重，较量缓急，敝校诚不应以此区区者来相干渎。惟敝校建筑校舍，筹备经年，尚未实现，内受学生监责，外招各界人士之怀疑。今当千钧一发之际，若再令其停顿，敝校亦无以自解。务望贵会诸公下体敝校之苦衷，催促财部早将补助费全数拨下，实为公便。

专此。顺祝

道安。

上海大学校长于右任谨启

于右任
致国民党中央执行委员会函

> 这是于右任1925年8月22日呈中国国民党中央执行委员会函。原件藏台北中国国民党中央委员会文化传播委员会"党史馆",编号为汉口档案7510.1。现选自《20世纪20年代的上海大学(上卷)》,上海大学出版社2014年版,第340—341页。

径启者:

本校自开办以来,即以养成建国人才,实行国民革命为宗旨。载在校章,至校内一切进行,莫不依先总理之革命精神而从事,成绩昭然,有目共见。即党校亦不过如斯。苟吾党不欲养成建国人才,实行国民革命,则亦已耳。如其欲之,则对于本校,宜如何尽心爱护,竭力维持,俾得造就人才,速成革命,以竟先总理未竟之事业。曩者,经本党中央执行委员会议决,每月津贴本校一千圆,自属分内之应为,并非格外之恩惠。嗣经停寄,本校亦能原谅其苦衷。盖彼时政府财政被反革命之杨、刘把持,党内重要事务之进行,因遭掣肘。于财政之艰难,尚多停滞,对于本校自无兼顾之可能。近者政府改组,反革命势力尽数扫除,财政亦已统一,事权规划措置裕如。本校适于此时因遵行先总理遗训,作反帝国主义运动,死伤者已数十人,被拘者更不胜计,复遭帝国主义者暴力迫散,以致数百名学生流离失所。此固本校之痛苦实际,吾党之光荣,吾党自应怜惜,此数百名为主义牺牲之学生,以诚挚之维护。况此次建筑校舍,外人之与本校绝无关

系,帮助巨款者,颇不乏人,以吾党与吾校关系之深,乃竟无一毫实力之帮助,能使此数百学子,对于本党之信仰,毫不发生动摇者,实系彼等觉悟之彻底,意志之坚强,要非吾党维护怜惜之同情,有以致之也。顷者,本校策划进行,在在需款,如能恢复原有之津贴,固属吾党扶植革命势力所应为,即令不能,则对于校舍之建筑,亦应有巨大之帮助。鄙见如斯,即请公裁决议如何,并希赐示。

　　此上
中央执行委员会全体委员会公鉴

上海大学校长于右任
八月二十三日

恽代英
致葛季膺的信

> 这是恽代英于1923年6月19日写给弟媳妇葛季膺的信。选自《20世纪20年代的上海大学(下卷)》,上海大学出版社2014年版,第1159—1160页。
>
> 恽代英(1895—1931),原籍江苏武进(今属常州),生于湖北武昌。无产阶级革命家、中国共产党早期领导人。1923年夏任上海大学教授。1926年5月任黄埔军校政治主任教官。1927年1月,到武汉任中央军事政治学校政治委员,实际负责军校工作。1931年4月,被国民党反动当局杀害于南京。

季膺妹:

五月廿日信,由强弟①转来,不觉回环读了几遍,心胸中自然充满了快感,我初虑强弟或仍不免于结旧式婚姻,又虑强弟交游太狭,或不能得理想的配偶。今读妹此函,吾诚不自觉的以手加额为我强弟庆。以我知强弟之深,亦复不自觉得为妹庆也。

来函云在杨效春房间得一相见,我犹能忆之。对我奖辞,容有过当。所谈志愿性行,我实无任敬佩。强弟能得如此良友,如此畏友,终身作伴,料应朋辈当妒杀耳!迟婚实有利益。我辈老父既因我决于独身,诚不能

---

① 强弟,恽代英胞弟恽子强。

无早望强弟成婚之念,但为人慈和通达,终不十分相强。我已将妹函附于家禀转寄老父,我意读此函后,当能感恍然如见佳儿妇之乐,更可以不复念念于怀也。

人家说:"结婚是爱情的坟墓。"我料想弟及妹,能均保持今日志行,必可免于此状。普通结婚后所生的坏影响,一是男女性情不平和谅让;二是每因经济上彼此计较发生意见;三是只知恋爱别无正当志愿及彼此间尊重人格的思想,这均非强弟及妹所有的情形,我因此不能不祝你们的"爱"的前途无量。

我因颇欲以一日之长谋社会的根本改造,故不欲以儿女之事自累。然近来以个人债累(由于以前经营书社、工厂失败的结果),仍不能不稍为金钱束缚行动。本年以到成都之便,遂任高师教育学一席,我极无意模仿学者,纵偶有独见,此席终觉非分也。现友人约到上海大学任总务长一席,我已以支款了结宿债为条件,决定承诺与否。但八月间总须到沪一行,下半年事现仍不能自决。不过据友人来函,上海大学任教多一时畏友,苟稍经营,可为一般改造同志驻足讲学储能之所,故颇重视之也,我约十日后离此。

我亦欲与强弟协力担负,使老父稍息仔肩。但年来偏责强弟的稍多,即将来遇艰危转徙之际,或仍不能免此,惟愿机会较佳时,我终可分任若干也。我们终究当移家江南,若能以将来弟妹结婚的小家庭为基础,然后移家,则自可免于许多旧家庭恶习也。好在家父既不守旧,一庶母年幼而无恶性质,将来可使以工艺自给,一妹则强弟抚视教化之,可信家庭中亦无难处事也。

我视家如旅舍,然正好助弟妹等建立自然而有幸福的家庭。我决不欲吾弟、吾妹为家庭而损害恋爱的幸福。我将来可以为你们的高等顾问也。一笑!

我能与我的弟妇如此絮谈,殊为有味。然吾妹实不仅我的弟妇,一方实系我的朋友,我们仍愿在品行、学业上,互相切磋、鼓励。我望吾妹无论何时,均不因我为夫兄而有许多委屈隐讳。吾妹为吾挚爱之强弟的爱人,在吾心胸中比之视吾康妹(在南高附小的)还十分亲切。所以我很不愿无论何时,吾弟或吾妹有因家庭而忍受委屈隐讳的痛苦的地方。果有此等地方,我必尽力为之救正。此皆出于至诚,强弟必深信我,而预料吾妹亦必深信也。

代英
1923年6月19日

俞昌准
到天堂去

> 这是上海大学学生俞昌准于1926年夏天写的一首诗。那年,党组织决定派他到苏联去学习,但他决定留下,要到家乡最艰苦的地方去从事革命工作。这首诗就是俞昌准表达的自己的心声。诗中的"天堂",是指"苏联","地狱"则是指还处在反动军阀统治下的家乡。选自金中主编《血铸中华诗文故事》,新疆生产建设兵团出版社2012年版,第130—131页。
>
> 俞昌准(1907—1928),安徽南陵人。1925年7月进入上海大学中学部学习。1926年,加入中国共产党。1928年11月被反动当局杀害于安庆北门外刑场。

那边是天堂,
大家都想着进去;
去享受那人间的甘露,
去学习那天上的规章。

这里是地狱,
囚着那蓬头垢面的人群;
都是那被压迫被剥削的,
劳苦大众的姐妹兄弟!

我暂时不忍离开那苦难的
兄弟姐妹,
我要帮助他们,
冲破黑暗呵,创造光明。

张永和
致叶楚伧的信

> 这是张永和于1924年9月1日为介绍同乡李国相免试进上海大学写给叶楚伧的信。原件藏台北中国国民党中央委员会文化传播委员会"党史馆",档案编号为环龙路档案01418。当时叶楚伧在上海大学担任教授,又在国民党上海执行部工作。选自《20世纪20年代的上海大学(上卷)》,上海大学出版社2014年版,第375—376页。
>
> 张永和,南洋大学(今上海交通大学)学生。

楚伧先生钧鉴:

敬启者:

和有同乡人李国相君,云南省立第一师范学生(程度与旧制中学埒)现住北京。因和之勤勉,愿来沪就学上海大学政治系本科一年,然来沪投考取录与否,未可预卜,恐徒遭往返,故心愿为特别生,免除考试。因该校校章有收录特别生免试办法也。和窃念滇池旁僻,人材缺乏。我党人材更如凤毛麟角之不可得。滇南乃革命健儿产地,无吾党人为之领袖,更无吾党滇人为之指引,诚恨事也。故敢冒昧渎请先生本爱材之义,介绍李国相君,俾录为上海大学政治系特别生,抑介绍龢与该系主任直接接洽一切。

如何之处,乞赐复指示,无任感盼。专此。

敬顾
党祺!

南洋大学
张永和谨启
九月一号

周颂西
致彭素民、张秋白函

> 这是周颂西于1923年11月12日为推荐曾伯兴担任国民党上海大学党务工作负责人而写给彭素民、张秋白等人的信。原件藏台北中国国民党中央委员会文化传播委员会"党史馆",档案编号为环龙路09689。选自《20世纪20年代的上海大学(上卷)》,上海大学出版社2014年版,第375页。
>
> 周颂西,浙江人,1923年秋进上海大学担任英文教师。
>
> 彭素民(1885—1924),江西樟树人。国民党元老,1924年8月病逝。
>
> 张秋白,安徽安庆人,国民党元老,1928年8月遇刺身亡。

素民、秋白、楚伧、焕庭、铁人诸先生鉴:

上海大学学生因陈君德徵[①]已离校,嘱转请另委一筹备主任以利进行。弟意曾君伯兴[②],人较谦和,且系老同志,委为筹备主任,似较适宜。如从为,亟请从速委任为幸。专此。

敬颂

[①] 陈君德徵,即陈德徵(1899—1951),浙江浦江人,1923年5月任上海大学图书室主任、中学部主任。

[②] 曾君伯兴,即曾伯兴,上海大学中学部教师。

党祺。

颂西谨上
十一月十二日

张崇德
为最近北方政变告台州民众

> 原载《台州评论》第四期（1926年5月1日出版），署名"崇德"。现选自《20世纪20年代的上海大学（下卷）》，上海大学出版社2014年版，第770—772页。
>
> 张崇德（1903—？）浙江临海人。1924年进入上海大学学习。先后参加了上海三次工人武装起义，担任武装起义的思想政治宣传工作。1927年9月赴苏联莫斯科中山大学学习。1930年在苏联肃反扩大化时遭秘密逮捕，1937年以后屈死于当地。

现在北方政局急变，国民军败退西北，直奉军阀重登舞台，护宪、护法闹个不清，弄得颜傀儡（颜惠庆）头昏颠倒，上台不得，陷北京于无政府况态。

在军阀铁蹄之下讨生活的北京民众，自然免不了丘八太爷的杀戮、抢劫、奸淫、勒索。所以自胡匪军队入京以来，连日所得到的北京消息，即有京报社长邵飘萍之遭枪毙、国立九校之遭搜索、怀孕妇女之遭轮奸、军用票之强行通用，弄得难民纷纷逃避、心碎胆落，还说什么"人权保障"、"言论自由"！

时局至此，又已转到一个最反动的时期。我们一切被压迫民众，又将怎样谋对付呢？我以为我们必须：（一）先了解这次政变的真相，（二）和今后时局变迁的趋向，（三）再进而寻求反革命势力和革命势力的优点及弱点,(四)然后有了对付方针,一致向这些魔鬼进攻。

一、此次政变的真相

凡是稍具世界常识的人,都知道在这世界经济已打成了一片的今日,所有一切弱小民族国家里的乱源,都是国际资本帝国主义促成的。中国是个半殖民地,产业落后的国家,当然也脱不了帝国主义的宰制。他(帝国主义)要达到他的经济侵略的目的,不得不在政治策略上面用工夫,以便攫得实力上的保障。所谓政治策略,便是要收买中国的军阀,缔结种种不平等条约,来束缚中国一切民众,使他们无从反抗,可供他恣意剥削。所以中国的军阀,便是国际资本帝国主义之唯一的工具。但各国帝国主义为其本身利益的缘故,其所收买的工具(军阀),亦各不同,一旦各帝国主义过到本身利害有冲突的时候,便各各把他的工具牵起来相打。故中国叠次的军阀战争,便是各帝国主义的战争,奉皖军阀是日本帝国主义的工具,直系军阀是英美帝国主义的工具。所谓直皖战争啦,直奉战争啦,无非都是英美日帝国主义的战争。民国以来的情形,都是如此。

各帝国主义虽因其本身利害冲突,常相倾轧,指使各个工具作战。但若看见了中国有保障民众利益的军事势力,知道要阻碍他们的经济侵略,便不得不暂时忍住各个本身利害冲突,自谋妥协,把各个工具(军阀)牵连起来,共同进攻。因此,广东国民政府的国民革命军和北方的国民军,便是他们——国际帝国主义者的眼中钉,必欲拔去而后快。可是国民政府、革命军的实力很厚,且有革命的民众(工、农、觉悟的知识阶级)为其后盾,数年来,已把一切可以做帝国主义工具的军阀——杨、刘、陈等扫除殆尽,香港方面所设施的种种毒计,又归失败,故各帝国主义者都有"虽欲除之而不可得"的感叹。又见北方的国民军,也很接近民众,遥与南方的国民革命军相应,于是恨上加恨,便蓄意先想把他灭绝了,再来对付南方。况北方又有现成的工具奉军、直军可供他指挥,要达到他的目的,自然比较容易许多。然而出师无名,恐易招睡梦初醒的中国民众反感,因此便利用盲目的国家主义者和近视眼的国民党右派及一切高等华民的心理,把"赤化"两字,加在国民军身上。更把冤家不对头的张(作霖)、吴

(佩孚)牵连起来,合力驱除国民军。同时,国民军也被"赤化"两字吓坏了,内部不能一致。这样,怎挡得军火充实的奉军、直军(帝国主义供给的),而不归失败呢?

所之此次北方政变,是帝国主义及其工具——吴、张军阀想铲除接近民众的国民军的一个阴谋,再明晰的说,仍是压迫阶级想压服中国一切革命民众的法子。

二、今后时局变迁的趋向

国民军虽败,但他的军队尚有十四万余人,素称善战的第一军,实力尚存,战斗力亦未见得薄弱,故仍固守南口。聪明的帝国主义者,眼光自然要比他的工具——吴、张军阀来得大,所以不许吴、张仅把国民军驱出北京为止,一定要他们继续进攻南口,非把国民军消灭不可。连日来吴、张军阀及小军阀阎锡山之调兵遣将,就是为此。

吴大军阀格外能为他的主人——英美帝国主义效劳。对于湖南,他资助叶开鑫,使他驱逐唐生智。对于四川,亦想把那些小军阀收为己用。果然,叶开鑫的军队,闻说已占领长沙了。四川也已有小军阀声言服从吴大军阀了。这样看来,反动势力已有由黄河越长江而趋珠江之势。

三、反革命势力和革命势力之优点及弱点

反革命势力之优点是:
(1)有帝国主义者供给枪械及金钱。
(2)以反赤名义相号召,可利用中国的资产阶级及一般高等华民的盲目,以壮声势。

其弱点是:
(1)各帝国主义的妥协,毕竟不能持久。
(2)护宪、护法之不能解决,军阀地盘之不易支配,便是吴、张两大军阀终于要分裂的征兆。最近吴、张各发命令委任官吏,和彼此互相犹豫催逼进兵南口等事,都是表示自私,不能切实合作的铁证。

（3）匪军（吴、张之军）所到之处，一切不法行动，都给民众留了深切悲忿的印象。

革命势力之优点是：

（1）革命军队是受过革命主义的洗礼的，其纪律之严肃，可以国民革命军之攻打陈炯明军和国民军之退出北京时之行动为证。

（2）有大多数的被压迫民众（工、农、小商及觉悟的知识阶级）做后盾。被压迫民众的势力的伟大，有五卅运动及香港罢工尚未解决等事为证。

（3）国民军势力既未消灭，犹可牵制北方，使反革命军队不能从容南下。

（4）湖南唐生智之输诚国民政府，已日益明显，决可固守湘潭以待革命军来援。

其缺点是出兵太迟，给与反革命军队以从容布置和先行发展的机会。

四、我们应有的进行方针

根据上面的事实，我们一切被压迫的人们自然要站在革命势力方面，这是无可疑的。因此，我们要做下列诸事：

（1）促国民政府赶派国民革命军，出兵援湘。

（2）促国民军将领彻底觉悟，持不妥协的精神，与国民革命军联络一致，共向反革命军进攻。

（3）促成国民会议（即孙中山先生所主张的）由民众掌握政权，以解决国家一切纠纷。

（4）比较经济充裕的革命民众，应捐款资助革命军军饷。

（5）速向民众及各帝国主义国家中之无产阶级并各弱小民族极力宣传，俾得一致同情，以资援助。

台州的被压迫民众呀！你们不要以为这不是台州的事，用不着你们关心，要知道反革命势力统一中国后，慢说你们也像北京民众那样的，遭匪军杀戮、抢劫、奸淫、勒索，恐怕连你们的头颅，也不能担保了。即使头颅可以保留，而身体不能自由，亦有何面目偷生人世。

不自由，无宁死，朋友们！起来！

中 预
非基大同盟万岁！中国人与基督教

> 原载《圣诞节的敬礼》(1925年12月25日出版)，署名"中预"。现选自《20世纪20年代的上海大学(下卷)》，上海大学出版社2014年版，第713—714页。
>
> 中预，简历不详。

中国人对于基督教的态度，约可分为四个时期：

第一个时期为敬而远之的时代。其时间为鸦片战争以前，在这个时期中，如利马窦、汤若望辈带来的西方科学如天算之类，很能使一般士大夫尊敬；不过基督教的打破祖宗崇拜观念，与我们落后的宗法社会不能相容；而平等、博爱诸说，则更与纲常名教冲突；所以不能不远之了。敬是敬他的科学，远是远他的宗教。一七二七年《恰克关条约》第三条，谓"中国准俄国设立教堂于北京，任俄国教徒依本国法规，在堂内诵经礼拜，中国并与以补助"。这时候中国之对于基督教，完全认为他们的事；只为保持宽大起见，许可他们"设堂礼拜"，有时候还拨些地给他们造教堂呢！

第二个时期为利用时期。其时间为《南京条约》至太平天国。在这个时期中，帝国主义的经济侵略未告成功；五口通商，其意义仅把商业中心由广州移往上海；基督教在中国，仅于《五口通商章程》中许其于通商五口设立教堂，无何等势力。然而平等、博爱诸说，却鼓动了异民族压制底下的穷苦农民；于是洪秀全等创设上帝会，成功了十五年命运的太平天国的革命。但其结果，则要求平等、博爱的农民失败；纲常名教的大地主与士大夫以勾结满清而得操政权。

第三个时期为仇视时期。其时间为《天津条约》后至庚子义和团。在这一个时期中，因为在《天津条约》上规定教徒有内地自由传教及租买田地建造房屋之权；于是这班教徒带了领军裁判权到内地去无恶不作，官厅不能制裁；又其教义不合宗法社会，所以入教的都是逃亡的恶棍。纲常名教的地方绅士与被帝国主义侵略而失了业的农民，眼见与身受教徒的种种欺辱，遂生仇视之心。因而教案交涉，成为中心，德租胶州湾即其一例。教徒虽有武力保障，但决不能制止民间的仇视；于是乎形成为灭洋的义和团运动。同时满清贵族以太平天国而失势，要想利用义和团来振作一下，因而大地主与大商人（袁世凯、刘坤一），反而处于反对地位。庚子战役虽限于津、京一带，而《辛丑条约》则为全国万世奴隶之卖身契，即此袁、刘保障东南的罪状。

第四个时期为臣服时期。其时间为《辛丑条约》（一九〇一）起至一九二二年止。在这个时期中，中国人都以入教为荣了。因为：（一）在《辛丑条约》上，规定禁止排外（即反抗压迫）团体及行动□者斩首；又地方官如不依此惩办即革职永不叙用。并且这样的条文，要用上谕张贴各城镇二年之久。（二）帝国主义的经济侵略，已掌操中国经济权，不能不要大批走狗来帮他的侵略及消磨反抗思想；于是乎这些现代强盗大王不能不资助基督教，把中国一切社会事业从教育起至劳工问题，都拿在手掌中。所以除了几个不识相的、不知死活的愚人还想拿头颅来拼这个奴隶命，那有不争先恐后的拜倒在大王钱袋底下吃碗安逸的冷饭呢！

然而帝国主义加紧侵略的结果，造出大批的嗷嗷待哺的穷人，而基督教从大王那里拿来的一些黑面包，竟成了马尔萨斯人口增加与食物增加原料的比例，因而奴隶也要起来争自由了。当基督教很得意地在一九二二年四月间在北京清华学校开世界基督教学生同盟会。庆祝他们臣服中国人消灭反抗心的成功时候，而第一声非基督教由对抗式的世界非基督教学生同盟名义，在万籁无声的黑夜中放一颗微弱的枪声，使租界巡捕忙个不了，帝国主义者心神不定。然而要不是一个黑夜枪声，那末论

实力则上海不过二十余文弱书生而已。不过此微弱的枪声经三年的波荡,毕竟现在成了此四十二生的大炮还响的巨大炮声了。此本不足奇怪,辛亥革命之成功,起初也只孙中山先生一人之呼号;有志党成,古人早已说过了。我是忝居二十余文弱书生之一二,当此全国一致震天的高呼非基督教的日子,回想从前——三年前,不能不使我结束于恭祝诸同志的"努力,前进,胜利!"

周水平
下风底死

> 原载1924年4月12日《民国日报》副刊《觉悟》，后被上海大学中学部主任侯绍裘编入《国语文选》。现选自中共顾山镇委员会、江阴市史志办公室编《农运先驱周水平》，中共党史出版社2011年版，第32—33页。
>
> 周水平（1894—1926），原名周侃，字刚直，江苏江阴人。1924年4月以前进上海大学任教。1926年被孙传芳密令处死于江阴。

我乡里最有钱的人，当然要算下风了。下风底有钱，是什么人都承认的，譬如有人有时向人夸富，人家就要骂他说："你难道有了下风底家私了吗？"那人就面红颈赤地惭愧得无地自容，再也不敢做声。因为别的荣誉事业还好想法，下风底家私却是万万比不上的。但下风自己从没有夸富过。

那年地方上新起了一所学校，建筑校舍的钱用得太多了，公款不够开支，要想向私人募捐，于是就想着了这位下风富翁。下风听见了急得非同小可，几乎家里都不敢住。

后来亏他想着一个绝妙方法，他先去向那位建筑校舍的经手先生借债，表示他家里穷得实在无钱可捐。那位经手先生不晓得他有这样高明的用意，倒很老实地真把钱借给他。哪知他又托辞不要；他因为怕出利钱。他是盘剥惯了别人利钱的，但他也知出利钱是人间最冤枉而又最不

应该的一件事,他那里愿出这种冤枉钱呢?

　　下风底运气,也有一小部份不十分通,就是他往往要断弦。他在前年,一位由如夫人而高升为正夫人的又不幸死了。他在垂暮之年犹遭此鼓盆之痛,倒着实落过几滴伤心之泪。但不久他又娶了一位年轻夫人,他的眼泪再也落不出来了。后来他还告诉人说:"死老婆是人生最有趣而且最有利益的事。"

　　去年六月里,有一天,他调查得十分明白,他如夫人遗留下来的一个还不到二周岁的小孩子,已经可以勉勉强强地不吃奶了,他马上就对那奶娘说:"我的女儿可以不吃奶了,你如果愿在这里做,工钱应当减削了,本来给你三块钱一个月,现在只有一块钱一月了。"

　　做奶娘的,不用说是穷人了,那位奶娘尤其穷得可怜。伊三块钱一个月的收入,在现时的奶娘中本不算多,怎好减去两块钱呢?况且那个小孩实在还要吃奶啦。

　　"下风老爷!你有这许多家私,也不在乎每月多化一两块钱。你们小宝宝至少还要吃半年奶,不吃足奶,将来身体要不爽快的,你多化一两块钱一个月,也决不是白化,只要小宝宝强健就好了。"那位奶娘这样说。

　　"你太噜苏了,你不愿意帮下去,你滚蛋好了,我有了饭恐怕没人吃吗?我有了一块钱一个月的工钱,怕没有人来赚吗?你滚蛋好了!"

　　那位下风老爷生气了,因为他从来不曾受过奴仆们的违抗。那奶娘也着实有些生气:伊想初来的时候,那小孩刚从娘胎里出来三天,现在我含辛茹苦地替他养到三岁了,就要歇我出来,有钱人的心肠竟这样的硬。伊又想到离家三年,家里也有三岁的儿子,那一夜不想到他?有时心酸不过,还要忍住眼泪,这种痛苦,无非为了每月三块钱的工资!现在只有一元了,一年只有十二元,帮了十年也只有一百二十元,这种痛苦日子,到不如死了好!所以伊也回答下风说:"老爷!饿死了也不过一条命,有什么大不了!没有到你这里来的人,也不见到饿死。"

　　奶娘去了,小孩子失了唯一的陪伴,夜晚竟不睡觉,很高声地哭起来。下风正横卧榻上吸大烟,也听得有些难受了。他很明白些儿童心理学,他想小孩子只要吃东西,就可以不哭,于是他就冲碗炒米粉给小孩子吃,哺了两口,小孩子勉强止哭了。不过他看着一大碗的炒米粉,还是满满的,天气又热。不吃掉,明天就不能上口,那里舍得呢?于是他就自告奋勇,一口连一口地吃起满满的一碗炒米粉来了。

他的新夫人正在楼上,向着窗外同一个婢女玩月,嘴里还唱着在做小孩子时候就会唱的歌儿道:"月子弯弯照九洲,几家欢乐几家愁,几家夫妇同玩月,几个飘零在外头!"唱了一回,只听得楼下,地板上砜的一声,急忙下去一看,只见下风嘴里塞着满口的炒米粉,倒在地上了!

我去年冬天回家,听见许多人说:"有家私像下风,也死得太做人家了,竟病也不生一天,医药费也不花一文。"又听见人说:"下风的死,实在和节省两块钱一个月的奶娘费,有些关系。"

周水平
我们的责任

> 原载《星光》旬刊第三期（1925年10月30日出版），后被上海大学中学部主任侯绍裘编入《国语文选》。现选自中共顾山镇委员会、江阴市史志办公室编《农运先驱周水平》，中共党史出版社2011年版，第48—49页。
>
> 《星光》旬刊是江阴地区进步社团"星社"的会刊。"星社"是周水平和张庆孚等一起于1925年组建的进步社团，其宗旨为"提高邑民常识，促进江阴社会生活"。

政治腐败，人心险诈，这不是江阴社会的现状吗？学棍专横，官僚黑暗，这不是江阴社会的病症吗？恶绅把持行政，土豪鱼肉乡民，这不是江阴社会人人痛心疾首的事实吗？

风云惨淡的人心，阴霾莫测的舆论，素号忠义之邦的江阴，一变而为群小专横，鬼魅作祟的社会了！我们明知"道高一尺，魔高一丈"的恶势力坐观成败，恣情谤谴的势利心，小小的青年团体，少数的革命健儿，虽俱满腔热血一片侠肠，要与群小抗，要与恶魔战，这是很觉费力而极为难的一件事，但我们只求公道之所在，正义之主持，求其心之所安，鸣其事之不平，不计成败，不顾牺牲，我们还是要猛勇地、热诚地、彻底的做去！

我们"星光"不畏强权驾御，我们要驾御强权，这是我们的惟一口号！

我们"星光"是弥漫着公道的真情,烛破社会黑暗!

我们"星光"是充满着救难的佛力,为被压迫的同胞奋斗!

我们"星光"是怀抱着度人的赤诚,协力的打倒侵占民权的绅阀、学阀,以及一切凌暴欺人的侵占阶级!

我们"星光"是展开青天白日的旗帜,向着幸福之大道,促进全民革命的曙光!

但,一些柔弱的努力,微渺的呼声,小小的一纸星光,只够革命作前导,够不上革命的冲锋!只够革命的敢死队,够不上顽强抗御的主力军。

我们的心音"星光"!只能撞响晨钟,断不能唤醒六十万市民的迷梦,猛悟的醒觉一大胆地、勇敢地,尽进于革命的大道,跑上战阵!

所以我们一方面纠合同志,一方面征集同情,希望无数万已觉悟的青年,被觉悟的群众们,帮着努力!助着呐喊!并着肩,齐着步,同声同调的协助起来——

快快把同情的心弦,互奏共鸣之曲,拥护着"星光"永久的灿烂罢!

快快把精神发扬,坚毅合作,使"星光"的炬火,尽量的闪烁罢!

快快大胆地、勇敢地、吹战号,擂战鼓,使悲壮的血钟,响透人们黑暗而险恶的心腔!

强权灭,公理张!

黑暗去,光明见!

那有打不死的猛虎!那有推不倒的强权!全在我们奋发!我们努力!

我们要结合同志内心的智光,发而为"真情""热肠""无畏"的精神!抱着无限努力!无限牺牲!我们的标帜,我们的使命,我们唯一的责任——就是要——

我们为腐败而黑暗的故乡革命!

我们为光明而灿烂的江阴建设!

十·二六·十四[①]·写于上海大学

[①] 十·二六·十四,民国十四年十月二十六日,即1925年10月26日。